深圳律师实务丛书

The Review of Shenzhen Lawyers'Affairs

深圳律师实务丛书

The Review of Shenzhen Lawyers' Affairs

坚持信念　精通法律

维护正义　恪守诚信

深圳律师实务丛书

公司刑商事法律风险防控实务

Analysis and Prevention on Criminal and Commercial Legal Risk of Company

刘平凡 / 主编

法律出版社
LAW PRESS·CHINA

深圳律师实务丛书

本册编委会

主　编　刘平凡

副主编　倪孟者　张贤达

编　委　（以姓氏笔画为序）

叶晓英　陈晓珊　程舜新

总　序

随着移动互联、万物互联时代的到来，法律服务行业的发展出现了更多的机遇和挑战，这也意味着，这个时代对法律服务的效率和质量提出了更高要求。法律服务的效率和质量问题，说到底是法律服务领域供给侧改革的问题，供给侧改革与创新将成为破解当前律师行业发展"瓶颈"的重要路径选择。

我注意到，深圳市律师协会九届理事会明确回归和聚焦律师专业化建设，着力供给侧改革与创新，并在统筹规划专业委员会的定位和职责、组织引导律师著书立说等方面做了许多实实在在的工作。目前，深圳律师在专业学习、专业研究和专业成果转化等方面已经卓有成就。在短短两年多的时间里，深圳市律师协会已经出版各类律师著作近二十部，部分专著再版，部分作者被邀请参与全国性的专业会议，可以说受到了业界广泛关注和高度肯定。深圳律师的专业化建设大大激发了深圳律师行业发展的内生动力。在此，我要对深圳市律师协会在行业发展和专业化建设中所发挥的积极作用点一个大大的"赞"。

律师的专业化既是社会分工的必然，也是法律服务业纵深发展的必然。律师当以专业为本，当以服务立命。深圳律师应当以追求极致的匠人精神夯实专业基础，从而以专业化的服务满足客户多样化、个性化、精细化的需求。只有这样孜孜不倦的追求，我们深圳律师才有可能在厚重积蓄后，形成并爆发出强大的发展后劲。

深圳律师是全国律师改革和创新的先行先试者，尤其是在房地产、金融证券、知识产权、国际贸易、法治政府等专业法律服务领域做出了许多开创性的贡献。2016 年 11 月 24 日，深圳执业律师人数突破万人大关，整个行业的后续发展任重而道远。

从供给侧改革与创新的角度，深圳律师业需要继续加强法律服务需求端研发，努力推出更贴近各类主体需求的法律服务产品；需要继续加快专家型律师、领军型律师的培养，努力形成完备的法律服务人才结构；需要继续拓宽专业服务领域和行业发展路径，努力精准对接日新月异的经济社会发展的方方面面。如此，深圳律师才能呈现与深圳这座城市相匹配的活力与影响力，深圳才有望成长为中国南方实至名归的法律服务高地。

“骐骥一跃，不能十步；驽马十驾，功在不舍。”深圳律师业的光荣与梦想，离不开我们大家持之以恒的坚守和实践，更有赖于我们大家继续为之奋斗、艰苦奋斗、长期艰苦奋斗……

是为序。

蒋溪林

深圳市司法局局长

二〇一六年十一月二十六日

专业引领发展　积淀成就未来

专业化是律师行业发展的必然趋势之一。在互联网大数据、人工智能快速发展和社会分工不断细化的社会背景下，面对日趋激烈的竞争环境和不断更新的法律服务需求，专业化对律师们而言，不仅是发展问题，也是生存问题。

"君子务本，本立而道生。"专业是律师的立身之本，专业律师的成长离不开律师、律所及行业层面的共同努力。对于律师个人而言，不仅需要其在对基本业务领域通晓的基础上找准与自身能力、兴趣以及市场需求相结合的精准定位，做出适合自己的专业选择，也需要律师在做出选择之后有壮士断腕般舍弃其他案件的决心，以及甘于寂寞、潜心钻研、持之以恒的匠人精神。对于律所而言，需要其有相应的团队协作氛围、合理的人才培养及激励体制、科学的业务调配机制、强有力组织形式和执行机构。而对于协会而言，就需要加大投入，为律师的专业化发展提供支持和保障，搭建交流合作平台，鼓励律师、律所朝向专业化发展。同时，加强与社会各界的交流联系，开拓专业领域，注重法律需求的引导和法律服务市场的培育，为专业律师发展营造良好的外部环境。

深圳律协资助会员出版实务专著的初衷，就在于倡导律师专业化发展，引导深圳律师和律师事务所不断做精、做强；也希冀能借此推出行业专业领军人物，在全国专业化发展的浪潮中树立一批深圳律师的专业品牌。2012年至今，协会资助会员出版实务专著的工作已连续开展六年，累计出版律师实务专著二十余本，涵盖建设工程、婚姻家事、刑事、知识产权、投融资、劳动关系等多个专业领域；举办律师专著出版交流论坛两次，邀请律师作者、专业审稿人、出版社编辑三方人员共同探讨如何将律师丰富的实务经验和专业理念凝练成实务专著。这些工作的开展在调动深圳律师撰写专著积极性、提升深圳律师专著写作水准、提高深圳律师业内知名度和影响力等方面取得一定的成效。

"不积跬步,无以至千里;不积小流,无以成江海。"今后,深圳律协还将持续推动律师实务专著出版工作,引导深圳律师多总结、多思考、多研究,不断提升专业能力和专著水平;同时,还将在业内营造浓厚的专业研究和著书立说氛围,传承和发扬深圳精神,让深圳律师成为中国律师界一面亮丽的旗帜。

林昌炽

深圳市律师协会会长

二〇一八年六月

回归专业　崇尚专业

律师专业化不仅仅源于社会分工的细化和知识结构的复杂化，也因为法律事务在多样化前提下逐渐呈现专门性趋势，需要律师专业技能的精细化以提供有针对性的解决方案，通才式解决某类案件或法律事务越来越困难。当事人合法利益的最大化有赖于律师能够游刃有余地运用法律的精深技艺，给出更专业的答案。

不少律师不太愿意在当事人或者同行面前坦言自己不懂某专业，也不愿意在专业细分方面做出改变的努力，这不仅不利于其自身专业领域知名度的打造，也失去了律师走专业化发展方向的机会。我们要放弃那种“博”即“精品”的认识和做法，直面自己的专业定位，在律师服务市场激烈竞争中打“差异化”“专业化”这张牌，努力将自身打造成所在专业领域的“精品”。

我们提倡的回归专业、崇尚专业并不是一句口号，它张扬的是一种职业思想、观念和意识，同时也要落实为执业过程中的行为准则和价值坚守，在形成行业共识的基础上引领律师行业发展，达到更高的水平。摆在读者面前的这套《深圳律师实务丛书》就是我们落实回归专业和崇尚专业的例证，并借此向全行业传递崇尚专业的精神。

经验应该被总结和传承。因地缘和政策优势，深圳律师在房地产、融资、科技创新、海商、国际贸易、破产清算、劳动等法律事务方面有着丰富的专业经验。深圳律师协会组编这套丛书，体现深圳律师在部分领域的执业状况和专业技能，希望成为丰富律师专业化的重要素材，并作为专业化样本能够对律师专业化水平提高有所帮助。

是为序。

高　树

时任深圳市律师协会会长

二〇一六年三月

专业化是律师行业发展的支柱

中国的律师行业经过30年的恢复与发展，已经初具规模，但是，与现代发达国家的律师行业相比，我们仍然处于“初级阶段”，与国家政治、经济、文化发展不能匹配。将律师行业“做强、做大”仍是业内最强的呼声。个人理解“做强、做大”，无外乎专业化、规模化、规范化、品牌化建设，而其中专业化实乃律师行业发展的支柱。

按照现代广泛运用的利伯曼“专业化”标准的定义解释，所谓“专业”，就应当满足以下基本条件：一是范围明确，垄断地从事于社会不可缺少的工作；二是运用高度的理智性技术；三是需要长期的专业教育；四是从事者个人、集体均具有广泛自律性；五是专业自律性范围内，直接负有作出判断、采取行为的责任；六是非营利性，以服务为动机；七是拥有应用方式具体化了的伦理纲领。

就律师行业而言，专业化应以专业律师为基础，即律师根据特长和优势，精通本专业的法律规定和法理精髓，专门或偏重某一项或某几项法律事务；律师专业化以专业化的律师事务所为标志，即律师事务所主要人员和业务是为某个或某几个法律服务领域提供专门法律服务，具有自己的专业品牌；律师专业化以实现全行业的专业化最终目标，即大多数执业律师符合律师的专业化，形成了自觉学习、研究法学理论与律师实务的风气和专业习惯，大多数律师事务所具有鲜明的专业品牌。

律师要实现专业化，首先要专业明确，确定适合自己的法律服务领域，之后针对该法律服务领域进行长期的专业研修，在该法律服务领域有自己的实务和理论研究成果，最终拥有业内公认能熟悉处理法律服务领域问题的专业技能。当然，专业化也是一个“舍得”过程，选择专业化就意味着舍弃某些自己熟悉且收入颇丰的业务，甚至要忍受短期内业务量下降的痛苦。只有专注才有专业，如果不舍弃已拥有的某些业务，心不能专，则难以在专业领域获得成就。此外，在长期执业过程中加入或组建一个强大的专业律师团队，也是律师成就专业之路不可或缺的途径。

律师专业化是一项艰巨、复杂的系统工程，除了律所在中长期发展目标上确定专业化方向，为律师和律师团队提供专业发展环境之外，律师协会也应为律师行业的专业化分工和发展提供完善的制度保障和政策支持，并且应该加大对律师专业化的培训力度，为律师的专业化发展提供坚强的智力支撑。

资助会员出版实务专著是深圳律协确定的一项具体工作和一项智力工程，目的有两个：一个是倡导律师的专业化发展，引导深圳律师和律师事务所普遍走上专业发展的道路；另一个是推出行业专业领军人物，在全国专业化发展的浪潮中树立一批深圳律师专业品牌。

深圳律协将每年资助出版一批律师实务专著，期许借此倡导专业发展之路，弘扬专业研究之风，发出业界深圳之声，更期许借此涌现一批律师专业领军人物。

余俊福

时任深圳市律师协会会长

二〇一二年一月

前　言

随着营商环境改善，我国经济持续稳步发展，越来越多的人投身经商的洪流中。然而，面对纷繁复杂的法律、法规、规章时，大部分企业家往往显得不知所措，更不知如何有效地遵守或规避风险。部分企业家因为无心或无意而触犯了法律，走了不少弯路，有的甚至走上了犯罪的道路，令人扼腕叹息。这也说明普及法律基础知识，尤其是市场主体法律法规，尤为必要。

而在众多法律法规中，公司法可谓商主体法体系中的核心法律部门，对于企业家来说，学习公司法应该是最重要之事。公司法与市场经济息息相关，是我国经济生活中的一部大法，是投资兴业的总章程之一。学习、普及公司法的基础法律知识，对于新时代的企业家，是一件必要且迫切的大事。

1993 年 12 月 29 日，第八届全国人民代表大会常务委员会第五次会议首次通过《公司法》并施行，该法在中国商业法律史上起到了里程碑的作用。随着社会变化与经济的发展，公司法又经历了 1999 年、2004 年、2005 年、2013 年、2018 年五次修订或修正；最高人民法院分别在 2006 年、2008 年、2011 年、2017 年、2019 年出台了《关于适用〈中华人民共和国公司法〉若干问题的规定》的五个司法解释，就法律实务特别是审判实务中需要厘清的重要问题作出具体规定。可以说，公司法的有关规则已经渗透到商业生活和民商事法律实务的各个角落。公司、股东、债权人等市场主体也纷纷利用公司法维护自己的合法权益。

但要正确理解公司法，却不是件很容易的事。必须要紧紧抓住“一个中心、两条主线、三方法律关系”这个基本框架。一个中心即为公司，两条主线即为纵向关系（从设立到消亡）和横向关系（股东与公司、公司与债权人、法人人格否认),三方法律关系即为股东与公司、公司与债权人、股东与债权人。同时也需要了解我国公司法中的基本特征,其最突出的特征在于“三独”,即公司人格独立、财产独立和责任独立。

《公司法》自1993年首次颁布至今已近30年,很多原则性规定在面对当前快速发展变化的市场环境时,显得滞后且不合时宜。随着移动互联网、大数据和云计算等技术的快速发展,商事领域诞生了很多新鲜事物与新生制度,因而催生了对公司法做进一步修正、完善或修改的迫切性,如深化股东代持股制度、协议控制制度、专职法定代表人制度、网络经营出现的新模式与新问题、关联交易制度、众筹模式下的法律问题、对赌协议等,可以说已经具备了对现行《公司法》进行大修的条件。

法律的生命不在于逻辑,而在于经验。丰富多彩的法务实践、纷繁芜杂的法律难题,要求法律专业人士密切联系实际,对实务中出现的问题做深度的理解与分析。从当前的社会现状看,公司存在的主要问题有以下几点:第一,对公司经营过程中的有关合同的法律规定不甚清楚。尤其在资金的压力下,很容易忽视法律风险的存在,因为对相关合同审查不严格,交易过程中的环节不规范、手续或证据不完备等原因,每年都有大量的应收款变成“死账”和“呆账”,这样很容易拖累公司资金链的顺畅流动。第二,劳动用工制度不完善,公司也没有建立一整套能执行的劳动合同制度。劳动用工的压力逐年加大,劳动纠纷案件也是逐年上升。第三,公司管理不规范,规章制度不健全,经营管理活动在高风险中运行。第四,公司的股份结构和权力机构设置不合理,导致经营管理和决策中存在诸多问题,严重影响公司在市场中的竞争力。第五,品牌意识和观念薄弱,更缺乏必要的对知识产权的保护制度,对商标、专利、著作权、专有技术等缺乏应有的认识和实践等。

本书的特色就是基于实践的复杂性和丰富性,立足于普及公司法基础法律知识这一基点,从律师和企业家的双重角度精选公司经营的实际案例,不做面面俱到教科书式说教,而是选择重要的、具有分析价值的内容案例展开。用律师的眼光审验管理风险和法律风险,力求把相关法律问题讲精、讲透。尤其对公司治理风险、股权风险和刑事风险的防范和控制做深入探讨,并提供同类型法院判例,既对案件进行事实和法理分析,也提供防范建议,力求为广大读者提供一份实用的风险防控指南,尽可能让复杂的法律关系变得简单易懂。

本书重点阅读对象为中小型公司的企业家或高管，还有从事公司法律顾问实务的律师同仁们。

本书案例大多来自《最高人民法院公报》《审判参考》《中国审判案例要览》及中国法院网、中国裁判文书网等，确保具有典型性、代表性和真实性。

本书的编写工作是在深圳市律师协会商事犯罪预防与辩护专业委员会主任刘平凡律师的亲自领衔和主持下展开的，刘主任组织众委员多次座谈、调查研究。编写过程也得到深圳市律师协会商事犯罪预防与辩护专业委员会、广东际唐律师事务所和刑辩力机构的大力帮助。

在此，一并致以感谢。

此外，由于最近几年各机关出台与公司法相关的法律法规规章众多，涉及的领域与行业复杂繁多，尤其是2019年年底印发的《全国法院民商事审判工作会议纪要》，对统一法院裁判思路，规范法官自由裁量权，增强民商事审判的公开性和透明性等具有重大意义，对于准确把握契约自由、平等保护、诚实信用等基本原则，树立请求权基础思维、逻辑和价值观相一致思维、同案同判思维等均有重大体现。故对于本书中所选的数年前案例，需要用比较、发展的眼光来看待。

编者由于经验与学识所限，难免对有关规定理解不深、不透，加之时间仓促，错误之处难免，恳请广大读者批评指正，待日后再版时予以更正、完善。

编　者

目录

第一章 公司设立与终止

第一节　公司设立协议与公司章程

一、公司视角:公司设立协议和公司章程的区别

当前,很多经营者对公司设立协议或公司章程的重要性认识不足,不少设立人在设立公司时,通常全权委托一些注册登记代理机构完成公司设立工作。很多公司在制定公司章程时,把从网上下载的版本简单修改下签上字就认为完成了。这些章程模板几乎都不具有个性化,而公司尤其是有限责任公司,由于人合性的特征,有很多符合设立人实际的条款需要在公司章程或设立协议中约定。没有做好这一步,可能会后患无穷——国美与真功夫两家公司的离奇经历就值得深入思考。公司设立协议与公司章程有何区别? 现拟简要作如下介绍。

(一)公司设立协议

两个以上股东共同出资设立有限责任公司,股东之间在公司设立之前,通常有设立公司的口头协议或书面协议,就设立公司的出资比例、盈余分配、经营管理等事项达成一致,才可能共同设立公司,其性质为公司设立协议。一般情况下,公司设立协议的内容会转化为公司章程内容,没有转化为公司章程内容的,公司设立协议仍然约束协议当事人。

(二)公司章程

公司章程是公司必须具备的,由发起人设立,公司的投资者订立,并对

公司、股东、董事、监事、高级管理人员具有约束力，它是调整公司内部关系和经营行为的自治规则，是公司极为重要的文件之一。公司股东共同制定公司章程，也是有限责任设立的必备条件之一，所以股东在制定公司章程时务必仔细衡量，慎重签署。一旦发生争议，它将成为法院判断各方权利义务关系的主要依据。

（三）公司设立协议与公司章程的关系

公司章程是设立公司的必备法律文件，而公司设立协议为非要式法律文件。两者都是为设立公司所形成的文件，而且设立协议后期大部分都被公司章程吸收。设立协议仅对发起人有约束力，而章程对公司、股东、董事、监事、高级管理人员均具有约束力。

二、参考案例：公司设立协议或公司章程的效力

案例1 | 晏某与张某合伙协议纠纷案[1]

2015年6月1日，原告晏某与被告张某签订《股东合作协议书》，共同经营培训学校。约定：在合伙期限内，甲方（张某）先行垫付经营场地的前期装修、经营场地租赁费等开业前费用，甲方支付相关费用应及时告知乙方（晏某）并取得乙方同意；甲方负责垫付项目开办的前期资金，甲方垫付资金后应及时将垫付资金以书面形式双方签字确认；经营项目开业后产生的经营收入除支付项目正常运营所必需的房租、水电、人工费用外，剩余部分作为偿还甲方前期垫付的相关费用，直至偿还完毕为止；如项目开业后产生的经营收入不够支付房租、水电、人工等必要费用，差额部分由双方按受益分成比例共同承担；项目正常运营后，在偿还相关前期垫付费用后，双方按季度进行分成，在提取净利润10%作为项目发展后续资金后，剩余部分甲方获得30%、乙方获得70%。

协议签订后，原告、被告双方于2015年6月30日登记设立了博雅九天教育咨询有限公司。在公司经营过程中，张某负责合伙企业财务管理，垫资247,508.50元[2]用于购买办公设备等，该款项经张某、晏某于2015年7月

---

〔1〕 贵州省遵义市中级人民法院(2018)黔0303民初3541号。

〔2〕 若无特别注明，本书中涉及相关货币单位均为人民币。

15 日共同确认,张某另出资现金 15,000 元作为流动资金。2016 年 1 月,因公司经营过程中发生纠纷,双方协商一致终止合作,公司停止经营。

诉讼过程中,双方一致认可晏某实际只投资了 35,000 元,其余为张某实际投资,并一致确认终止合伙的真实意思就是解散公司。另查明,在公司设立过程中,张某与晏某找到案外人王某为公司经营场所进行装修,但装修款未支付。双方终止合伙后,晏某于 2017 年 4 月 8 日向王某出具"付款承诺",承诺因其本人与张某合作经营博雅九天教育咨询有限公司所欠装修款 40,000 元,每月向王某付款 2000 元,直至付清为止。后晏某通过银行转账方式向王某共计付款 8000 元。

法院审理认为,本案中原告晏某要求解除《股东合作协议书》,认定其向王某出具的付款承诺无效,要求张某返还晏某的垫付款,未经清算程序要求返还全部出资,实质是不愿偿还公司债务并承担经营亏损;被告张某反诉要求晏某返还张某的垫付款,同样是不愿偿还公司债务,未经清算程序而要求返还出资,二人行为均不符合《公司法》关于公司清算的规定,法院不予支持。对双方出资的返还,在清算程序中,应先偿还公司债务,才能请求由清算组分配公司剩余财产,剩余财产不足以弥补公司亏损并返还出资,双方如有违反《股东合作协议书》的行为,另一方可按该协议提起公司设立协议之诉。

案例 2 | 蒋某与四川杰特机器公司公司章程纠纷案[1]

2001 年,某泵厂改制为四川杰特机器有限责任公司(以下简称杰特公司),蒋某以安置费和现金入股成为股东,股份比例为 0.13%。2013 年 2 月,蒋某申请辞职。同年 4 月,杰特公司通过股东大会修改章程,规定"强制离职股东转让股权""按股权证证载股额全额收回"。随后,公司通知蒋某取消其股东身份。蒋某据此诉请确认其股东身份,并要求支付其 2013 年度红利。

法院审理认为,(1)有限责任公司股东具有资合性与人合性并存的法律特征,故《公司法》赋予公司章程对股东身份转变的部分自主权,以保证公司发展与运转。杰特公司通过股东大会修改章程,明确股东从离岗或被解聘

[1] 四川省资阳市中级人民法院(2014)资民终字第 335 号。

之日起，其股东身份通过一定方式解除的基本精神是合法有效的，故杰特公司有权解除蒋某股东身份。(2)股东身份表现在股权变动，而依公司章程规定，因违反法律、法规，违反公司规章制度等而被解聘的股东、自动离职股东，由公司收回股权，如公司收回股权，就存在股本金减少问题。股本金减少须通过股东大会讨论并经工商登记，并按相关程序进行公示，以保证公司存在的合法性和公司债权人权益。本案公司并未履行以上义务，故蒋某股东身份仍存在。(3)公司章程规定"按股权证证载股额全额收回"，有可能损害股东或公司及他人财产权利。如公司效益较好又长期未进行股东权益分配，股东在公司中积累财产就会受损害，且其未来权益亦可能受损；如公司长期严重亏损，就可能损害公司债权人利益或公司自身权益，从而损害其他股东利益。故在尊重公司股东人合性同时，亦应保护各方当事人合法权益，以维护社会公平与正义。股权价值确定应尊重当事人意思自治原则或市场公平精神。在当事人未对股权作出处理前，法院不宜对股权价值作出处理。

一审法院判决杰特公司向蒋某支付2013年1月至4月红利300余元。

二审判决驳回上诉，维持原判。

三、律师观点：公司设立协议和公司章程可否就重要事项进行约定

案例1中，晏某与张某两位投资人为设立公司而签订的所谓合作协议，其实质就是为设立公司而签订的公司设立协议。晏某与张某共同出资设立有限责任公司博雅九天教育咨询有限公司，他们之间在公司设立之前就有设立公司的书面协议，就设立公司的出资比例、盈余分配、经营管理等事项达成一致，其性质为公司设立协议、委托协议或其他协议。一般情况下，公司设立协议的内容会转化为公司章程内容，如果没有转化为公司章程内容的，公司设立协议仍然约束协议当事人。公司的对外经营所负债务，按《公司法》的规定，公司以其全部财产对公司债务承担责任，股东以其认缴的出资额为限对公司承担责任。股东不得以公司设立协议对抗公司债权人，但股东之间的纠纷，在公司章程没有规定的情况下，仍应受公司设立协议调整。对双方出资的返还，在清算程序中，应先偿还公司债务，才能请求由清算组分配公司剩余财产，剩余财产不足以弥补公司亏损并返还出资，双方如有违反《股东合作协议书》的行为，另一方可按该协议提起公司设立协议之诉。

案例2中，法院在审理中通常会审查公司股东会会议的召集程序、表决方式是否违反法律、行政法规或者公司章程，以及决议内容是否违反法律法规或公司章程等。

案例2中公司章程关于股东会对股东处以罚款的规定，系公司全体股东所预设的对违反公司章程股东的一种制裁措施，符合公司的整体利益，体现了有限公司的人合性特征，不违反《公司法》的禁止性规定，应认定为合法有效。但公司章程在赋予股东会对股东处以罚款职权时，应明确规定罚款的标准、幅度，股东会在没有明确标准、幅度的情况下处罚股东，属法定依据不足，相应决议无效。

股东身份表现在股权变动，而依公司章程规定，因违反法律、法规，违反公司规章制度等而被解聘的股东、自动离职股东，由公司收回股权，如公司收回股权，就存在股本金减少问题。股本金减少须通过股东大会讨论并经工商登记，并按相关程序进行公示，以保证公司存在的合法性和公司债权人权益。本案公司并未履行以上义务，故蒋某股东身份仍存在。

公司章程规定“强制离职股东转让股权”条款有效，但“按股权证证载股额全额收回”，有可能损害股东或公司及他人财产权利。

第二节　公司的经营范围

一、公司视角：法律法规如何规定公司的经营范围

公司在设立前，设立人通常要预先设定公司的营业范围，公司的经营范围又称公司目的条款，是指公司经过登记机关登记或者经过批准的，在经营活动中所涉及的领域，具体表现为公司的生产项目、经营种类、服务事项等。公司作为经营主体，其经营范围是公司权利能力的重要构成内容。对于经营范围的确定，由公司设立人在法律许可的范围内自主选择，有的设立人为了以后经营方便，有意增加了很多经营项目，但我国法律法规规定，有的经营项目必须以获得国家授权或批准作为前置条件，所以设立人必须清楚这一规定，不可随意创设经营项目。公司经营范围是公司章程的绝对必要记载事项之一，并且必须依法登记或批准。

规定公司经营范围的意义：(1)确定了公司的经营范围，便于开展经营活动，利于公司经营活动的专业化发展；(2)股东可以依据公司经营范围了解公司资金的投入方向，预测投资风险，从而有利于对股东的保护；(3)公司董事、监事及高级管理人员认清公司发展的前景以及努力的方向；(4)交易相对人可依据公司章程判断交易是否超越公司的经营范围，维护了交易安全，实际上也起到了保护债权人的作用。

尽管法律规定公司必须在核准登记的经营范围内从事经营活动，但该规定属于示范性条款而非强制性条款，根据《合同法》的规定，违反法律法规规定的合同才是无效合同，根据最高人民法院《关于适用〈中华人民共和国合同法〉若干问题的解释(一)》(以下简称《合同法司法解释一》)的规定，企业超越经营范围订立合同，人民法院不因此认定合同无效，但违反国家限制经营、特许经营以及法律法规禁止经营规定的无效。

二、参考案例：超越公司经营范围的约定条款是否无效

案例3　柳州龙泉房地产开发有限公司与柳州市场开发服务中心企业借贷纠纷案[1]

柳州龙泉房地产开发有限公司(以下简称龙泉公司)与柳州市场开发服务中心(以下简称柳州服务中心)于2006年3月31日签订《合作开发大埔综合农贸市场协议书》，约定共同投资合作开发大埔综合农贸市场。因服务中心投资资金不足，同日龙泉公司与柳州服务中心签订了一份《借款合同》，约定龙泉公司出借4,000,000元给柳州服务中心作为合作开发大埔综合农贸市场的启动资金。合同签订后，龙泉公司将4,000,000元转入柳州服务中心的银行账户。2006年4月6日，龙泉公司与柳州服务中心签订了一份《借款合同补充条款》，对还款期限以及逾期还款计付利息进行约定。该补充条款的主要内容为，龙泉公司将合作开发成果交付给柳州服务中心后(办产权证时起算)，柳州服务中心在3个月内还清借款，柳州服务中心在该期间内还款的不计付利息。逾期还款的，从逾期开始至还清借款时止按日千分之一计付利息。后双方发生纠纷。龙泉公司诉至法院，请求柳州服务中心归

[1] 广西壮族自治区柳州市中级人民法院(2012)柳市民二终字第45号。

还借款4,000,000元,支付还款利息792,000元及其他诉求等。

一审法院审理认为,龙泉公司是房地产开发企业法人,经工商行政管理机关核准登记的经营范围为房地产开发。因此,龙泉公司的民事权利能力和民事行为能力只限于从事房地产开发以及与房地产开发相关的业务活动。显然龙泉公司与柳州服务中心订立借款合同,将资金出借给柳州服务中心,就属于无相应民事权利能力和民事行为能力订立的合同,故应认定该合同为无效合同。龙泉公司与柳州服务中心订立借款合同,将资金出借给柳州服务中心,实际上是企业资金拆借行为。根据《非法金融机构和非法金融业务活动取缔办法》(以下简称《金融双非办法》)第4条"本办法所称非法金融业务活动,是指未经中国人民银行批准,擅自从事的下列活动:……(三)非法发放贷款、办理结算、票据贴现、资金拆借、信托投资、金融租赁、融资担保、外汇买卖;……"的规定,龙泉公司的资金拆借行为是金融业务活动行为。龙泉公司的资金拆借行为违反《金融双非办法》第5条第1款规定:"未经中国人民银行依法批准,任何单位和个人不得擅自设立金融机构或者擅自从事金融业务活动。"依照该规定,应认定龙泉公司的资金拆借行为违反行政法规的强制性规定,因此亦应认定龙泉公司与柳州服务中心订立的借款合同为无效合同。合同被确认无效后,一方因该合同取得的财产,应当返还给对方。故龙泉公司请求柳州服务中心返还4,000,000元,法院予以支持。龙泉公司请求柳州服务中心支付利息,因所签订的借款合同为无效的借款合同,对该请求法院不予支持。综上所述,一审法院认为龙泉公司与柳州服务中心订立的借款合同,因龙泉公司未具有订立该合同的相应民事权利能力和民事行为能力,且该合同的内容违反法律、行政法规的强制性规定,应认定为无效合同。法院只支持龙泉公司请求柳州服务中心返还4,000,000元的诉讼请求,对支付利息的请求不予支持。柳州服务中心不同意支付利息的抗辩理由成立,法院予以采纳。依照《合同法》第9条第1款、第52条第5项、第58条的规定,一审法院判决:(1)柳州服务中心返还4,000,000元给龙泉公司;(2)驳回龙泉公司请求柳州服务中心支付利息的诉讼请求。龙泉公司不服一审判决,提起上诉。

二审法院经审理认为,上诉人与被上诉人签订的《借款合同》属于企业间借贷合同,该合同违反有关金融法规,根据《合同法》第52条第5项的规定,应认定为无效合同。根据最高人民法院《关于对企业借贷合同借款方逾期不归还借款的应如何处理的批复》所作的答复,对自双方当事人约定的还款期满之日起,至法院判决确定借款人返还本金期满期间内的利息,应当收缴。但在本案中,考虑到上诉人与被上诉人之间的借贷行为并未损害国家或者社会公众的利益,故不再采取收缴利息这一民事制裁措施。上诉人要求被上诉人支付借款利息的上诉请求不能成立,法院不予支持。判决驳回上诉,维持原判。

三、律师观点:如何理解法律法规中对营业范围的规定

我国《公司法》对公司经营范围的规定涉及三个方面:(1)规定公司经营范围的方式,即由公司章程规定;(2)规定公司经营范围需要登记,即公司在设立时经营范围须登记,在存续期间经营范围的变更也须登记;(3)规定公司经营范围的批准,即属于法律、行政法规规定须经批准的项目,应当依法经过批准。

《合同法司法解释一》第10条规定:"当事人超越经营范围订立合同,人民法院不因此认定合同无效。但违反国家限制经营、特许经营以及法律、行政法规禁止经营规定的除外。"

由此可见,我国对公司越权行为有一个比较清晰合理的规定,并不会轻易否定一个民事行为的效力,这也符合市场经济"私人自治"理念。我国的这一立场与国际立法的发展趋势是一致的。

案例3中,龙泉公司的经营范围为房地产开发,该公司与柳州服务中心之间的借款从性质上是企业间的资金拆借行为,这是我国法律法规明确规定必须经批准才可以从事的经营范围。它们之间签订的《借款合同》属于企业间借贷合同,该合同违反有关金融法规,根据《合同法》第52条第5项的规定,应认定为无效合同。对于无效合同,法院认为返还本金是正确的。无效合同当然不计算利息,对已经支付的利息予以收缴或由法院作其他酌情处理都是允许的。

第三节 设立中公司的债务承担

一、公司视角:如何规定设立中公司的债务承担问题

公司在设立期间,需要处理许多交易,如需要租赁经营场所、购买或租

赁办公家具、与合作方签订日后公司成立后的合作合同、招聘前期工作人员及支付工资等。这些费用在公司尚未成立时就已产生，由股东以自然人个体的身份进行签订合同事宜或对这些费用进行缴纳。对于这类情况，法律后果的承担有两种方式：

1. 因为新公司尚未领取营业执照尚未能够进行经营，股东以自己的名义与外界签订合同或是支付费用的，当公司成立后，债务将转由公司承担，股东已支付的费用计入公司费用之中。

2. 若公司日后无法成立的，则债务由发起设立公司的设立人分摊，部分公司设立发起人已支付的费用，由其他设立发起人根据约定的占股比例分摊。

《合同法》第58条规定："合同无效或者被撤销后，因该合同取得的财产，应当予以返还；不能返还或者没有必要返还的，应当折价补偿。有过错的一方应当赔偿对方因此所受到的损失，双方都有过错的，应当各自承担相应的责任。"因此，主要发起人向股东收取的投资款便需要足额返还，同时还有可能需要支付一定的利息。

二、参考案例：因发起人公司未成立时债权人的合法债权如何保护

案例4　上海同信彩钢夹芯结构件有限公司与上海鑫汇娱乐有限公司建设工程施工合同纠纷案[1]

2008年3月22日，上海同信彩钢夹芯结构件有限公司（以下简称同信公司）与上海鑫汇实业有限公司（以下简称鑫汇实业公司）签订建设工程施工合同，约定同信公司为承包单位，鑫汇实业公司为发包单位，工程名称为某广场电梯井钢结构工程。开工日期为2008年3月23日；工程价款21万元，支付方式为合同签订之日支付2万元，钢结构进场后支付3万元，余款待合同签约起3个月内付清。合同还约定了竣工结算、验收等有关事项。合同落款处鑫汇实业公司由吴某庆签名。

2008年4月底同信公司将工程完工后交付上海鑫汇娱乐有限公司（以下简称鑫汇娱乐公司）使用，双方未办理书面验收手续，但对工程款进行了

---

〔1〕 上海市青浦区人民法院(2011)青民三(民)初字第821号。

结算,原合同造价21万元,同信公司让利1万元后结算价格20万元。鑫汇娱乐公司在合同签订时支付了2万元,尚结欠工程款18万元。2009年9月9日,同信公司与鑫汇娱乐公司签订付款确认书,经确认尚有工程款18万元未予结清,现由工程建设方和施工方商定:自2009年9月1日始由鑫汇娱乐公司按实际经营利润如数分期分批以欠款的数额比例给予支付,尽可能在18个月内结清。确认书落款同信公司作为施工方盖章,鑫汇娱乐公司作为建设方盖章。因鑫汇娱乐公司之后未履行付款义务,同信公司遂诉于法院。

法院经审理认为,同信公司与鑫汇实业公司签订的建设工程施工合同,虽然鑫汇实业公司与鑫汇娱乐公司不是同一法人,但双方确认签订合同时鑫汇娱乐公司尚未成立,由鑫汇娱乐公司聘请的总经理以鑫汇实业公司名义签订合同,系争工程是为鑫汇娱乐公司成立所必需,合同实际也由鑫汇娱乐公司履行,合同相对方为同信公司和鑫汇娱乐公司,故在鑫汇娱乐公司筹备阶段所产生的债务应由其承担。对于同信公司实际履行情况,鑫汇娱乐公司在成立后以书面付款确认书予以确认,同时在该确认书中双方对于工程款及支付期限进行了约定,故鑫汇娱乐公司应按付款确认书履行支付义务并承担其延期支付的利息损失。据此,依照《合同法》第8条、第60条第1款、第107条之规定,判决如下:

1. 被告鑫汇娱乐公司应于判决生效之日起10日内支付原告同信公司工程款18万元;

2. 被告鑫汇娱乐公司应于判决生效之日起10日内偿付原告同信公司逾期付款利息损失(以18万元为本金、按银行同期贷款利率、自2011年3月1日起至本判决生效之日止)。

三、律师观点:保护债权人对发起人所应承担费用和债务的合法权益

案例4综合运用《公司法》《合同法》的法律规定,看合同是否成立及公司未成立的法律后果。《合同法》规定,依法成立的合同,对当事人具有法律约束力。当事人应当按照约定履行自己的义务,不得擅自变更或者解除合同。

根据最高人民法院《关于适用〈中华人民共和国公司法〉若干问题的规定(三)》(以下简称《公司法司法解释三》)第4条之规定,公司因故未成立,

债权人请求全体或者部分发起人对设立公司行为所产生的费用和债务承担连带清偿责任的,人民法院应予支持。按此规定,案例4中鑫汇娱乐公司作为被告,在筹备阶段所产生的债务应由其承担。

从我国法律的规定及法院的审判实践来看,对责任的承担方式其基本态度是在合法的前提下尊重当事人的意思自治。如案例4中部分发起人依照前款规定承担责任后,请求其他发起人分担的,人民法院应当判令其他发起人按照约定的责任承担比例分担责任;没有约定责任承担比例的,按照约定的出资比例分担责任;没有约定出资比例的,按照均等份额分担责任。

因部分发起人的过错导致公司未成立,其他发起人主张其承担设立行为所产生的费用和债务的,人民法院应当根据过错情况,确定过错一方的责任范围。

案例4中对于原告实际履行情况,被告在成立后以书面付款确认书予以确认,同时在该确认书中双方对于工程款及支付期限进行了约定,故被告应按付款确认书履行支付义务并承担其延期支付的利息损失。

第四节 法定代表人

一、公司视角:法定代表人的选任及相关法律规定

法定代表人是指依法代表法人行使民事权利,履行民事义务的主要负责人。在公司实际经营中,公司的设立人由于担心作为法定代表人有可能承担责任而有偿聘请员工担任法定代表人的现象并不少见。但由于法定代表人的特殊角色和法定属性,存在潜在的责任风险当然难以逃避。有必要向大众全面诠释法定代表人这一角色的法律属性。

《民事诉讼法》第48条第2款规定:"法人由其法定代表人进行诉讼。其他组织由其主要负责人进行诉讼。"法定代表人有权直接代表本单位向人民法院起诉和应诉,其所进行的诉讼行为,就是本单位(或法人)的诉讼行为,直接对本单位(或法人)发生法律效力。

法定代表人与法人的代表是有一定区别的,代表人的行为不是被代表

人本身的行为，只是对被代理人发生直接法律效力，而法定代表人的行为，就是企业、事业单位等本身的行为。

如何确定公司法定代表人行为的法律后果？即法定代表人行为的法律后果归属问题，我国学界存在“代表说”与“代理说”两种观点。“代表说”认为，公司代表人是公司机关，公司与代表人是一个人格，不存在两个主体，所以公司代表人代表公司所为的法律行为，是公司本身的行为，其后果当然归属于法人本身。该学说的优点在于简化法律关系，利于提高交易效率，保护交易安全，保护第三人。“代理说”认为，代理人与被代理人是两个主体，代理人的行为并非被代理人本身的行为，所以法定代表人的行为只有在法人的授权范围内或者虽超越权限但事后得到法人的追认时，才由法人对该行为的后果承担责任，否则，法定代表人自负其行为后果。该学说在交易效率和交易安全方面显然逊于代表说，但在控制代表权滥用方面却优于代表说。

关于法定代表人的任职资格，我国有多部法律、法规、规定设置了一些条件，如《教育法》《商业银行法》《企业法人法定代表人登记管理规定》等。

二、参考案例：法定代表人在具体案件中的责任如何区隔

案例5 ｜ 缪某、王某光集资诈骗案[1]

2012年7月，缪某以优易公司名义开设“优易网”第三方在线借贷平台（以下简称“优易网”）。案发时，缪某和蔡某甲为优易公司的股东，但均未实际出资；蔡某甲为名义法定代表人，实际经营人为缪某。缪某在未取得从事经营性互联网信息服务许可证和金融业务许可证的情况下，在“优易网”上发布虚假的“借款标”，承诺即时还本付息，以高额利息为诱饵，骗取投资者出借资金，后将投资款用于投资期货、炒股。王某光明知缪某通过“优易网”从事集资诈骗活动，仍应其雇用和要求，担任“优易网”网站客服和会计，并提供银行账户为“优易网”网站进行资金转账。经司法鉴定，缪某、王某光共同向冯某等45名投资人共计骗取投资款2550万余元，已返还款1027万余元，实际骗得投资人1523万余元。

---

〔1〕 江苏省南通市中级人民法院（2015）通刑二终字第00074号。

法院经审理认为，虽然蔡某甲为优易公司的名义法定代表人，但对公司的经营行为不具有决策权和控制权，也未参与廖某和王某光的集资诈骗活动，不具有犯罪行为，因此并不承担集资诈骗罪的法律责任。

依照《刑法》(2011 年版)第 192 条、第 25 条第 1 款、第 26 条第 1、4 款、第 27 条、第 64 条之规定，一审法院判决：被告人缪某犯集资诈骗罪，判处有期徒刑 14 年；被告人王某光犯集资诈骗罪，判处有期徒刑 9 年。

二审法院鉴于《刑法修正案(九)》第 12 条对集资诈骗罪的量刑标准进行了调整，取消了法定最高刑死刑，并已于 2015 年 11 月 1 日起施行，根据从旧兼从轻的刑法适用原则，二审法院对原判量刑作出相应调整，判决：(1)维持一审判决的定罪和罚金刑部分及追缴、责令退赔违法所得部分；(2)撤销一审判决的量刑部分，即判处被告人缪某“有期徒刑 14 年”、判处被告人王某光“有期徒刑九年”；(3)缪某犯集资诈骗罪，判处有期徒刑 13 年；(4)上诉人王某光犯集资诈骗罪，判处有期徒刑 7 年。

案例 6 | 徐某、郑某甲等非法吸收公众存款案[1]

2013 年 7 月 4 日，徐某、郑某甲、叶某甲经预谋后，由徐某出资注册成立温州市乾伟特电子商务有限公司，叶某甲任法定代表人，徐某为实际负责人，郑某甲任运营总监。温州市乾伟特电子商务有限公司于同年 8 月创建德赛财富网络投资平台(以下简称德赛财富平台)，在平台上发布虚假投资标的，公开宣称提供资金中介服务，承诺年化收益 24% 的回报和高额奖励，向社会公众推广 P2P 信贷投资模式，吸收公众资金。截至 2014 年 4 月，德赛财富平台共吸收尹某等 118 名投资人 2900 万余元，这些款项部分用于德赛财富平台的创建和日常运营，部分用于温州厨工酿造有限公司的经营，造成 1400 万余元的款项无法偿还。

法院认为，叶某甲名义上是公司法定代表人，但实质上未参与公司管理，对吸收的资金支配无决定权和占有权，在共同犯罪中起次要作用，系从犯。且法院考虑到叶某甲自首情节，判处有期徒刑 1 年 6 个月，适用缓刑，属于较轻的处罚。

---

〔1〕 浙江省温州市瑞安人民法院(2015)温瑞刑初字第 247 号。

案例7 | 杨某、王某等犯非法吸收公众存款罪案[1]

2013年9月11日，杨某与王某经预谋后，由杨某注册成立青岛融之易电子商务有限公司，并开办美美贷P2P网贷平台用于个人融资。后王某介绍李某甲加入公司，杨某安排李某甲担任名义法定代表人，负责财务工作，让李某甲及其他客服人员通过网络广告、美美贷网站、QQ群等途径，向社会公众宣传公司的主营业务是房产抵押、车辆质押，承诺在一定期限内还本付息，吸收投资人的资金进入杨某或李某甲的账户，再由杨某、王某进行线下对外放贷。至案发，该平台吸收存款1.22亿元，会员提现8533万元，造成损失3691万元。

案例中，李某甲名义上是法定代表人、财务人员，实际上其负责维护网站、接待及其他杂事，在共同犯罪中起辅助作用，系从犯。且法院考虑到李某甲到案后如实供述罪行、案发前已归还部分吸收资金、无前科系初犯、偶犯等情况，对其判处3年有期徒刑，适用了缓刑，属于较轻的处罚。

三、律师观点：法定代表人的法律责任如何承担

案例5、案例6、案例7中的蔡某、叶某甲和李某甲实际上只是名义法定代表人，我国法律对法定代表人的任职资格、任职要求及法律责任的规定没有具体的细则。法定代表人能够代表法人行使职权，通常是法人组织的负责人。法定代表人由自然人担任，一般由正职负责人担任。公司法定代表人代表公司法人，代表公司行使职权，按照公司的意志行使法人权利，对外代表法人进行民事活动，其行为构成公司的行为，由公司承担责任。但法定代表人应当以公司的名义，并在法律、法规规定和公司章程规定的权限范围内从事活动。法律、法规规定必须由法定代表人作出的公司行为应当由法定代表人做出。而对于不少公司聘任员工担任法定代表人的现象，《公司法》及其相关司法解释均没有给予明确的规定，在实际操作上存在不少问题。名义法定代表人与实际控制人的关系如何处理？责任如何分担？从上述几个案例中就能很清晰地判断出，存在的问题还不少。

对于法定代表人，笔者建议公司股东要特别注意做好下列事项：一是法

---

[1] 山东省青岛市城阳区人民法院(2015)城刑初字第623号。

定代表人的选任。《公司法》允许公司根据实际情况，在董事长（执行董事）和经理之间，自由决定法定代表人的人选，这体现了法律对公司自治理念的尊重。在股份有限公司和设立董事会的有限责任公司，法定代表人既可以由董事长担任，也可以由董事会聘任的经理担任；在股东人数较少或者规模较小、没有设立董事会的有限责任公司，法定代表人既可以由执行董事担任，如果聘任经理的，也可以由经理担任。二是公司法定代表人的登记。公司法定代表人作为公司的代表，依照公司章程的规定确定以后，作为公司章程和公司营业执照的必要记载事项应当依法进行登记；发生变更的，应当办理变更登记。《公司登记管理条例》第 30 条明确规定，公司变更法定代表人的，应当自变更决议或者决定作出之日起 30 日内申请变更登记。

通过上述几个典型的名义法定代表人非法集资案例，可以了解到名义法定代表人并不会仅仅因为其法定代表人的身份而当然承担非法集资的法律后果，通常在公司实际控制人已经构成犯罪的前提下，“名义法定代表人”是否承担非法集资的法律后果以及承担多少，主要看名义法定代表人对公司的经营行为是否具有决策权和控制权，对于犯罪行为是否知情、是否参与及参与程度，对于犯罪案件是否起到作用、起到主要作用还是次要作用。

除此之外，行为人如何证明自己是名义上的法定代表人也非常关键，若双方没有签订名义法定代表人的协议，也可以从其实际从事的工作内容中举证。作为名义法定代表人，通常获利少，又难以证明免责。法院往往根据行为人在公司的经营行为是否具有决策权和控制权来判别，如案例 5 中通过蔡某是否参与廖某和王某光的集资诈骗活或金融平台或在共同犯罪中的角色来判别，并非一切以法人身份来定罪量刑。

第五节　股 东 名 册

一、公司视角：《公司法》如何规定设置股东名册

作为一个公司的股东，通常以什么形式体现出来？实践中存在很多种方式，如干股、暗股、隐身股、代持股，等等，在公司正常经营与利润分配时往往问题不大，但在涉及重大利益分配或承担重大责任时，种种分歧和纠纷就

会显露出来，涉及的人和事众多，说不清理还乱的现象随之出现。我国《公司法》就此问题规定得显然还不够，尤其是股份代持方式、隐名股东显名化等，依然处在不断变化的修订修正中。股东名册作为一种法定登记方式，目前还有其存在的必要性。

《公司法》关于股东名册的规定有以下几个方面：

1. 股东名册设置的法定性。股东名册是指公司为记载股东及其股份而设置的名簿。股东名册是记录股东对公司享有股权情况的法律文件，而股权体现了股东与公司之间的法律关系，因此股东名册是记载该法律关系的文件之一，以此作为识别股东、确定股东享有股权份额及股权行使范围的依据。股东名册是法律规定有限责任公司（国有独资公司、一人有限责任公司除外）必须置备的文本。

2. 股东名册内容的法定性。《公司法》明确规定了股东名册应当记载的事项。股东名册不能任意记载，其记载内容有法定的要求。

3. 股东名册的法律效力。记载于股东名册的股东，可以依股东名册主张行使股东权利，包括：(1)法定的身份推定效力；(2)免责效力；(3)对抗效力；(4)对公司以外的第三人不发生法律效力。

二、参考案例：法律如何规定股东资格确认或请求变更登记

案例8 赵某涛、郑某生股东资格确认纠纷、请求变更公司登记纠纷二审案[1]

2001年11月2日，郑某生、胡某新、赵某涛、姚某华、刘某柱等分别申请与武汉建工集团二公司解除劳动合同，给予相应补偿，并分别签订了《国有企业改制解除（终止）劳动合同（劳动关系）给予经济补偿协议书》。

2001年11月7日，胡某新等向武汉建工集团二公司提出《改制申请》称，根据有关文件精神，经公司本部和部分内退职工及物业管理人员集体研究，认为新公司成立基本条件已具备，申请成立新的民营有限责任公司。

2001年12月4日，参与改制人员一致通过了改制实施方案。经公司党政联席会研究决定，同意胡某新等人自由组合成立民营有限责任公司，并拟

[1] 湖北省武汉市中级人民法院(2017)鄂01民终1223号。

将本公司所属部分自管房及土地(经中介机构评估后)部分资产作为新成立的民营公司职工改变国有企业职工身份的资产补偿。

2001年12月24日,茂源公司成立,各方当事人均承认胡某新、赵某涛并未实际出资,公司的资产全部来源于15人改制时补偿费用置换资产。

2013年4月24日,茂源公司召开公司股东会,郑某生、胡某红、王某庭、王某蓉等参加会议,赵某涛、张某方、黄某文未参加会议。股东会作出如下决议:由于公司改制对股东登记不实,即由胡某新、赵某涛二人代表全体股东持股,其中胡某新持股60%(含职工代表股8人),赵某涛40%(含职工代表股7人)。为避免日后产生纷争,到会股东一致同意公司到武汉市工商行政管理局汉南区分局办理股权变更登记。郑某生、胡某新等共12人在股东会决议上签名。后郑某生因要解除代持关系但迟迟未予办理而向法院提起诉讼。

一审法院依照《公司法》第32条,《公司法司法解释三》(2011年版)第22条、第24条,《民事诉讼法》第142条、第144条,最高人民法院《关于民事诉讼证据的若干规定》(2001年版)第2条的规定,判决:(1)解除郑某生与胡某新、赵某涛之间的股权代持关系;(2)确认郑某生持有茂源公司的股权比例为3.957%,股本金为11,870元;(3)胡某新、赵某涛、茂源公司于判决生效后10日内到公司登记机关将胡某新、赵某涛名下的茂源公司3.957%股权协助变更至郑云生名下。赵某涛因不服一审判决,提起上诉。

二审法院认为,虽然在茂源公司登记信息中的股东仅有胡某新、赵某涛,但胡某新、赵某涛均明知除了该二人外,还有其他实际出资人存在,其中包括郑某生。2008年8月至2012年12月,胡某新先后收购了郑某生等人在茂源公司的全部股本金,此时在郑某生与胡某新之间转让的不是股权,因为此时股权仍然归名义股东胡某新、赵某涛享有,其转让的是实际出资人的出资份额。但是,在其后的2013年4月24日,胡某新、郑某生均参加了茂源公司股东会,均同意茂源公司根据实际出资人及各自相应的出资额到武汉市工商行政管理局汉南区分局办理股权变更登记,包括对郑某生出资额11,870元予以确认。郑某生、胡某新在该股东会决议上的签名表明,郑某生作为实际出资人的隐名投资地位并未发生转移,胡某新对此并无异议。胡某新收购了郑某生在茂源公司的股本金后并不否认郑某生作为茂源公司实际出资人享有的隐名投资地位,并同意其显名,该意思表示不会引起两者之外其他法律关系的变化,不会对他人的权利造成损害,是胡某新行使处分权的体现。在胡某新、郑某生均对郑某生的相关出资权益予以认可的情况下，赵某涛主张郑某生在茂源公司所持有的股权因全部转让而权利消灭，二审法院不予支持。郑某生提起本案诉讼有事实依据及法律依据。一审判决认定事实清楚，适用法律正确，应予维持。

二审法院最终判决驳回上诉，维持原判。

三、律师观点：如何认识股东名册的推定效力、免责效力和对抗效力

记载于股东名册的股东，可以依股东名册主张行使股东权利。这就赋予了股东名册对股东身份的推定效力，即在股东名册上记载为股东的，推定其为公司股东。股东名册的免责效力也及于股东住所等其他记载的事项，公司对股东或质权者的通知或催告，发至股东名册记载的住所或者其本人向公司通知的住所即可。

股东名册的对抗效力仅指股东依法转让其出资后，应由公司将受让人的姓名、住所以及受让人的出资额记载于股东名册。

根据我国公司制度的安排，股东名册存放于公司内部，无须在公司登记部门或者其他机构备案。股东名册属于公司内部经营管理文件，仅对公司内部发生法律效力，对公司以外的第三人不发生法律效力。公司以外的第三人不能以股东名册有记载为由，推定记载于股东名册的人为股东或者享有股权，进而向其主张权利。

案例 8 中，由于企业改制关系，部分员工的身份处在变动之中，如需确认某人的身份，需要出具各种证据或书面协议来证明。此时，股东名册的重要性便显而易见了。股东名册是指由公司置备的，记载股东个人信息和股权信息的法定簿册，在与公司的关系上，只有在股东名册上记载的人，才能成为公司股东。案例 8 中，胡某新等人的股东身份以股东名册上记载为主。

第六节　一人公司与个人独资企业

一、公司视角：如何准确理解一人公司与个人独资企业

设立人通常对设立一人公司还是个人独资企业分辨不清，对法律上两

种类型的公司需要承担的责任也难以区分。笔者认为，很有必要就此阐述一下。

一人公司是指只有一个股东的有限责任形式的公司，即公司的投资人为单一主体，由投资人独资经营，但投资人对公司债务仅负有限责任。

个人独资企业，简称独资企业，是指由一个自然人投资，全部资产为投资人所有的营利性经济组织。

两者都是独立的民事主体；都可以独立参与民事法律关系，因此也都是适格的诉讼主体，可以参与诉讼程序；同样也都可以设立分支机构。其区别主要体现在以下几个方面：

1. 主体资格不同。个人独资企业属于非法人组织，不具有法人资格；一人公司作为公司的一种，属于企业法人。因此，两者之间不存在互相转换的可能。

2. 出资人身份范围不同。个人独资企业只能由自然人出资设立；一人公司既可以由自然人出资设立，也可以由法人出资设立，还可以由国家出资设立。

3. 设立限制不同。一个自然人只能投资设立一个一人公司，且该一人公司不能再投资设立新的一人公司。对于一个人可以设立几个个人独资企业这个问题，法律并没有明确限制。

4. 责任承担不同。个人独资企业的投资人，以其个人财产对企业债务承担无限责任；并且，在申请企业设立登记的时候，如果明确以其家庭共有财产作为个人出资的，应当依法以家庭共有财产对企业债务承担无限责任。一人公司属于公司范畴，股东原则上以出资额为限承担有限责任，只有当股东不能证明公司财产和他自己的财产相独立时，才应当对公司债务承担连带责任。

5. 法律依据不同。个人独资企业依据《个人独资企业法》设立；一人公司则依照《公司法》设立。两者都有各自的法律去调整、去规范。

6. 所得税缴纳依据不同。一人公司缴纳的是企业所得税，之后对自然人股东分配利润的时候，再扣缴一次个人所得税。个人独资企业则不适用《企业所得税法》，而是被视为个人，直接缴纳出资人的个人所得税。

二、参考案例:个人独资企业与一人公司承担责任方式有何异同

案例9 | 申某斌、亳州市丰达物流有限责任公司追偿权纠纷案[1]

2012年4月2日,申某斌(乙方)与姜某彬(甲方)签订一份退出协议书,约定姜某彬退出"甲乙双方于2011年3月份合资兴建亳州市丰达物流有限责任公司(以下简称丰达物流公司)车间及仓库并征用土地4.3亩左右"的项目合作,退还姜某彬投资款和损失费合计235万元。姜某彬将其持有的丰达物流公司的50%股份退还给申某斌。

2012年10月2日,申某斌就应向姜某彬退还的投资款和损失费出具了一份欠条,因申某斌到期未偿还欠款,姜某彬以申某斌为被告、以民间借贷纠纷为由诉至一审法院,要求申某斌偿还欠款260万元。一审法院判决丰达物流公司、申某斌、马某莉于判决生效之日起10日内支付姜某彬260万元及利息。

该案中申某斌与姜某彬于2013年3月6日自愿达成调解协议,调解协议达成后,姜某彬与申某斌、马某莉于2013年3月12日签订股权转让协议。本案争议款项最初系姜某彬对丰达物流公司的项目投资款。申某斌系丰达物流公司的法定代表人,在签订协议时持有丰达物流公司100%股权。合作协议书的签订主体为丰达物流公司和姜某彬,退出协议书以及欠条虽然是申某斌以个人名义签订、未加盖公司公章,但案涉款项由来系姜某彬对丰达物流公司的项目投资款,且签订协议时申某斌系丰达物流公司的法定代表人,并持有丰达物流公司100%的股权,结合退出协议内容,应认定申某斌的行为构成表见代理,其签字行为应认定为代表丰达物流公司。退出协议书签订后,姜某彬与丰达物流公司签订的合作协议已然解除。姜某彬对丰达物流公司的投资已经转化为借款法律关系,涉案款项的债务人应认定为丰达物流公司。

2018年申某斌上诉至安徽省高级人民法院,要求撤销一审原判,二审法院认为一审法院认定事实清楚,适用法律正确,驳回上诉,维持原判。申某斌于2019年提起再审。

---

〔1〕 最高人民法院(2019)最高法民申893号。

4. 清算终结,公司注销。公司清算结束后,清算组应当制作清算报告,报股东会、股东大会或者人民法院确认,并报送公司登记机关,申请注销公司登记,公告公司终止。

二、参考案例:哪些人可以成为申请公司清算的主体

案例 11 ｜ 席某科申请被申请人深圳市源丰润公司强制清算案〔1〕

申请人席某科申请被申请人深圳市源丰润公司强制清算一案,法院组成合议庭进行了审查,分别于 2015 年 9 月 23 日、11 月 4 日两次召开了听证会。

申请人席某科称,申请人为被申请人深圳市源丰润公司的股东之一,占被申请人 21% 的股权,但没有实际参与经营,公司由法定代表人王某某和另一股东杨某某实际控制,二人为夫妻,占有公司 75% 的股权。2012 年 9 月 10 日,公司召开了股东大会,并于 2012 年 9 月 12 日形成决议,决定被申请人解散,进入清算程序。由于被申请人未按法定清算程序进行清算,申请人于 2012 年 10 月 22 日向深圳市福田区人民法院申请强制清算。在审理过程中,被申请人自称会依法尽快清算,人民法院于 2013 年 1 月 11 日驳回了申请人的申请请求,让被申请人自行清算。但被申请人一直没有完成清算程序,甚至连法律规定的清算方案也没有向申请人报告。申请人电话催问,被申请人无理由拒绝解释原因,申请人作为股东的权利被严重侵害。申请人认为,按照法律规定,被申请人的做法明显是在故意拖延清算,以达到逃避法律义务的目的,这一行为将直接损害申请人作为股东的合法权益。故请求人民法院对被申请人进行强制清算。

法院依法裁定,源丰润公司进入强制清算程序,王某某、杨某某对源丰润公司仅享有股东权利。

三、律师观点:如何准确厘清公司解散与清算的关系

案例 11 涉及的是申请公司强制清算问题。2012 年 9 月 10 日,公司召开了股东大会,并于 2012 年 9 月 12 日形成决议,决定被申请人解散,进入清

〔1〕 广东省深圳市福田区人民法院(2015)深福法民二清(预)字第 11 号。

算程序。但源丰润公司一直没有自行进行清算，故意拖延清算，以达到逃避法律义务的目的。故申请人席某科向法院申请源丰润公司进入强制清算程序符合法律规定。

解散清算与破产清算二者既有联系又有区别。清算可以是企业经营期限到期后自愿清算，也可以是其他原因导致的被动清算。

（一）二者的联系

1. 清算的目的都是结束被清算企业的各种债权、债务关系和法律关系。

2. 在解散清算过程中，当发现企业资不抵债时应立即向法院申请实行破产清算。

（二）二者的区别

1. 清算的性质不同。解散清算属于自愿清算或行政清算，而破产清算属于司法清算。

2. 被清算企业的法律地位不同。解散清算的企业宣告终止后，法人资格并没有完全丧失，在清算期内仍享有限制性的权利和经济行为。案例11中，虽然公司进入强制清算程序，但王某某、杨某某对源丰润公司依然享有股东权利。被宣告破产清算的企业，其法人权利和行为完全丧失，清算机构依法取得破产企业财产的管理权、处分权。公司股东的权利受到严格控制，清算组享有充分的管理权。

3. 处理利益关系的侧重点不同。解散清算一般不存在资不抵债的问题，清算时除了结束企业未了结的业务，收取债权和清偿债务以外，重点是分配企业剩余财产，调整企业内部各投资者之间的利益关系。而破产清算的原因是资不抵债，因此，清算时主要是调整企业外部各债权人之间的利益关系，即将企业有限的财产在债权人之间进行合理分配。

公司解散涉及公司事业之终止，涉及诸多相关者利益，涉及外部债权人和债务人利益之平衡，涉及公司内部股东利益之实现，涉及公司雇员利益之保护，涉及国家税收之把握，公司解散绝不可任意、随意。

当公司涉及对外债权与债务之时，公司解散无疑应当经过清算程序。只有经过公正清算，通知已知债权人与债务人，公告未知债权人与债务人，对剩余财产依法、依比例公平分配，才可以实现内外相关利益者之间的利益平衡。

第二章 公司治理

◇ 第一节 股东会/股东大会

一、公司视角：股东会/股东大会的性质与表决方式是什么

股东会是有限责任公司的最高权力机构，股东大会是股份有限公司的最高权力机构，二者的性质及职权基本相同，都是指由全体股东组成的，决定公司经营管理的重大事项的机构，是公司的最高权力机构，其他机构都由其产生并对其负责。按照法律规定召开定期会议和临时会议。

在表决方式上，二者既有区别也有共性。

1. 股东会的表决方式

《公司法》第43条的规定："股东会的议事方式和表决程序，除本法有规定的外，由公司章程规定。股东会会议作出修改公司章程、增加或者减少注册资本的决议，以及公司合并、分立、解散或者变更公司形式的决议，必须经代表三分之二以上表决权的股东通过。"

2. 股东大会的表决方式

《公司法》第103条规定："股东出席股东大会会议，所持每一股份有一表决权。但是，公司持有的本公司股份没有表决权。股东大会作出决议，必须经出席会议的股东所持表决权过半数通过。但是，股东大会作出修改公司章程、增加或者减少注册资本的决议，以及公司合并、分立、解散或者变更公司形式的决议，必须经出席会议的股东所持表决权的三分之二以上

通过。”

二、参考案例:有限责任公司临时股东会或股东会决议的效力

案例 12 | 周某某与杭州集欧社服饰撤销公司决议纠纷案[1]

杭州集欧社服饰有限公司(以下简称集欧社公司)于2009年8月19日注册成立,注册资本600,000元。目前公司的股权结构分别为:梅某君10%、周某某30%、留某某30%、章某某30%。梅某君为公司的执行董事,担任公司的法定代表人;周某某为公司的监事。

2013年1月2日,留某某和章某某提议召开临时股东会,向周某某、梅某君发出书面通知。通知会议时间地点等事项;出席人员为公司全体股东;会议议程为公司目前的状况做紧急会议。周某某、梅某君分别回函,不同意召开本次会议。

2013年1月18日,留某某和陈某为代表留某某和章某某召开股东会。会议通过以下决议:

(1)“关于同意变更执行董事的决定”的股东会决议内容:同意撤销梅某君执行董事的职务,选举留某某为公司执行董事;(2)“关于同意变更监事的决定”的股东会决议内容:同意撤销周某某监事的职务,选举章某某为公司监事;(3)“关于确认2012年8月24日决议有效的决定”的股东会决议内容:确认2012年8月24日股东会决议有效;(4)“关于梅某君上交公司印章的决定”的股东会决议内容:梅某君收到本决议3日之内,向留某某和章某某的代理人陈某为上交公司印章、财务章、公司账户;(5)“关于同意财产处置的决定”的股东会决议内容:同意由留某某和章某某负责,对集欧社公司杭州滨江区长河路351号拓森科技园1号楼仓库内物品,进行处理,时间为仓库租赁到期前。

2013年2月5日,周某某向留某某和章某某回函,对上述决议内容提出无效的异议,但遭到拒绝。后周某某以上述决议程序违法且实体程序错误,严重违反《公司法》和公司章程规定,侵害了包括周某某在内的其他股东的合法权益为由诉至法院,请求撤销该临时股东会决议。

---

[1] 浙江省杭州市中级人民法院(2013)浙杭商终字第1598号。

一审法院认为，留某某、章某某合计持有公司股份60%，符合公司章程有关“代表十分之一以上表决权的股东、执行董事、监事提议召开临时会议的，应当召开临时会议”的规定，其有权提议召开临时股东会决议。梅某君、周某某已知晓临时股东会的召开时间、地点和会议事项，但拒绝到会参与表决，视为其放弃权利。“关于同意变更执行董事的决定”“关于同意变更监事的决定”，系股东会行使的职权，根据章程规定，经代表1/2以上表决权的股东通过即可。留某某、章某某的表决权合计为60%，已经符合章程的表决规定，故予以确认。因此，周某某要求撤销该二项决议，不予支持。“关于确认2012年8月24日决议有效的决定”，该股东会决议内容是对2012年8月24日决议的确认，而该决议经法院撤销，其与生效的法院判决相矛盾，故不予确认。“关于梅某君上交公司印章的决定”“关于同意财产处置的决定”，属于公司管理行为，不属于股东行使的职权，故不予确认。因此，周某某要求撤销该三项决议，予以支持。

综上所述，一审法院判决：(1)撤销集欧社公司于2013年1月18日作出的“关于确认2012年8月24日决议有效的决定”的临时股东会决议。(2)撤销集欧社公司于2013年1月18日作出的“关于梅某君上交公司印章的决定”的临时股东会决议。(3)撤销集欧社公司于2013年1月18日作出的“关于同意财产处置的决定”的临时股东会决议。(4)驳回周某某的其他诉讼请求。

二审法院认为，留某某、章某某合计持有公司股份60%，依据《公司法》和公司章程的规定，自行召集会议并不违反法律规定。该股东会会议中“关于同意变更执行董事的决定”“关于同意变更监事的决定”二项决定，经代表1/2以上表决权的股东通过，符合公司章程规定，周某某要求撤销该二项决议的诉讼请求，一审法院未予支持并无不当。综上所述，周某某、集欧社公司的上诉理由均不能成立，其上诉请求法院均不予支持。一审法院查明事实清楚，适用法律正确，依照《民事诉讼法》第170条第1款第1项之规定，判决驳回上诉，维持原判。

三、律师观点：《公司法》充分保障公司章程中约定事项的效力

案例12是关于有限责任公司股东会的职责及股东会决议效力的问题。公司章程可以约定诸多事项，只要不违反法律、法规的强制性规定，通常都

认为有效。针对有限责任公司的人合性与股份有限公司的资合性特征，在《公司法》的规定上有所差异。但基本原则上，有限责任公司的公司自治权更大些，公司章程可以约定大部分的事项；而股份有限公司因为涉及更多的资金和人员，在制度设计上更多倾向于法律的强制性规定，以充分保护股东的合法权益。

从一审、二审法院的判决理由来看，案例12中留某某、章某某提议召开股东会议时，公司执行董事梅某君和公司监事周某某均明确表示反对，视为其放弃权利，故留某某、章某某依据《公司法》和该公司章程的规定，自行召集会议并不违反法律规定。且根据股东会会议纪要，留某某、陈某为作为参加会议人员，其中陈某为代表章某某，对此章某某无异议，并在该会议纪要上签字确认的，故集欧社公司、周某某就授权问题提出的异议不能成立。该股东会会议中"关于同意变更执行董事的决定""关于同意变更监事的决定"两项决定，经代表1/2以上表决权的股东通过，符合公司章程规定。

案例12中法院确认了股东召开的临时股东会会议及股东会决议的效力。召集和主持股东会，应该按照《公司法》和章程规定的程序进行。

第二节　股东会会议召集和主持程序

一、公司视角：股东会会议召集和主持程序违法而成决议的效力如何

对于股东会会议在程序上瑕疵的效力，我国《公司法》及最高人民法院《关于适用〈中华人民共和国公司法〉若干问题的解释（四）》专门作出规定。把股东会会议召集和主持程序违法的效力分为三种：无效、可撤销和不成立。股东会决议属于股东的意思表示，如同自然人的意思表示一样，股东会决议也可能存在瑕疵，包括程序上的瑕疵和内容上的瑕疵。

实体与程序是骨架与血肉之间的关系。《公司法》有大量的实体法内容权利与义务的规定，但需要通过程序上的履行得以实现。程序上的瑕疵是指会议召集程序和表决方式违反法律、行政法规或公司章程的规定，内容上的瑕疵是指决议内容违反法律、行政法规或公司章程的规定。有瑕疵决议的效力问题涉及两种利益冲突：一方面，为了召集股东会，公司付出了大量

的人力、物力,而且作出的决议已经产生了一定的影响,这些都要求维持决议的效力;另一方面,由于股东会并非公司常设机构,需要设立相应的法律措施以保护中小股东的权利,只有决议是在遵守法律、行政法规和公司章程规定的前提下作出的,相关规定才能实现其保护目的。一般认为,如果决议的内容违反了法律、行政法规的强制性规定,该决议应归于无效;如果决议违反了程序规则和公司章程规定,则该决议为可撤销决议。在法律后果上,前者自始无效,后者在被撤销后也自形成时起不具有法律效力。

为什么《公司法》及相关司法解释把程序瑕疵的决议分为无效、可撤销和不成立呢?其目的是不轻易否定决议效力,尊重公司自治权和鼓励交易,这在《九民纪要》关于合同效力问题的审判思路中得以较充分的体现。

二、参考案例:法律行为欠缺成立要件,如何认定其效力

案例13　徐某等与北京光耀东方羊坊店购物中心有限公司公司决议纠纷案[1]

徐某与李某斌系夫妻,双方于2010年8月17日登记结婚,于2009年8月27日生有一子李某1,于2016年1月6日生有一女李某2。李某东系李某斌与前妻所生长子,曾用名李甲。李某杰系李某斌三弟。李某斌因病于2016年10月开始在中国人民解放军总医院住院治疗,于2017年2月13日去世。

北京光耀东方羊坊店购物中心(以下简称东方羊坊店公司)成立于2012年4月23日,股东为李某斌、李某杰、李某东,持股比例依次为60%、20%、20%。李某斌任法定代表人、执行董事和经理。

2017年2月3日,东方羊坊店公司办理了工商变更登记,将执行董事及法定代表人由李某斌变更为李某杰,股东由李某斌、李某杰、李某东变更为李某杰(持股比例80%)、李某东(持股比例20%),并将新的章程提交备案。东方羊坊店公司工商登记备案材料中包含《出资转让协议书》及落款时间为2017年2月3日的两份股东会决议。

其中,《出资转让协议书》记载:李某斌愿意将东方羊坊店公司的出资

[1] 北京市海淀区人民法院(2017)京0108民初28447号。

1200 万元转让给李某杰，李某杰愿意接收李某斌在东方羊坊店公司的出资 1200 万元。于 2017 年 2 月 3 日正式转让。转让方落款处加盖有李某斌手签章，受让方落款处有李某杰签字。

2017 年 2 月 3 日第一份股东会决议（以下简称三人股东会决议）记载会议形成决议如下：同意股东李某斌将其出资 1200 万元转让给李某杰；同意免去李某斌执行董事职务；同意免去李某杰监事职务；变更经营范围；同意修改公司章程；落款处有李某杰、李某东签字，并盖有李某斌手签章。

2017 年 2 月 3 日第二份股东会决议记载会议形成决议如下：同意李某杰、李某东组成新股东会；变更后注册资本不变，同意选举李某杰担任执行董事；同意选举李某东担任监事；同意修改公司章程；落款处有李某杰、李某东签字。

徐某、李某 1、李某 2 以上述公司决议侵犯其合法权益为由，提起诉讼。

依据有关机构出具的《精神疾病司法鉴定意见书》，李某斌 2017 年 2 月 3 日、4 日患有器质性精神障碍，受所患疾病的影响，认识及意思表达能力不完整，应评定为限制民事行为能力人。召集、主持、参加股东会，将所持东方羊坊店公司出资 1200 万元转让给李某杰，涉及重大财产利益，明显不属于与李某斌当时智力、精神健康状况相适应的民事法律行为，其行为需经法定代理人徐某同意或追认后生效，徐某拒绝追认，李某斌的上述行为归于无效。

一审法院对该《精神疾病司法鉴定意见书》予以采信、法院裁判结果如下：

1. 确认被告东方羊坊店公司落款日期为 2017 年 2 月 3 日的两份股东会决议不成立；

2. 被告东方羊坊店公司于判决书生效之日起 10 日内向登记机关申请撤销依据上述第一项决议作出的工商变更登记（包括将李某斌股权转让给李某杰，将法定代表人和执行董事变更为李某杰）。

被告东方羊坊店公司不服一审判决，提起上诉。二审法院驳回上诉，维持原判。

三、律师观点：如何把握公司章程的自治原则与法律法规强制性规定

审理确认公司决议效力纠纷案件中，法院会审查决议内容是否违反了法律、行政法规的强制性规定，同时也会审查程序问题。《公司法》尊重公司

自治,公司内部法律关系原则上由公司自治机制调整,司法机关原则上不介入公司内部事务。对本案涉及的公司股东会决议、修改公司章程等情况进行核查,这些内容属于公司意思自治范畴,不属于法院审查的范围。因此,在不违反法律、行政法规的强制性规定的前提下,涉案公司的股东会决议所依据的事实是否属实,理由是否成立,法院不予审查。

股东会会议召集和主持程序违法,是否就认为该决议无效或可撤销或不成立呢?

案例13中,李某斌因为器质性精神障碍,受所患疾病的影响,认识及意思表达能力不完整,应评定为限制民事行为能力人。不能完全辨认自己行为的成年人为限制民事行为能力人,实施民事法律行为由其法定代理人代理或者经其法定代理人同意、追认,李某斌不具备可以独立实施纯获利益的民事法律行为或者与其智力、精神健康状况相适应的民事法律行为。他独立实施的民事法律行为,其法定代理人徐某拒绝追认,故归于无效。又因他的股份占公司股份的60%,所以没有李某斌同意的决议不成立。

第三节 董 事 会

一、公司视角:董事会的法律地位与职权是什么

董事会、董事局、执行董事都是些什么机构?《公司法》仅对董事会与执行董事作出规定。董事会是依照有关法律、行政法规和政策规定,按公司或企业章程设立并由全体董事组成的业务执行机构。董事会源于股东(大)会,是股东(大)会这一权力机关的业务执行机关,负责公司或企业业务经营活动的指挥与管理,对公司股东(大)会负责并报告工作。股东(大)会所作的决定,董事会必须执行。执行董事适用于股东人数少,不宜设立董事会的公司。执行董事可以兼任经理(总经理)。而董事局并非严格意义上的《公司法》规定的概念。董事局相当于一般企业的董事会,董事局主席为公司法定代表人,董事局是公司的常设权力机构,向股东大会负责。集团公司、跨国公司等较大的公司设立董事局。公司总裁主持公司的生产经营管理工作,对董事局负责,相当于总经理。

我国法律分别对有限责任公司和股份有限公司的董事人数作出了规定。《公司法》第44条规定,有限责任公司设董事会,其成员为3~13人。《公司法》第50条规定,有限责任公司,股东人数较少或规模较小的,可以设一名执行董事,不设董事会。《公司法》第108条规定,股份有限公司应一律设立董事会,其成员为5~19人。

董事会可以视为股份公司的权力机构的执行机构,企业的法定代表;有时又被称作管理委员会、执行委员会。董事会由3个及以上的董事组成。除法律和章程规定应由股东(大)会行使的权力之外,其他事项均可由董事会决定。公司董事会是公司经营决策机构,董事会向股东(大)会负责。

董事会的义务主要有:制作和保存董事会的议事记录、会议记录,备置公司章程和各种簿册,及时向股东(大)会报告资本的盈亏情况和在公司资不抵债时向有关机关申请破产等。

股份公司成立以后,董事会就作为一个稳定的机构而产生。董事会的成员可以按章程规定随时任免,但董事会本身不能撤销,也不能停止活动。董事会是公司的最重要的决策和管理机构,公司的事务和业务均在董事会的领导下,由董事会选出的董事长、常务董事、副董事长具体执行。

二、参考案例:董事会的召集程序和决议内容有何具体规定

案例14 | 中科恒源科技股份有限公司与安华农业保险股份有限公司决议撤销纠纷案[1]

2015年9月18日,安华农业保险股份有限公司(以下简称安华公司)召开2015年第3次临时股东大会,全体股东投票通过了《增资方案》。该方案的主要内容包括:截至2015年7月,公司注册资本为10.575亿元,共有20家股东单位。

2016年11月16日,安华公司召开第四届董事会第37次会议,经全体9名董事中的7名表决同意,通过《关于提请审议确认增资相关事项的议案》(以下简称《议案》)。

2016年12月15日,安华公司召开第四届董事会第39次会议,经全体9

[1] 北京市第二中级人民法院(2018)京02民终11811号。

名董事中的8名表决同意，通过了《关于提请审议调整增资相关事项的议案》，议案内容包括对原《议案》中相关增资事项进行调整。本议案经公司董事会审议通过后，连同原《议案》确认的其他事项和相关安排，报请公司股东大会予以审议。

2016年12月30日，安华公司召开2016年第4次临时股东大会，全体股东出席了会议，经表决，占出席会议所有股东所持表决权股份的79.196%的股东同意通过决议：通过了《关于提请审议确认增资相关事项及相应修改公司章程的议案》（以下简称《增资方案》）；同意将公司注册资本增至52,2921亿元；同意对公司章程进行相应修改。

安华公司已经于2018年年初向参加增资的相关股东返还了股东依据增资决议及相关股东大会决议所交纳的增资款。

安华公司股东之一中利恒源科技股份有限公司（以下简称中科公司）提起诉讼，请求撤销安华公司2016年第四届董事会第37次会议决议。

法院认为，首先，涉案的董事会决议性质上为董事会履行《公司法》所规定的制订公司增资方案的职权，一审法院注意到安华公司《增资方案》通过股东会表决后，又发生了包括股东未能如期交付增资款、股权转让审批完成、报送增资审批材料不符合要求、新增认购主体等情况，为推动完成增资工作，董事会在原方案的基础上对新发生的情况相应拟定修改方案，亦系履行董事会职责，也符合股东会决议关于“其他未尽事宜，由公司董事会协调处理”的内容。

其次，董事会决议内容为向股东会提请审议董事会所拟定的方案，是作为拟制民事主体的公司形成以股东会决议为形式的公司“意思”“决策”的内部产生过程，而非以所制订方案中的内容直接作为公司的“意思”“决策”并产生能够拘束全体股东的效力，并未超越董事会的职权范围。

综上所述，涉案董事会决议并未对股东产生法律上的约束力进而损害其权利，亦未存在《公司法》所规定的撤销原因，故中科公司的诉讼请求，一审法院不予支持。据此，法院判决驳回中科公司的诉讼请求。

中科公司不服一审判决，提起上诉。二审法院认为，一审判决认定事实清楚，适用法律正确，予以维持。

三、律师观点:董事会决议效力如何认定

本案焦点涉及董事会的召集程序是否违反章程规定,以及违反章程规定的决议的效力如何,关于董事会的职权,我国《公司法》遵循严格的公司自治原则,尊重股东的真实意思。安华公司章程所制定的章程符合法律规定,对董事会董事的任期及履行作出规定,且董事会的召集程序没有问题。

安华公司的董事会决议的内容没有违反公司章程。结合上文所阐述的内容看安华公司章程第 95 条规定,其规定应为合法有效。

董事会决议性质上为股东会的执行机关,它具有履行所规定的制订公司增资方案的职权。

《公司法》第 45 条第 2 款规定:"董事任期届满未及时改选,或者董事在任期内辞职导致董事会成员低于法定人数的,在改选出的董事就任前,原董事仍应当依照法律、行政法规和公司章程的规定,履行董事职务。"故作出案涉决议的董事会在届满未及时改选时继续履行制定增资方案的职权,符合法律规定,不构成董事会决议程序上的瑕疵。

案例 14 中,一审、二审法院的判决合法有效。对于公司的启示有以下几点:一是充分了解出台一个有效的决议,既要注意程序上的合法,也要在内容上依法合章;二是公司要充分重视公司章程的重要性,在公司设立阶段就应该严格打磨章程,把重要的事项均能在章程上有所体现;三是熟练掌握股东(大)会、董事会的职能,依法履职,减少不必要的失误。

第四节　公司决议的效力

一、公司视角:公司股东(大)会决议的瑕疵与决议被撤销的关系

股东(大)会决议瑕疵在公司经营管理实践中比较常见。既有召集程序上的瑕疵,也有决议内容上的瑕疵,更有表决权设计上的瑕疵等。公司决议被撤销是轻微的瑕疵决议形态,可撤销的公司决议可因法定期间的经过而变得有效,可撤销决议以决议的成立为前提,在撤销前决议本身是有效的,只不过因为决议存在可撤销的原因,基于撤销权人的主张,决议存在被撤销

而溯及不发生效力的可能性。

我国《公司法》从第39条至第44条对股东(大)会、董事会的召集程序、表决方式作出了强制性规定,同时允许章程对法律没有规定的内容作出补充性规定。赋予股东撤销权,由股东作出选择,既有利于股东权利的保护,又有利于维护交易的进行。在撤销之诉中,适格的原告应是股东(大)会决议的撤销权人,该股东可以自决议作出之日起60日内请求人民法院撤销。决议撤销之诉是形成之诉,在法院作出撤销决议之前,决议为有效决议。

在审判实践中,法院从鼓励交易的角度上看,对于认定决议的无效或撤销是非常谨慎的,虽然赋予撤销权人法定撤销权,但对于其如何行使、如何主张权利的规定依然非常原则,可操作性并不强,这一点需要特别注意。

二、参考案例:公司股东会决议成立的要件是什么

案例15 承德燕东石材有限责任公司等与泉州昊博石材有限公司与公司有关的纠纷案[1]

北京中润东方石业有限公司(以下简称中润东方公司)系成立于2004年5月14日的有限责任公司,公司原注册资本1亿元,泉州昊博石材有限公司(以下简称泉州昊博公司)认缴7000万元,陈某存认缴3000万元,法定代表人为陈某存。

2016年9月18日,中润东方公司向北京市工商行政管理局大兴分局申请公司变更登记,申请变更事项为公司注册资本和股东变更,同时就公司章程(含股东内部转让部分股权)事项申请备案登记。申请变更后,公司注册资本由1亿元变更为2亿元;股东由陈某存、泉州昊博公司变更为承德燕东石材有限责任公司(以下简称燕东石材公司)、陈某存和泉州昊博公司;备案登记的公司《章程修正案》对上述内容作了相应记载。中润东方公司提交了签署日期为2016年9月12日的两份《北京中润东方石业有限公司股东会决议》,一份决议记载会议形成如下:(1)同意注册资本变更为2亿元,变更后的出资情况为:股东陈某存出资3000万元,股东燕东石材公司出资1亿元,股东泉州昊博公司出资7000万元;(2)同意由陈某存、燕东石材公司、泉州

〔1〕 北京市第三中级人民法院(2019)京03民终3368号。

昊博公司组成新的股东会;(3)同意修改公司章程。另一份股东会决议内容为:(1)同意增加新股东燕东石材公司;(2)同意修改公司章程。

北京市工商行政管理局大兴分局依据中润东方公司的申请对上述事项进行了变更登记和备案登记。其后,泉州昊博公司以中润东方公司进行公司变更登记的股东会决议不成立为由提出公司决议纠纷之诉,要求确认中润东方公司2016年9月12日作出的增加燕东石材公司作为中润东方公司新股东和变更注册资金的两次股东会决议不成立。

一审法院认为,公司应当严格依照法律、行政法规的规定向公司登记机关申请公司登记事项的登记。公司注册资本、股东等事项发生变更需办理变更登记的,公司应当向公司登记机关提交依照《公司法》作出的合法有效的变更决议或者决定等文件。本案中,中润东方公司向公司登记机关提交的变更决议即2016年9月12日的两份股东会决议,已经生效判决确认不成立,故股东会决议不属于公司依照《公司法》作出的股东会决议,中润东方公司的申请不符合公司变更登记的要求。中润东方公司亦未证明依据其他有效的股东会决议进行公司变更登记,故中润东方公司的公司登记事项应回归到未经有效决议作出之前的状态,维持其依据不成立的股东会决议所做出的登记事项已不具有法律依据。中润东方公司在判决生效后,应当诚信、主动、及时向公司登记机关申请撤销原变更登记。中润东方公司拒不申请撤销变更登记的行为,缺乏法律根据,损害股东合法权益。泉州昊博公司作为股东,要求撤销相应变更登记备案内容的诉请,具有事实和法律依据,法院予以支持。

综上所述,法院依据《公司法》第22条第4款之规定判决:中润东方公司于判决生效之日起10日内向公司登记机关申请撤销根据2016年9月12日股东会决议(二份)办理的增加燕东石材公司为中润东方公司股东、变更中润东方公司注册资本的变更登记。

中润东方公司不服该判决,提起上诉。二审法院认为,一审法院判决认定事实清楚,适用法律正确,应予维持。依照《民事诉讼法》第170条第1款第(1)项之规定,判决驳回上诉,维持原判。

三、律师观点:股东(大)会有效决议的法定条件及其撤销权人范围

案例15中诉请及核心争议焦点为中润东方公司的两项变更登记是否有

公司法规定的变更依据，以及在变更依据缺失的情况下是否应予撤销的问题。

我国《公司法》原则上对于撤销权人的范围限于股东。但德国、日本和韩国的立法范围更宽泛些，他们设定公司董事、股东和监事均具有股东会决议的撤销权。股东（大）会决议本质上属于公司的意思表示，决议撤销之诉不单纯是为了股东的利益，更是为了公司的利益。关于60日的撤销权期限，《公司法》并没有规定股东会、股东大会、董事会作出决议之后如何告知股东，也未规定不告知的法律责任，这对保障股东撤销权是不利的。

法院支持股东请求撤销股东会或者股东大会、董事会决议，符合《公司法》第22条第2款规定。但会议召集程序或者表决方式仅有轻微瑕疵，且对决议未产生实质影响的，人民法院不予支持。不轻易撤销公司股东会决议或董事会决议，是法院尊重公司自治的重要原则。

我国《公司法》第37条有相应的规定。依据该规定，公司注册资本、新增股东以及修改公司章程等事项发生变更需办理变更登记的，应当由公司的股东会作出合法有效的变更决议并向公司登记机关提交。

案例15中，中润东方公司申请变更注册资本、增加股东两项登记所依据的两份股东会决议已经由生效判决确认不成立，即中润东方公司的上述变更事项缺乏公司权力机关作出的有效决议文件，已不符合《公司法》规定的变更登记要求。同时，鉴于中润东方公司未能提交其他有效的股东会决议对上述变更事项进行确认，故一审法院认定中润东方公司的工商登记事项应回归到未经有效决议作出之前的状态并无不当。根据《公司法》第22条第4款的规定，根据股东会或者股东大会、董事会决议已办理变更登记的，人民法院宣告该决议无效或者撤销该决议后，公司应当向公司登记机关申请撤销变更登记。公司决议不成立意味着从根本上否定了决议法律行为成立的事实，决议自始没有法律效力，且不管是决议不成立、可撤销或者无效均导致公司变更登记的依据发生缺失。故中润东方公司在公司决议不成立的终审判决作出之后，即应依据上述规定主动、及时地向公司登记机关申请撤销该变更登记。

第五节 股东除名

一、公司视角:公司行使股东除名的条件和除名事由是什么

我国《公司法》对股东除名没有明确规定,只是在《公司法司法解释三》首次就股东除名作出规定。股东资格直接体现股东享有的利益与承担责任的身份。又因为有限责任公司具有人合性和封闭性。在特定情况下,能否通过股东除名方式保证有限责任公司的人合性?有限责任公司的股东未履行出资义务或者抽逃全部出资,经公司催告缴纳或者返还,其在合理期间内仍未缴纳或者返还出资,公司以股东会决议解除该股东的股东资格,该股东请求确认该解除行为无效的,是否会得到法院的支持?实践中,法院通常不会支持,但法院在判决时会释明,公司应当及时办理法定减资程序或者由其他股东或者第三人缴纳相应的出资。在办理法定减资程序或者其他股东或者第三人缴纳相应的出资之前,公司债权人依照《公司法司法解释三》第13条或者第14条请求相关当事人承担相应责任的,法院会予以支持。

由此可知,司法解释所规定的股东除名事由是非常狭窄的,仅限于股东未完全出资或者抽逃出资的情形。而在实务中的情形就复杂多了。在大部分公司的注册资本用认缴制替代实缴制后,在公司章程对认缴期限的约定过长或约定不明确的情况下,对判断未履行出资义务或者抽逃全部出资将会成为一个新问题。故对股东的除名事宜不容易执行。所以,公司章程的约定显得非常重要和关键。此外,我国《合伙企业法》对合伙人的除名也有相应的规定。

二、参考案例:股东除名权的行使是否必须以要式性作为条件

案例16 | 上海东风五金管件有限公司与顾某刚股东资格确认纠纷案[1]

原告上海东风五金管件有限公司原注册资本500万元。2010年7月6日,原告形成股东会决议:……同意增加注册资本,由500万元增至1500万

[1] 上海市闵行区人民法院(2013)闵民二(商)初字第510号。

元，其中：吸收顾某刚为公司新股东，其缴纳的注册资本金额为1000万元，出资方式为货币，增加后的出资比例为66.67%。

2010年7月14日，被告顾某刚向原告的银行账户汇入1000万元。同日，上海智诚富邦会计师事务所出具验资报告，确认截至2010年7月14日止，原告变更后的累计注册资本为1500万元，实收资本为1500万元。

2010年7月15日，该笔款项转入原告的银行账户。当日，原告的银行账户汇入上海宇鑫商务咨询有限公司××450银行账户300万元、汇入上海宇鑫商务咨询有限公司银行账户300万元。同日，原告银行账户汇入上海世奥企业公司银行账户190万元、汇入上海山脉投资管理有限公司银行账户210万元。

2012年12月19日，原告以律师函形式告知被告，因其在验资以及2年之内未实际缴纳资金，不是真正法律意义上的公司股东，要求被告配合办理公司股东变更手续。

2013年1月16日，原告以律师函形式告知被告，已于近日召集各股东开会，决定恢复公司增资前各股东的出资比例，同时向法院提起诉讼。

2013年2月25日，原告通知被告召开股东会议，但未告知讨论决议事项。

2013年3月16日，原告未经参加股东的表决即形成股东会决议：(1)鉴于名义股东顾某刚于2010年7月通过上海智诚富邦会计师事务所垫资1000万元入股本公司，验资后将此1000万元全部划走，经公司依法催告缴纳，并已委托律师发函，但顾某刚在相应期限内并未足额缴纳的事实，其只有权列席本次会议，无表决权。其余到会股东一致同意免除顾建刚股东资格。(2)到会股东同意公司恢复2010年7月增资前各自出资及所占比例，其中：股东上海福达五金管件有限公司，出资额300万元，出资比例60%；股东顾某财出资额138万元，出资比例27.60%；股东钱某妹出资额58.50万元，出资比例11.70%；股东孙某莲出资额3.50万元，出资比例0.70%。(3)到会股东一致同意依法减资后，及时办理公司工商变更登记手续。(4)通过章程修正案。被告未在该决议上签名。

法院认为，股东除名权的行使具有要式性。股东除名的执行必须严格遵循《公司法》所确定的除名程序，例如，必须形成有效的将股东除名的股东会决议。又如，有限责任公司在作出股东除名的决议后，应当制作除名通知,以书面形式送达被除名的股东,通知中应包含有除名原因、除名依据和除名生效时间等基本内容。

综观本案案情,作为被告出资款的1000万元在验资报告出具后的次日由验资账户汇入公司资金账户后,当日即向3名案外人银行账户全额汇出,但并无合同等证据印证此项交易的正当性,所以可以认定原告存在1000万元出资被抽逃的事实。对于究竟是谁实施的抽逃行为暂且不论,即使系被告抽逃,本案中,公司并没有催告被告在合理期间内返还出资,未给予被告补正的机会。基于法院对于股东除名权行使要式性的阐述,由此,法院无法确认公司这种除名行为的效力。据此,判决驳回原告上海东风五金管件有限公司的诉讼请求。

三、律师观点:怎样遵循股东除名制度的人合性与要式性

对于股东除名制度,虽然我国《公司法》等法律规定非常少,范围也非常狭窄,但《公司法》并没有禁止性的规定。故股东可以在规避国家强制性规定之外,按照意思自治的要求约定。既可以参考《合伙企业法》的规定,也可以参考境外国家与地区作约定,如未履行出资和抽逃出资、股东竞业行为、实施严重损害公司利益的行为、股东死亡或丧失行为能力、股东丧失某种资格、股东达退休年龄、离职等。

案例16中,被告未履行出资义务或者抽逃全部出资为股东除名的原因。依照《公司法司法解释三》(2011年版)第18条之规定,股东会决议可以行使股东除名权。以此来保障资合性公司资本的完整性和真实性,最终保障公司的存续和稳定。

同时股东除名权行使必须严格遵循公司法规所确定的除名程序,必须形成有效的将股东除名的股东(大)会决议。应当制作除名通知,以书面形式送达被除名的股东,通知中应包含有除名原因、除名依据和除名生效时间等基本内容。

鉴于股东除名行为的后果是使股东丧失股东资格,对股东的权利影响重大,且对公司债权人利益产生重要影响,所以,公司以股东(大)会决议解除未履行出资义务或者抽逃出资股东的股东资格,应当符合一定的条件和程序。

第三章 股东的出资

第一节 知识产权出资

一、公司视角:《公司法》对知识产权出资有何特别规定

知识产权包含著作权、商标权、专利权等,掌握核心的知识产权日趋成为现代商业社会的核心竞争力,股东以知识产权出资的情况越来越普遍。《公司法》第 27 条规定,股东可以用货币出资,也可以用知识产权出资。使用知识产权作为出资的,需要对知识产权进行评估作价。但毕竟知识产权与金钱货币、实物等不同,其价值往往不好直接确定,实践中需要借助专业评估机构的评估,才能大致确定。

知识产权要评估后才能得出价值多少的结论,但不同的评估公司得出的结果可能不一样。另外,知识产权的价值是不会长期固定的,有可能一个发明专利在评估的时候作价 50 万元,但在随后因为有新的同类专利出现,原专利价值就大幅降低或一文不值。这里的风险可见是存在的,不能回避。

为了平衡各出资人的投资风险以及保护公司的利益,《公司法》第 30 条规定了非货币出资不足时股东补足出资的法律责任,法律规定当有限责任公司成立后,非货币财产的出资实际价额显著低于公司章程所定价额的,该非货币财产出资的股东应当补足其差额,公司设立时的其他股东承担连带责任。针对上述知识产权不保值、价值容易出现变动的情况,最高人民法院司法解释作了相关规定。

二、参考案例：以技术等知识产权出资需要履行哪些手续

案例 17 | 深圳兴泰环保装备科技股份公司与张某明、张某合同纠纷案[1]

被告张某明与被告张某分别持有被告百业兴泰（天津）环保科技有限公司（以下简称天津兴泰公司）15%和85%的股权，被告张某明与被告张某名下没有专利技术，被告天津兴泰公司名下享有生活垃圾再资源化处理装置、低温热分解炉的烟气净化装置、强力混合搅拌器及水净化系统、废气处理装置、磁力低温热分解炉专利技术。

2017年6月1日，刘某涛、王某平、张某明、章某签订《投资合作备忘录要点》，约定四方为推广农村垃圾分解炉项目，决定在深圳成立深圳兴泰环保装备科技股份公司（以下简称深圳兴泰公司），注册资本金1亿元。投资人具体如下：甲方：东莞泰德照明科技有限公司（法定代表人刘某涛）；乙方：深圳市嘉宁投资有限公司（法定代表人王某）；丙方：张某明、张某以农村垃圾分解炉项目、专利及其产品入股；丁方：章某以农村垃圾分解炉项目、专利及其产品入股。同时，第4条约定：为解决深圳兴泰公司成立后项目的落实和专利技术归属，确定以下事项：深圳兴泰公司成立后7个工作日内支付被告天津兴泰公司1200万元；余款1800万元以每年600万元分3年支付，按首次支付1200万元付款日期顺推，共计3000万元。

2017年6月13日，被告张某明、张某和第三人深圳市嘉宁投资有限公司、刘某涛、东莞泰德照明科技有限公司、章某签订了《深圳兴泰环保装备股份有限公司章程》，约定公司股份总数：10,000万股，每股金额1元，注册资本10,000万元。张某明认购500万股，出资时间为2017年12月31日前，以知识产权出资；张某认购2000万股，出资时间为2017年12月31日前，以知识产权出资；章某认购500万股，出资时间为2017年12月31日前，以知识产权出资；深圳市嘉宁投资有限公司认购3000万股，出资时间为2121年6月30日前，以货币出资；刘某涛认购1000万股，出资时间为2017年12月31日前，以货币出资；东莞泰德照明科技有限公司认购3000万股，出资时间

[1] 广东省深圳市罗湖区人民法院(2017)粤0303民初22799号。

为2121年6月30日前,以货币出资。2017年6月14日,深圳兴泰公司注册成立。2017年7月20日,原告以转账形式向被告天津兴泰公司支付800万元。

深圳兴泰公司注册成立后,天津兴泰公司就相关知识产权的移交问题久久未办理完结专利权转让手续。2017年11月,被告天津兴泰公司曾致信原告及第三人刘某涛,要求偿付余款400万元,并完成五项专利技术专利权人的变更手续。该邮件因故被退回。

深圳兴泰公司注册成立后,因公司股东经营理念等不一致,故对解散公司的事宜进行了协商。2017年9月8日,被告张某明、张某在《深圳兴泰环保装备科技股份公司关于公司解散及有关事项股东签字表决决议》上签字,表示同意公司解散。2017年11月10日,原告的其他股东亦作出股东决议,表示同意解散公司、停止经营。

原告的所有股东同意解散公司后,原告认为合作经营的目的无法实现,故要求被告返还涉案款项,但遭被告拒绝,故原告诉至法院,要求判如所请。

法院认为,被告天津兴泰公司虽收取了涉案的800万元,但该款项的收取系基于原告自愿为被告张某明、张某垫付款的法律关系而为的给付,原告与被告天津兴泰公司之间不存在合意,亦不存在其他法律关系,故该代收款的行为,不代表与原告成立债的法律关系,原告对其提出主张,无合同及法律依据,该主张法院不予支持。被告张某明、张某在返还原告款项后,三被告之间的法律关系,应由其另循渠道处理。

法院裁判结果如下:(1)被告张某明、张某应于判决生效之日起10日内返还原告深圳兴泰公司垫付款800万元并支付利息。(2)驳回原告深圳兴泰公司的其他诉讼请求。

一审法院作出裁定后,被告天津兴泰公司不服,上诉至深圳市中级人民法院,二审法院判决驳回上诉,维持原裁定。

三、律师观点:知识产权出资为何要履行评估作价手续

知识产权作为出资,其贬值风险是存在的,股东在设立公司时需要认真考虑。如果知识产权的贬值对公司经营有重大影响时,股东之间应该就此贬值作出约定。根据《公司法司法解释三》第15条规定的精神,如果股东没有就此作出约定,法院可判决股东无须承担补足责任。

案例 17 中各股东对作为出资的非货币财产没有评估作价，与《公司法》第 27 条的规定不同。对于以知识产权作为出资，建议股东必须积极委托评估作价公司评估，核实财产，不得高估或者低估作价。法律、行政法规对评估作价有规定的，从其规定。

投资四方的约定没有违反公司法，应认定为合法有效。

协议约定丙方张某明、张某以农村垃圾分解炉项目、专利及其产品入股，占股 25%，即 2500 万元。协议不违反法律法规强制性规定，认定为真实有效。但缺乏评估作价的环节，为后来的纠纷产生埋下伏笔。

案例 17 为合同纠纷案件。根据法律规定，依法成立的合同，自成立时生效，当事人应按合同约定履行义务。原告深圳兴泰公司与被告张某明、张某在上述付款过程中，虽无双方的书面合同约定，但原告依要点的要求以自己的履行行为向天津兴泰公司偿付了款项，可以视为自愿接受了要点中关于向天津兴泰公司付款的意思表示。因该履行行为，原告与被告张某明、张某之间形成代付款的法律关系。

在上述垫付款中，该垫付款的性质、垫付的对价、还款期限等，因履行的合同主体并无书面的合同约定，应结合案件的其他情况综合认定。

第二节 发起人出资与股东资格

一、公司视角：出资后的资金是否都自动转为公司资产

公司是商业社会的主要经营主体，自然人投资入股是成立公司的必然要求。虽然当前注册资本以认缴制为主流形式，但并不是否定实际投入资金。而是将之前一次性投入的资金在未来约定的期限内一次或数次投入，在特殊情况下还可以要求股东加速到期来保障债权人的利益。这是便利公司设立、鼓励公司交易及保护债权人利益的平衡选择。

所以出资既是股东的义务，也是其取得权利之对价。从《公司法》的条文来分析，出资瑕疵的股东并不必然产生否定其股东资格之后果。公司成立后，出资款原则上不能返还。因为公司成立后，投资款依法转变为公司资产，投资人也依法转变为公司股东。股东无权直接要求公司将投资款返还。

如公司设立失败，出资款能否返还视情况而定：一种情形是发起人意图设立的公司因故未成立，所有发起人都未获得公司股东身份；另一种情形是全体发起人合意的公司未设立，部分发起人设立了另一家名称相同的公司。这种情形非常容易造成混淆，由于并非所有发起人都成为成立公司的股东，故认定能否要求返还出资款时，首先要认定该发起人是否获得股东身份。如果发起人已获得股东身份，则无权要求返还出资款。

因为公司在设立之初，所有发起人之间都基于发起协议而成立了合同关系。在公司不成立的情况下，发起协议终止或解除，发起人可以依据这种合同关系各自承担责任。

一般情况下，投资人对公司进行投资，同时也获得公司股东身份。在这种情况下，公司接受投资、增资扩股，须经法定程序。增资扩股须召开股东会并形成决议，也要经工商登记变更等程序。合法成为公司股东的投资人，无权要求返还投资款。

二、参考案例：为何投资协议应尽可能采用书面协议

案例 18　杨某连与泸水县上江供销社有限责任公司、李某光、李某明等股东资格确认纠纷一案[1]

上诉人杨某连因与被上诉人泸水县上江供销社有限责任公司（以下简称上江供销社）股东资格确认纠纷一案，不服一审判决，提起上诉。

一审法院查明的事实如下：2003 年，原上江供销社改制，泸水县政府泸政复（2003）38 号批复规定，改革后仍保留原单位牌子及经营范围，企业重组实行少数人集中控股，且法定代表人控股经营。原上江供销社主任李某光因资金问题与泸水县农村信用合作联社职工刘某辉（杨某连的丈夫）、胡某明协商贷款入股购买上江供销社的事宜，但三方未就此签订书面的协议。

2003 年 12 月 2 日，泸水县财政局与李某光签订上江供销社国有资产有偿转让协议，将上江供销社以 1,050,772 元出售李某光，其中包括在职职工经济补偿金、退休职工补助费及向县人民政府收回的国有净资产资金 30 万元等。

---

〔1〕　云南省怒江傈僳族自治州中级人民法院（2015）怒中民二终字第 16 号。

2003年11月24日,杨某连以黄某贵名义贷款40万元,其中10万元当日归还信用社,另20万元于2003年12月1日转入上江供销社账户直接支付上江供销社退出、退休职工的安置补偿金等,其余10万元分别于2004年3月10日、4月23日各以5万元分二次转入上江供销社账户,前述款项均以“购买供销社”的字样转入。工商登记的材料显示,2004年4月22日,李某明、王某昆、何某芝、朱某辉、杨某松、李某光6人作为发起人设立上江供销公司。《公司股东(发起人)名录》中载明的各发起人的出资及比例分别为李某明(2.5万元、2.78%)、王某昆(3.5万元、3.89%)、何某芝(2万元、2.22%)、朱某辉(2.9万元、3.22%)、杨某松(3.5万元、3.89%)、李某光(75.6万元、84%),公司未向各在册股东发放出资证明书。泸水县工商行政管理局于2004年4月29日审查核准登记,法人代表为李某光,2013年变更为李某华,公司注册资本90万元,公司章程与股东名录均无杨某连姓名记载,公司对前述股东亦未分红。在泸水县工商局登记的上江供销公司文件材料中显示有杨某连的打印姓名、印章,但并非杨某连本人签名、盖章,均是由公司管理人员统一办理,其余股东的签字也是打印签名上加盖私章。

一审法院认为,杨某连主张从上江信用合作社贷款并将款项转入上江供销社账户为对上江供销公司的出资,未有上江供销公司股东会议决定通过和其他股东认可的证明,杨某连也未主张认缴出资,杨某连与公司股东就投资事项也无书面协议或约定,也未在公司章程或公司股东名册记载为股东,且杨某连作为出资的贷款由上江供销公司支付利息并偿还,应认定杨某连未依法进行实际出资,不具有上江供销公司股东资格和不享有公司股权,故对其诉讼请求法院不予支持,判决驳回杨某连的诉讼请求。

二审法院认为,杨某连依约已将贷款30万元在上江供销公司设立之前汇入公司账户,之后一直参与公司经营管理也有大量的痕迹材料在案为凭,有出资合意、有出资行为、有汇入的凭据,应属公司股东。但之前杨某连已实际出资,并成为公司股东,后期公司代为偿还属另一法律关系,公司可另案主张其债权,不能据此否定杨某连的股东身份。但是就杨某连投入的资金应占多少股份,因当时未签订书面协议,案件中又无确凿的证据明示,故其应占33.33%股份的主张无据,法院不予支持。

上江供销公司是2004年根据政府相关文件精神改制后成立的,该公司的成立不同于完全市场条件下设立的有限责任公司。而李某光是企业改制前的老主任,企业改制及之后的公司设立、运作,主要由他在具体操作,法院遂在股份分配上将综合各方的利益予以平衡考虑。邀约杨某连及另案当事人胡某妹投资入股是李某光的意思表示,故应在其所占的股份84%中予以分配为宜,不应将其他股东的股份纳入再行分配。为便于公司今后的经营管理,法院确定由李某光占公司51%的股份,杨某连、胡某妹各占公司16.5%的股份。因此,上诉人杨某连关于要求确认股东资格的上诉请求成立,法院予以支持。关于股份份额,法院结合案件事实予以适当调整。

综上所述,二审法院认为一审判决认定事实错误,导致判决结果不当,依法予以撤销后改判。二审法院判决如下:(1)撤销泸水县人民法院(2014)泸民二初字第151号民事判决。(2)确认上诉人杨某连为被上诉人上江供销公司股东,持有16.5%的股权。(3)被上诉人上江供销公司应于判决生效之日起15日内,配合上诉人杨某连办理股东变更登记手续。

三、律师观点:如何区分"出资款""分红款"与"投资款"

案例18实际上是自然人投入资金而股东名册上没有记载如何处理的问题。对于当时因为公司而出台的很多政策如何处理,法院会根据该政策的本意及投资人实际参与经营管理的状况来判定,是符合法律基本精神的。首先,对于因为各种原因出现"出资款""分红款"与"投资款"的名称暂且不理会,法院要根据该款项的实际功用来处理。如果投资人意图设立公司,则应以书面形式订立设立协议或发起协议。发起协议中应明确约定公司不能设立时各发起人需承担的责任以及如何进行清算。包括发起费用、债务如何分担,出资款如何返还等。其次,区分"投资款"的性质。投资款并不意味着获得股东身份,很多情况下,投资款可能具有其他性质。如果投资款是为设立公司而支出且公司未成立,则可依据发起协议、设立协议要求返还相应投资款。如果投资款是公司设立之后支出,则要看公司是否履行法定程序而接纳新股东,若获得股东身份,则无权要求;未获得股东身份,则进一步分析投资款性质。最常见的是投资款作为一种公司融资方式。法律关系更类似于借贷关系,"投资款"即出借款项,"分红款"即利息。投资人可依据双方签订的协议内容,要求公司返还"投资款"。

如果投资人与公司签订的投资协议具有无效或可撤销事由,投资人也可在法定期限内行使撤销权,或请求法院确认协议无效。投资人还要警惕公司涉及非法集资、非法吸收公众存款的情况。

案例18中，杨某连依约已将贷款30万元在被上诉人上江供销公司设立之前汇入公司账户，之后一直参与公司经营管理，也有大量证据存在，有出资合意、有出资行为、有汇入的凭据，应属公司股东。但法院直接确认杨某连的股份比例，笔者认为不妥，但可以优先考虑由股东协商处理。在公司经营实际中，书面的投资协议非常重要，但由于某些原因，对于虽无书面协议，但以股东身份参与公司的经营管理，处理公司的作为股东的日常事务，可以按实际来认定其身份。

第三节　股东出资瑕疵

一、公司视角：股东出资瑕疵的主要形式

股东出资瑕疵在实践中经常出现。就出资瑕疵所形成的追究相关股东责任、瑕疵股权限制、瑕疵股权转让等，在我国各级法院审判实践中也很常见。

设立公司时，出资人通过签订公司设立协议、章程认缴公司出资，在公司成立后，出资人取得股东资格，享有股权，同时股东应按公司章程的规定实际缴纳出资（对于认缴制出资方式也需要在章程约定的期限内出资），如股东没有按章程的规定缴纳出资就是出资瑕疵，其形成的股权称为瑕疵股权。在公司增资扩股时，没有按增资协议缴纳出资与上述情况相同。

（一）在实践中形成出资瑕疵的主要形式

1. 未足额出资。

2. 公司章程规定股东以货币之外的实物出资，尤其是土地房屋或其他办理产权过户的实物，股东没办理过户手续或没有交付实物。

3. 约定是以货币出资，但股东要求以实物出资。

4. 约定是以特定物出资如土地使用权、房产等，但股东要求替代出资。

5. 作为出资的实物或其他非货币财产的价格明显不足。

6. 抽逃出资是对公司财产的一种侵犯，与出资瑕疵在性质上有所不同，本书所涉及的出资瑕疵不包括抽逃出资的情况。

(二)股东出资瑕疵的主要责任

1.公司发起人要对公司出资的充实承担担保责任,确保公司资本的充足和可靠。根据资本充实责任,出资瑕疵股东与公司其他股东之间存在缴纳担保责任、差额填补责任、损害赔偿责任。

2.出资瑕疵股东向已按章程规定出资的股东承担违约责任。

3.公司债权人在公司不能清偿债务时,可要求出资瑕疵股东在一定范围内承担补充清偿的责任。

二、参考案例:股东出资瑕疵要承担哪些责任

案例19 | 朱某与上海邦辉置业有限公司公司股东出资纠纷案[1]

2004年6月6日,上海昌辉公司与朱某签订《组建公司协议书》,协议约定:由双方共同投资设立上海邦辉置业股份有限公司(以下简称邦辉公司)。双方共同出资1000万元,其中上海昌辉公司出资900万元,占总投资额的90%;朱某出资100万元,占总投资额的10%;投资方以货币方式一次性投入。

2009年12月15日,上海市工商行政管理局浦东新区分局向邦辉公司发出《责令整改通知书》一份,明确邦辉公司虚报注册资本100万元,并责令改正。邦辉公司逐向法院提起诉讼,请求判令:(1)朱某立即向其缴纳法定出资额100万元;(2)朱某因投资不实面对邦辉公司成立至今所产生的红利不享有分配权。审理中,后一项诉讼请求变更为:要求判令朱某因投资不实而对其所持邦辉公司股权不享有表决权、新股认购权,并对邦辉公司成立至今所产生红利不享有分配权。

法院认为,根据法律规定,公司股东应依法向公司履行出资义务。按照上海昌辉公司与朱某共同签署的《组建公司协议书》及邦辉公司章程记载,朱某理应向邦辉公司履行出资义务。

关于朱某持有邦辉公司10%股权是否已实际向邦辉公司履行出资义务的问题。根据查明的事实,2004年6月15日,上海昌辉公司及朱某向邦辉公司缴纳的出资款1000万元,均源于特盈公司,并在邦辉公司验资完毕后,

[1] 上海市第一中级人民法院(2010)沪一中民四(商)终字第2300号。

从邦辉公司验资账户将该1000万元划回特盈公司,应视为上海昌辉公司、朱某在邦辉公司设立时均未实际履行出资义务。朱某虽称其已出资到位,但未进一步举证已实际向邦辉公司出资,且在审理中又确认其在2004年6月15日之后未向邦辉公司支付过任何款项,故朱某实际未向邦辉公司履行过出资义务。朱某又称其系从上海昌辉公司处获赠而取得邦辉公司10%股权,故其无须实际履行出资义务,但朱某也未提供上海昌辉公司"赠与股权"的直接证据,不能认定上海昌辉公司将邦辉公司10%股权赠与朱某。朱某又提供2008年8月其与邦辉公司法定代表人的谈话录音,因邦辉公司对此录音内容无异议,故确认该份证据的真实性。从录音内容看,也只反映出朱某持有邦辉公司10%股权的事实,未见邦辉公司法定代表人确认发生了上海昌辉公司赠与朱某股权的情况。朱某的该项抗辩也与上海昌辉公司、朱某共同出资设立邦辉公司的事实不符。

关于如朱某未出资,邦辉公司诉请判令朱某因投资不实而对朱某所持邦辉公司股权不享有表决权、新股认购权,并对邦辉公司成立至今所产生红利不享有分配权是否应予支持的问题。一审法院依照《公司法》(2005年版)第4条、第35条及第43条之规定,作出如下判决:朱某应于判决生效之日起10日内履行对邦辉公司100万元出资义务;朱某不享有自邦辉公司成立之日起至朱某缴足100万元出资前的对邦辉公司10%股权的红利分配权及新股认购权。

朱某不服一审判决,上诉至上海市第一中级人民法院,二审法院经审理查明,原审法院认定的事实正确无误,予以确认。最终作出了驳回上诉,维持原判的决定。

三、律师观点:出资瑕疵是否可以自行约定解决方案

案例19严格意义上说是股东未出资问题,与股东出资瑕疵还是有区别的。但本案主要争议焦点是能否认定朱某未出资或未足额出资。对于出资瑕疵或未出资股东的权利与责任承担,我国法律尊重出资者关于红利分配方式的约定。仅在无特殊约定时,法律确定根据缴纳的出资决定股东收益的分红规则,借此保护股东的个人利益。在本案例19中,鉴于朱某未能提供充分证据证实由上海昌辉公司将邦辉公司10%股权赠与其并免除其出资义务,且朱某也未能提供其他有力证据证明自己无须履行出资义务,故认定朱

某作为邦辉公司股东未实际出资，应向邦辉公司履行补足出资义务，维持资本充足责任。

邦辉公司章程在《公司法》（2005 年版）施行后未作修改，股东约定更严格的法定资本原则并无不当。股东的红利分配权及新股认购权等自益权均系基于实缴出资这前提，且显然邦辉公司章程的形成恰系基于该法律背景。基于未实际履行出资义务之事实，朱某同样不得享有上述权利。

就法律及章程规定角度而言，以出资不到位为由对朱某表决权加以限制或否定，甚是不当。较之于旧《公司法》（1993 年版），新《公司法》（2005 年版）明确了表决权行使不以实缴出资为基本原则，并进一步采用了"章程约定除外"原则，而案例 19 中邦辉公司章程规定"股东大会会议由股东按照出资比例行使表决权"，并未强调"实缴出资比例"，故而朱某不履行出资义务并不影响其表决权之行使。

朱某作为邦辉公司的设立股东，理应按照法律的规定以及公司章程的约定足额缴纳其所认缴的出资额，然而在邦辉公司设立之初以及之后的经营过程中，作为邦辉公司股东之一的朱某均未履行相关的出资义务，该行为显然已经违反了相关法律规定和邦辉公司章程约定，故其理应向邦辉公司履行相关的出资义务。

上述案例中股东的出资义务系法律和邦辉公司章程所规定，在实务中应予以肯定。

第四节 实际出资人

一、公司视角：如何理解实际出资人与名义股东的关系

自然人或法人或其他组织成为公司股东有两个途径：一是原始取得；二是继受取得。原始产生的股东是由于投资人出资设立公司或增资入股公司而取得股东身份；继受产生则是当事人通过股权转让或继承、公司合并等原因取得公司的出资或股份的情形。

出资并不当然就成为公司的法定股东，判断是否具有完全的股东资格，需要注意以下一系列的形式要件，如公司章程、认缴出资、办理工商登记及

股东名册上的登记、公司成立后向股东签发出资证明书。

实际投资人往往并不都具有公司股东的身份。委托或让他人代持股份而成为名义股东的现象并不少见,在实践中因为享受权利或履行义务出发点或利益的差异,很容易发生一些难以调和的矛盾。这时,有的实际投资人或隐名股东希望浮出水面,但又因为隐名股东显名化,需要遵循一定的规则,如其他股东过半数同意,或其他股东并不提出反对意见等。《九民纪要》第28条规定了实际出资人显名的条件,即实际出资人能够提供证据证明有限责任公司过半数的其他股东知道其实际出资的事实,且对其实际行使股东权利未曾提出异议的。这样的状况下,实际出资人提出要登记为公司股东的,法院支持其登记为公司股东。

如果形式要件无法达到,投资人要证明自己具有股东的身份,就需要从实质上是否参与公司的决策经营以及是否以股东身份对公司的管理来证明,如是否有领取公司红利、是否在股东会议上及相关决策文件上签字等,即隐名股东显名化问题。

二、参考案例:公司实际出资人未载于公司章程是否具备股东身份

案例20 | 江某等与灵璧县恒大制粉有限责任公司股权纠纷上诉案[1]

2005年6月5日,恒大制粉有限责任公司(以下简称恒大制粉公司)召开股东会议,决定公司注册资本由56万元变更为1050万元,就公司净资产在股东之间进行分配,并对丁某和张某转让股权等事项形成决议。李某、丁某、庄某、张某在会议纪要上签字。2005年6月27日,恒大制粉公司在工商行政管理局办理了企业变更登记,公司股东由李某、丁某、庄某、张某变更为李某、庄某,注册资本变更为1050万元。2007年8月14日,李某与庄某签订《股权转让协议》,协议约定庄某在恒大制粉公司拥有的全部股权转让给李某。另查:2001年5月13日至11月8日,恒大制粉公司累计收到庄某交到公司的投资款45万元整,恒大制粉公司向庄某出具了收款凭证,其中庄某将恒大制粉公司于2001年7月8日、25日及9月1日向其交付的收款凭证上添加"收江某投资款庄某""收到沈某投资款叁万元正庄某""收郭某投资

---

[1] 安徽省高级人民法院(2008)皖民二终字第0143号。

款经手人庄某"等字样并交由江某、沈某、郭某，该三张收款凭证上记载金额合计9万元整。2008年1月，江某、沈某、郭某以恒大制粉公司和庄某的行为损害其合法权益为由，向法院提起诉讼，请求判令恒大制粉公司退还其股。

法院认为，民事主体向有限责任公司的出资分为两种：一是在公司设立时向公司出资；二是在公司设立后增资时向公司出资，加入公司。根据《公司法》规定，设立公司时，公司股东应履行制定公司章程及缴纳出资等义务，公司章程及公司登记机关亦作出相应的记载；在公司设立后，增加注册资本需由股东会作出决议或经全体股东一致书面同意。

本案中，江某、沈某、郭某与恒大制粉公司之间无《公司法》规定的上述情形，故三人为恒大制粉公司股东的诉讼理由不能成立。庄某在恒大制粉公司向其出具的收款凭证上记载内容并交付他人，因其无证据证明恒大制粉公司及全体股东知道或认可，故对公司和其他股东没有法律约束力。庄某在公司的出资额应当以登记的公司章程、工商登记机关的登记为准，庄某在退出公司后，称江某、沈某、郭某为公司设立时股东，不能成立。故此，江某等人要求退还股款和分取红利的诉讼请求，法院不予支持。最终法院判决驳回江某等人的诉讼请求。

案例21　刘某军、冀中能源张矿集团蔚县金源矿业有限公司股东资格确认纠纷案[1]

上诉人刘某军因与被上诉人冀中能源张矿集团蔚县金源矿业有限公司（以下简称金源公司）及原审第三人冀中能源张家口矿业集团有限公司（以下简称张矿集团）、李某、刘某武资格确认纠纷一案，不服一审判决，提起上诉。

一审法院认定的事实如下：原鑫达公司于2002年登记注册成立，法定代表人王某全。公司股东为王某全、韩某魁，分别持股69.23%、30.77%。2006年，原告刘某军以800万元受让韩某魁在原鑫达公司的30.77%股权。2009年8月12日，李某泉以鑫达公司实际控制人的身份向张矿集团申请兼

〔1〕　河北省张家口市中级人民法院（2019）冀07民终1108号。

并重组。2009 年 8 月 16 日,李某泉代表受兼并重组的三家煤矿与张矿集团签订兼并重组接管协议。2012 年 1 月 18 日张矿集团与李某、刘某武、梁某心签订蔚县地方煤矿整合重组协议,蔚县忠盛煤炭开采有限公司东翼井、西翼井和鑫达公司资源整合重组成立金源公司。公司由张矿集团、李某、刘某武三个股东出资设立,股东以认缴出资为限对公司承担责任。2018 年 11 月 21 日李某泉出具证明证实原告刘某军系原鑫达公司整合前的股东,整合后原鑫达公司仍由刘某军自主经营,接受金源公司的管理。

一审法院认为,原告刘某军以受让的方式取得原鑫达公司 30.77% 的股权而成为原鑫达公司股东,原鑫达公司及另外两矿井被整合成立新的公司,即金源公司,原告不是金源公司股东。原告刘某军要取得金源公司的股东资格,必须符合公司法及相关法律规定的条件,履行相应的程序。原告系整合前原鑫达公司的股东,但未向整合后新成立的金源公司出资或认缴出资,受让或以其他形式继受金源公司股权,原告刘某军不能据此取得金源公司的股东资格。但不可否认,煤矿整合存在前后的承继关系,金源公司确由原鑫达公司,忠盛公司西翼井、东翼井整合而成,事实上公司确实存在显名股东与实际投资人的差别,原告如要成为整合后金源公司的股东,必须要履行相应的法律程序,原告未提供金源公司其他股东过半数以上同意的证据。但《九民纪要》实质扩大了实际投资人即隐名股东显名化的条件,只需要其他股东知道即可。一审法院认为,原告提供的证据不足以证明其主张,判决驳回原告刘某军要求确认其具有金源公司股东资格的诉讼请求。

二审中,当事人没有提交新的证据,二审法院查明事实与一审法院一致。二审法院认为,根据《公司法》第 25 条的规定,有限责任公司应当在公司章程上载明股东的姓名、名称等,股东应当在公司章程上签名、盖章。金源公司的章程载明股东姓名为张矿集团、李某、刘某武,该公司章程有张矿集团、李某、刘某武签名、盖章,但该公司章程中并未载明刘某军的股权情况。刘某军请求确认其具有金源公司股东资格,但在案证据不足以证明刘某军存在依据金源公司章程出资或者认缴出资的行为,亦不足以证明刘某军基于受让或者以其他形式继受公司股权。结合本案事实及相关法律规定,刘某军提供的证据不足以证明其主张,故对于刘某军的主张,法院难以支持。综上所述,刘某军的上诉请求不能成立,一审判决认定事实清楚,适用法律正确。二审法院依法裁决驳回上诉，维持原判。

三、律师观点：实际出资人或隐名股东显名化的条件

隐名股东在我国经济社会中大量存在，因这种出资形式临界于法律边缘，自身利益的保护成为一大难题。直到2011年《公司法司法解释三》第25条、第26条才对隐名股东和显名股东之间的法律关系的认定和纠纷处理有了明确的规范。在确定隐名股东的纠纷案件中，法院通常还会审查隐名股东是否有实际出资，且在成为隐名股东时，是否被公司其他股东知悉并认可。如果隐名股东无法向法院提出证据，很可能隐名股东的身份将不被法院认可。

有限责任公司应当在公司章程上载明股东的姓名、名称等，股东应当在公司章程上签名、盖章。案例21中，金源公司的章程载明股东姓名为张矿集团、李某、刘某武，该公司章程有张矿集团、李某、刘某武签名、盖章，但该公司章程中并未载明刘某军的股权情况。刘某军请求确认其具有金源公司股东资格，但在案证据不足以证明刘某军存在依据金源公司章程出资或者认缴出资的行为，亦不足以证明刘某军基于受让或者以其他形式继受公司股权。

根据最高人民法院《关于适用〈中华人民共和国民事诉讼法〉的解释》第90条的规定，当事人对自己提出的诉讼请求所依据的事实，应当提供证据加以证明，当事人未能提供证据或者证据不足以证明其事实主张的，由负有举证证明责任的当事人承担不利的后果。

第四章 股东的权利

第一节 股东资格的继承

一、公司视角：我国《公司法》对有限责任公司股东资格继承的规定

根据我国《继承法》的规定，遗产是指公民死亡时遗留的个人合法财产。此处所指的个人合法财产当然也包括公司法中所称股权中的财产权。

因为有限责任公司的股权属于综合性权利，该权利中的财产属性使得股权作为财产被继承并无障碍；但股权中的非财产权包含身份属性，即股东资格。因此，股东资格的继承须依据《公司法》的规定来处理。

我国《公司法》只在有限责任公司章节部分规定股权继承，而没有在股份有限公司章节部分规定股份继承。对于资合性的股份有限公司而言，股份继承是当然继承。但是，继承人虽可取得股份有限公司的股份、取得股东资格，也并不能自然取得被继承人生前在公司担任的董事长、董事、监事、经理等高级管理人员职务，这一点，有限责任公司也同样适用。

有限责任公司的股东资格继承问题，因涉及公司人合性与公司意思自治等因素而颇具争议。《公司法》规定，自然人股东死亡后，其合法继承人可以继承股东资格；但是，公司章程另有规定的除外。这一规定较好地兼顾了有限责任公司的人合性及股东利益和继承人的合法权益。但是，这也仅仅是原则上的处理方案，仍较为笼统，在解决实务问题时仍面临诸多困境。

通常，有限责任公司股东之间的合作主要基于相互间的信任，当自然人

股东死亡时，如果由其继承人持有原股权，相当于股权转让。在此情况下，其他股东对继承人并不能当然产生信任，较容易导致股东之间产生纠纷，严重时会形成公司僵局。《公司法》允许公司章程另行规定股东资格继承办法这一规定，有助于公司从实际出发，制定切实可行的办法解决股东资格继承问题。

二、参考案例：公司章程关于股东资格继承的约定是否优先于公司法规定

案例22　周某与启东市建都房地产开发有限公司股东资格确认纠纷案[1]

2009年2月起，启东市建都房地产开发有限公司（以下简称建都公司）实行股权改制，江苏博圣集团有限公司将其占注册资本50%的出资额2500万元、启东建筑集团有限公司（以下简称建筑集团）将其占注册资本16.4%的出资额820万元通过签订《股权转让合同》转让给公司职工共计3320万股。其中，周某新出资2100万元从江苏博圣集团有限公司受让2100万股，双方于2009年2月18日签订了《股权转让合同》。至2014年12月20日，公司股东演变为31名自然人股东，其中周某新出资额为2100万元，占注册资本42%。

周某新自1997年10月至去世之前一直担任建都公司法定代表人。2015年11月23日，周某新订立遗嘱，表明自己拥有的投资与建都公司和建筑集团的股权均由其女儿周某继承，与以上股权相对应的股东权利均由周某享有并承受。

2017年10月3日的《启东市建都房地产开发有限公司2017年第一次股东会会议关于五名股东退股及减少注册资本的决议》（建都股临〔2017〕第1号）载明：应到股东28人（公司现行章程31名股东中，周某新已因病去世；陆某昌、张某萍已签署股权转让手续，并已领取退股款，包括股权本金及退股回报，已退出股东会。上述三人不再具有股东资格，故应到股东28人，代表股权2650万元）。

周某向法院提出诉讼，请求确认其享有建都公司42%的股权，并判令建

〔1〕 最高人民法院(2018)最高法民终88号。

都公司将其载入股东名册、办理将上述股权变更登记至其名下的相应手续。

法院认为，原告周某的父亲周某新去世前在建都公司有42%的股权，周某新去世前留有遗嘱，将其案涉股权全部由周某继承，由于周某新的其他继承人对该遗嘱并无争议，故周某作为原告提起本案诉讼，要求继承其父亲的股东资格，其主体资格符合法律规定。在公司无人受让周某新股权的情况下应按《公司法》第75条"自然人股东死亡后，其合法继承人可以继承股东资格"的规定而支持周某根据遗嘱继承周某新在建都公司的股东资格。据此，法院判决确认周某继承取得周某新股东资格。后建都公司不服一审判决，提起上诉。

二审法院认为，本案的争议焦点在于周某要求确认其股东资格，并要求建都公司办理股权变更手续是否有事实和法律依据。《公司法》第75条赋予了自然人股东的继承人继承股东资格的权利，但是同时亦允许公司章程对死亡股东的股权处理方式另行作出安排。因此，判断本案中周某是否有权继承其父周某新的股东资格，关键在于解读建都公司章程有无对股东资格继承问题作出例外规定。

本案中，2007年9月12日建都公司章程第20条规定"自然人股东死亡后，其合法继承人可以继承股东资格"。2009年2月11日、2009年4月29日、2012年3月29日建都公司章程删除了2007年9月12日章程第20条股东资格允许继承的条款；同时第7条规定"股东不得向股东以外的人转让股权……股本金实行动态持股管理办法。对免职、调离、终止合同、退休等人员及时办理股权转让手续……"2015年1月10日建都公司章程第7条在前述章程规定基础上增加第3款规定"对正常到龄退休、长病、长休、死亡的股东，应及时办理股权转让手续，股东退股时，公司累计有盈余的，持股期间按本人持股额每年享受20%以内回报"。周某新自2011年诊断患病，至2015年12月4日去世，前述章程的修订，其作为法定代表人均有参与，且签字确认。公司章程作为公司的自治规则，是公司组织与活动最基本与最重要的准则，对全体股东均具有约束力。建都公司自2007年以来先后经历五次章程修订。自2009年起章程中删除了继承人可以继承股东资格的条款，且明确规定股东不得向股东以外的人转让股权，可以反映出建都公司具有高度的人合性和封闭性特征。其次，周某新去世前，2015年1月10日的公司章程第7条第3款对死亡股东股权的处理已经作出了规定，虽然未明确死亡股东的股东资格不能继承,但结合该条所反映的建都公司高度人合性和封闭性的特征,以及死亡股东应及时办理股权转让手续的表述,可以认定排除股东资格继承是章程的真实意思表示。因此,综观建都公司章程的演变,并结合建都公司对离职退股的实践处理方式,本案应当认定公司章程已经排除了股东资格的继承。二审法院判决撤回一审判决,驳回周某的诉讼请求。

三、律师观点:公司章程的事先约定事项对股东资格继承有何意义

《公司法》规定,只有在章程作出特别规定的情况下,股东资格才不会产生继承的法律后果。本节案例中,涉案公司章程对死亡股东的股权处理已作出了规定,但对股东资格继承的相关规定仍不规范、完整,导致一审法院未能全面审查,从而认定按《公司法》第 75 条规定确认了周某的股权继承。实务中,如果有限责任公司章程未能就禁止股权继承作出明确规定的,股东去世后,其继承人同样能依照《公司法》的一般规定进行股权继承。

案例 22 中,一审法院认为建都公司在周某新去世后,周某新所合法拥有公司 42% 的股权未参加表决的情况下通过的股东会决议,对周某新的股权作减资处理,不符合《公司法》第 43 条第 2 款规定的"股东会会议作出修改公司章程、增加或者减少注册资本的决议,以及公司合并、分立、解散或者变更公司形式的决议,必须经代表三分之二以上表决权的股东通过"。而忽视了建都公司在周某新去世前 2015 年 1 月 10 日的公司章程对死亡股东的股权处理的有关规定。同时,在周某新去世之前,股东郁某新、曹某华在离职时均将股权进行了转让,不再是建都公司的在册股东,建都公司亦根据章程规定支付了持股期间的股权回报款。这进一步印证了股东离开公司后按照章程规定不再享有股东资格的公司实践。建都公司对离职退股的实践处理方式,可以得出公司章程排除股东继承的结论。但归根结底,如果能在公司章程中就退休、死亡股东的股权继承作出更明确的规定,就可满足《公司法》第 75 条关于公司章程有例外规定可排除公司自然人股东死亡后,其合法继承人可以继承股东资格的规定。以免因公司章程规定不明确、不具体,导致公司章程难以落实,或对公司章程的理解产生歧义等情况,有限责任公司在制定公司章程时应以此为鉴。

第二节 股东资格的解除

一、公司视角：解除股东资格的法律依据有哪些

股东除名制度是出现特定事由时，公司按照特定程序剥夺不履行出资义务股东的股东资格的制度，公司对不履行义务的股东除名不需要征求被除名股东的意见，可以直接作出决定。公司作出除名决定后，不需要被除名股东的配合，不履行义务股东的股东资格即刻丧失。

《公司法司法解释三》第 17 条明确规定："有限责任公司的股东未履行出资义务或者抽逃全部出资，经公司催告缴纳或者返还，其在合理期间内仍未缴纳或者返还出资，公司以股东会决议解除该股东的股东资格，该股东请求确认该解除行为无效的，人民法院不予支持。"

由上述规定可知，除名条件包括除名的法定情形和履行合理的催告义务。具体解释如下：

1. 除名制度仅在股东完全未履行出资义务或抽逃全部出资的情况下适用，即当公司股东未全面履行出资义务或抽逃部分出资时，公司股东不得以股东会决议形式解除股东资格。

2. 公司在对未履行出资义务或抽逃全部出资的股东除名之前，应当确定合理的期限催告股东缴纳或返还出资。

3. 公司解除未履行出资义务或抽逃全部出资股东的股东资格，应当召开股东会会议，经代表 1/2 以上表决权股东通过做出决议。

二、参考案例：解除股东资格要满足哪些条件

案例 23 嘉祥凤凰城置业公司与山东天下吉祥华铁旅游文化有限公司变更公司登记纠纷[1]

山东天下吉祥华铁旅游文化有限公司（以下简称天下吉祥公司）成立于 2014 年 11 月 3 日。天下吉祥公司章程第 8 条约定公司注册资本金为

---

〔1〕 山东省嘉祥县人民法院（2018）鲁 0829 民初 610 号。

10,000万元;第9条约定股东的出资方式及出资额分别为:永昌路桥集团有限公司出资4900万元,持股比例为49%,出资时间为2017年10月31日前全部出齐;华铁铁路建设工程集团有限公司(以下简称华铁公司)出资3100万元,持股比例为31%,出资时间为2017年10月31日前全部出齐;徐某出资2000万元,持股比例为20%,出资时间为2017年10月31日前全部出齐。

2015年1月6日,永昌路桥集团有限公司与嘉祥凤凰城置业公司(以下简称凤凰城公司)签订的股权转让协议载明:永昌路桥集团有限公司自愿将所持有的天下吉祥公司49%的股权按原值全部转让给凤凰城公司。天下吉祥公司股东会决议批准了此次股权转让事宜。

2015年4月12日,凤凰城公司与华铁公司、徐某签订的股权转让协议载明:凤凰城公司持有天下吉祥公司49%的股权,现将其中5%的股权按照原值(500万元)转让给华铁公司、8%按照原值(800万元)转让给徐某所持有。天下吉祥公司股东会决议批准了此次股权转让事宜。天下吉祥公司将公司章程修改为:凤凰城公司出资额为3600万元,持股比例为36%;华铁公司出资额为3600万元,持股比例为36%;徐某出资额为2800万元,持股比例为28%。出资时间均没有变动。

徐某与凤凰城公司签订的股权转让协议书载明:徐某拥有天下吉祥公司2800万元股权,占公司注册资本的28%,愿将所持有的全部股权按原值转让给凤凰城公司。天下吉祥公司将公司章程修改为:凤凰城公司出资为6400万元,持股比例为64%;华铁公司出资额为3600万元,持股比例为36%。出资时间均没有变动。

2017年12月4日,天下吉祥公司向华铁公司发出股东缴纳出资催告函,催告华铁公司于15日内履行出资3600万元的义务,将认缴的出资存入天下吉祥公司在银行开设的基本账户,逾期则依法解除其股东资格。

2017年12月22日,天下吉祥公司向华铁公司发出召开股东会的通知,载明会议时间为2018年1月9日,会议议题为审议解除华铁公司股东资格的事项,并对该事项作出表决。

2018年1月9日,天下吉祥公司股东会达成如下决议:即日起解除华铁公司股东资格。

凤凰城公司向法院提起诉讼,请求:(1)依法确认天下吉祥公司于2018年1月9日作出的股东会决议有效;(2)判令第三人协助办理工商登记变更手续;(3)诉讼费用由被告承担。诉讼过程中,原告将第二项诉讼请求变更为:判令被告及第三人协助办理工商登记变更手续。

法院认为,股东除名权的目的,在于以剥夺股东资格的方式,惩罚不诚信股东,维护公司和其他股东的利益。综上所述,依照《公司法司法解释三》第17条之规定,判决如下:

1. 确认天下吉祥公司于2018年1月9日作出的股东会决议有效。

2. 被告天下吉祥公司、第三人华铁公司于本判决生效后10日内协助办理工商变更登记手续。

案例24 | 北京万海石化集团有限公司与张某庆股东资格确认纠纷案[1]

北京万海石化集团有限公司(以下简称万海公司)成立于1994年6月25日,经多次增加注册资本及转让股权后,2005年10月17日,三江公司向万海公司支付2996万元出资款;2006年4月18日,三江公司向万海公司支付2980万元出资款。2006年4月24日,万海公司注册资本增加至9980万元,三江公司持有5976万元完成出资。

2006年8月28日,三江公司(转让方)与宋某亮、万某鸣、孙某强、张某庆(受让方)就万海公司签订《股权转让协议》。约定:三江公司愿意将其持有的万海公司的不同金额的股份货币出资给宋某亮、万某鸣、孙某强、张某庆。

2018年4月19日,万海公司召开股东会,《股东会会议记录》显示:……出席人:宋某亮、万某鸣、孙某强,缺席人:张某庆……会议内容:

1. 股东各方讨论了以下方面的问题:(1)2005年11月21日、11月22日、2006年4月29日分三次将海南洋浦新海石油有限公司转账给三江公司的共计5976万元出资是否包括张某庆的出资;(2)因张某庆未出资,是否要解除他的股东资格。

2. 股东代表发表意见:股东宋某亮:以上提及的5976万元出资中不包括张某庆的出资,股东张某庆未出资,本人同意解除张某庆的股东资格并将他名下2000万元的出资转让给股东宋某亮(本人)。股东万某鸣:同意股东宋

[1] 北京市第三中级人民法院(2019)京03民终4381号。

某亮发表的意见。股东孙某强:同意股东宋某亮发表的意见。股东张某庆:缺席并未发表意见。

3. 审议通过了《关于解除张某庆股东资格的议案》:表决结果是股东宋某亮、万某鸣、孙某强同意通过《关于解除张某庆股东资格的议案》,股东会同意解除张某庆股东资格,《股东决议》附后。

2018 年 5 月 30 日,万海公司形成有效《股东会决议》:决议以下事项:(1)解除张某庆股东资格;(2)张某庆名下 2000 万元出资转让给股东宋某亮。

2018 年 6 月 14 日,万海公司作出《股东会决议结果通知》,并将 2018 年 5 月 30 日通过的决议事项向法院提起诉讼,请求解除张某庆的股东资格,并将其名下的 2000 万元的出资转让给宋某亮。一审法院审查后,驳回了万海公司的诉讼请求。

二审法院认为,双方在诉讼中均认可张某庆系三江公司的股东,三江公司在转让股权之前已经实际缴纳出资,张某庆是否向三江公司支付股权转让款、支付多少股权转让款均不影响对于张某庆名下万海公司 2000 万元出资已经实际缴纳的事实,不属于《公司法司法解释三》第 17 条规定的股东未履行出资义务或者抽逃全部出资的情形,万海公司于 2018 年 5 月 30 日形成的《股东会决议》违反了该项法律规定,应属无效。故对于万海公司要求确认该次股东会决议有效,解除张国庆股东资格的诉讼请求,于法无据,法院不予支持。

综上所述,万海公司的上诉理由不能成立,对其上诉请求,二审法院不予支持。一审判决认定事实清楚,适用法律正确,应予维持。

二审裁判驳回上诉,维持原判。

三、律师观点:实务中如何办理解除股东资格案件

案例 23 中,华铁公司在天下吉祥公司章程中约定的出资时间内没有履行出资义务,到期后天下吉祥公司进行了催告,并给华铁公司留出了合理的履行期限,到期未果后股东会决议前天下吉祥公司又履行了通知义务,华铁公司也参加了股东会,已尽到了对拟被除名股东权利的保护。因此,天下吉祥公司以股东会决议形式解除华铁公司股东资格的核心要件均已具备,天下吉祥公司于 2018 年 1 月 9 日作出的除名决议应属有效。此外需要说明的是,华铁公司股东资格被解除后,天下吉祥公司应当及时办理法定减资程序

或者由凤凰城公司或者第三人缴纳相应的出资。

案例24中,张某庆拥有三江公司的股权,而三江公司在转让股权之前已经实际缴纳出资。万海公司2018年5月30日形成的《股东会决议》违反了法律规定,该决议解除张某庆的股东资格于法无据。鉴于股东除名行为的后果是使股东丧失股东资格,对股东的权利影响重大,且对公司债权人利益产生重要影响,公司以股东会决议解除未履行出资义务或者抽逃出资股东的股东资格,应当符合一定的条件和程序。《公司法司法解释三》第17条第1款规定,有限责任公司的股东未履行出资义务或者抽逃全部出资,经公司催告缴纳或者返还,其在合理期间内仍未缴纳或者返还出资,公司以股东会决议解除该股东的股东资格,该股东请求确认该解除行为无效的,人民法院不予支持。

第三节 股东知情权

一、公司视角:股东知情权包括哪些具体内容

《公司法》分别在第34条和第98条对有限责任公司、股份有限公司股东的知情权作出规定。第34条规定:"股东有权查阅、复制公司章程、股东会会议记录、董事会会议决议、监事会会议决议和财务会计报告。股东可以要求查阅公司会计账簿。"第98条规定:"股东有权查阅公司章程、股东名册、公司债券存根、股东大会会议记录、董事会会议决议、监事会会议决议、财务会计报告,对公司的经营提出建议或者质询。"从以上的规定可以看出,因为有限责任公司与股份有限公司在性质上存在较大的区别,所以在设定股东知情权时存在差异。公司股东的知情权在更大程度上获得了法律的尊重和承认:

1. 股东行使知情权的范围,将有限责任公司股东知情权的行使范围扩张到"有权查阅公司章程、股东会会议记录、董事会会议决议、监事会会议决议和财务会计报告"以及公司的会计账簿;而股份有限公司的股东行使知情权的范围则扩张到"有权查阅公司章程、股东名册、公司债券存根、股东大会会议记录、董事会会议决议、监事会会议决议、财务会计报告"。《公司法》能

够使股东更广泛地了解公司经营信息,更切实地保护自己的合法权益,更有效地加强对公司事务的监督。

2. 在规定有限责任公司的股东可以查阅公司上述文件的同时,还规定了有限责任公司的股东有权复制公司章程、股东会会议记录、董事会会议决议、监事会会议决议和财务会计报告。这样有利于克服仅仅允许股东查阅公司相关文件所带来的诸如不能更全面、精确地了解、掌握公司经营及财务状况的弊端,从而为股东知情权的行使提供更充分的法律保障。

3. 对有限责任公司股东账簿查阅权的行使程序和条件有了较为明确的规定,即"股东要求查阅公司会计账簿的,应当向公司提出书面请求,说明目的。公司有合理根据认为股东查阅会计账簿有不正当目的,可能损害公司合法利益的,可以拒绝提供查阅,并应当自股东提出书面请求之日起十五日内书面答复股东并说明理由。公司拒绝提供查阅的,股东可以请求人民法院要求公司提供查阅。"

二、参考案例:股东如何行使股东知情权

案例25 其某与中信国安盟固利电源技术有限公司股东知情权纠纷案[1]

中信国安盟固利电源技术有限公司(以下简称电源公司)成立于2004年4月12日,其经营项目为生产及销售电池材料及电池。其某为电源公司的股东,持股3.95%,在2010年5月前任电源公司副董事长及总经理,2010年5月5日电源公司免去其某职务。

其某之妻晨某系昆仑公司的股东,任该公司副董事长。昆仑公司的经营范围为生产锂电池电解液,销售本公司自产产品。其某之子齐某楠为力盟公司股东,力盟公司的经营范围为电池材料的研发、生产和销售。同时,其某之妻晨某、其某之子齐某楠拥有"一种锂离子电池正极材料及其制备方法"的专利权。

2013年1月21日,其某致函电源公司要求查阅、复制财务会计报告、财务账簿及相关凭证,查阅2005年到2010年公司全部合同、资金和财务往来

---

[1] 北京市第一中级人民法院(2014)一中民(商)终字第7299号。

的账册、凭证和文件。

电源公司以其某未说明查阅的目的，其与电源公司的同业竞争企业有关联关系，《公司法》中关于股东可以查阅的财务文件不包括相关合同等原因，不同意其某的查阅请求。

此后，其某诉至法院要求电源公司提供公司会计账簿（含总账、明细账、日记辅助性账簿）、会计凭证（含会计凭证、相关原始凭证及作为原始凭证入账备查的有关材料）、财务报告给其查阅、复制；并提供2005年至2010年期间公司全部合同、往来账册、凭证和文件供其查阅、复制。

本案经北京昌平法院一审，北京第一中级人民法院二审，最终判定电源公司置备财务报告供其某查阅，驳回其查阅会计账簿、会计凭证、合同的请求。

三、律师观点：行使股东知情权时要注意的事项

案例25中，电源公司举证证明其某的妻子、儿子等利害关系人参与经营的多家公司与电源公司之间存在竞争关系或者关联关系，电源公司的会计账簿及其合同账册等所记载的客户信息、技术信息、产品价格、成本、生产数量等如被竞争者或者关联者知悉，则可能损害电源公司的合法权益。因此，电源公司有合理理由认为股东其某行使知情权可能损害公司合法利益，拒绝其某查阅公司会计账簿等存在合理根据。

股东知情权是法律规定的股东享有的一项重要的、独立的权利。但是为了对公司商业秘密进行保护和避免恶意干扰公司经营的行为，对于公司知情权的行使同样应当给予适当的限制。会计账簿记载了公司经营管理活动，为了平衡股东与公司之间的利益，避免股东知情权的滥用，股东在查阅公司会计账簿时，应当以正当目的为限制，亦应当遵循诚实信用原则，合理地行使查阅权。在公司有合理理由相信股东查阅公司会计账簿会对公司利益造成损害时，公司可以拒绝其进行查阅。另外，《公司法》并未要求公司证明股东的查阅已实际产生了损害的后果，公司只需证明股东一旦行使上述权利可能会产生损害公司利益的情形，即可拒绝查阅。

第四节　出资瑕疵股东的知情权

一、公司视角:股东出资瑕疵及其法律责任是什么

股东出资瑕疵,是指股东不按照法律或公司章程规定的出资要求,在出资方式以及对出资的处分等方面存在不完全符合法律或公司章程规定的行为,其典型表现形式为股东不适当出资、虚假出资、抽逃出资、未足额出资等。

股东知情权系股东的固有权利,且具有共益权性质。股东知情权即是股东了解公司信息的权利。股东以自己的利益为目的而行使的权利是自益权,包括发给出资证明或股票的请求权、股份转让过户的请求权、分红权、分配公司剩余财产的请求权等。股东未履行或未完全履行出资义务可以限制其股权。出资义务是股东最基本的义务,股东不履行出资义务将损害公司利益,进而侵害公司其他股东及公司债权人利益。

因而,公司有权要求未履行出资义务的股东履行出资义务,作为该股东保有股东资格的对价。同时公司可以对未履行出资义务股东的股权进行必要限制,此种限制具备正当性基础。

知情权不因股东未履行出资义务而被限制或剥夺。在股东未履行出资义务的情况下,公司可以根据公司章程或者股东会决议对其利润分配请求权、新股优先认购权、剩余财产分配请求权等股东权利作出相应的合理限制。但是,知情权具有共益权性质,是股东了解公司经营情况的固有权利。

按照法律规定,股东并不因为其出资瑕疵而失去股东身份,即股东知情权之基础并不因股东未出资而受到影响。《公司法司法解释三》中所列出的允许公司对出资瑕疵股东予以限制之权利,主要指的是利润分配请求权、新股优先认购权、剩余财产分配请求权等这些股东以财产利益为直接目的所行使之权利。公司经营活动以其资本为经营基础,而资本则来源于股东出资,公司经营收益实质上就是公司对股东出资财产进行支配所带来之收益,因而该收益之成果自然应当归属于实际出资者。

二、参考案例：出资瑕疵股东的股东资格及知情权能否被法律当然否定

案例26 | 夏某军与宿迁市佳宏酒店有限公司股东知情权纠纷案[1]

宿迁市佳宏酒店有限公司（以下简称佳宏公司）设立于2013年12月13日，注册资本为200万元。根据佳宏公司章程记载，夏某军系该公司两名股东之一，其认缴出资额为100万元，缴付出资期限是2015年11月28日。自2014年9月起，佳宏公司未召开过股东会，也未向夏某军分配利润。2016年11月3日，夏某军以对佳宏公司经营现状所知甚少，需要了解公司实际经营情况为由，委托江苏君哲律师事务所律师薛某向被告佳宏公司邮寄一份股东知情权申请书，要求查阅或复制公司的所有资料（含公司所有会计账簿、原始凭证、契约、传票、通知等）。2016年11月4日签收了邮件，并未书面回复夏某军。后夏某军向法院提起诉讼，要求查阅佳宏公司的财务账簿、财务会计报告。佳宏公司辩称：夏某军未按公司章程规定的出资时间实际履行出资义务，不享有股东资格，其无权对佳宏公司行使股东知情权，应驳回夏某军关于查阅佳宏公司财务账簿、财务会计报告的诉讼请求。夏某军在诉讼中未能提供证据证明其向佳宏公司实际履行了出资义务。

江苏省宿迁市宿城区人民法院经审理认为，股东有权查阅、复制公司的财务会计报告；有权查阅公司会计账簿。夏某军已经被工商机关登记为股东，法律对股东的查阅权利并未作出排除性规定，夏某军当然具有股东权利。查阅公司的财务会计报告及会计账簿是股东的最基本权利，故夏某军有权查阅上述财务资料。若夏某军确未实际出资，佳宏公司有权另行要求其履行出资义务，但不得以此为由拒绝夏某军行使股东知情权。由于佳宏公司成立时间较短，为了保证不影响公司的正常经营秩序，确定查阅的时间不超过5日。遂判决：佳宏公司于判决发生法律效力之日起10日内将自2013年12月13日成立以来的财务会计报告、会计账簿提供给夏某军查阅，上述材料应在佳宏公司住所地的法定工作日期间查阅，查阅时间以5日为限。

宣判后，佳宏公司不服，向江苏省宿迁市中级人民法院提起上诉。宿迁

---

[1] 江苏省宿迁市中级人民法院(2017)苏13民终671号。

市中级人民法院经审理认为，尽管夏某军在本案中没有提供充分证据证明其完成了佳宏公司章程规定的出资义务，但夏某军作为公司章程记载和工商登记的股东，在未经法定程序解除其股东资格的情况下，其股东资格并不被法律当然否定。夏某军要求对佳宏公司行使知情权，查阅公司财务账簿、财务会计报告并不违反公司法规定，应予支持。判决驳回上诉，维持原判。

三、律师观点：我国如何规定瑕疵出资股东的知情权

从案例 26 中二审法院的判决来看，出资瑕疵股东的知情权并不能被否定，即夏某君享有对佳宏公司的股东知情权。

1. 公司不得以股东存在瑕疵出资为由拒绝其行使股东法定知情权

毋庸置疑，具有股东资格是股东行使法定知情权的前提。对于瑕疵出资股东能否享有股东知情权的争议，主要也是源于股东出资义务的实际履行与股东身份的取得之间是否存在必然的联系。实际出资仅是股东对公司的义务而非其取得股东身份的条件，从逻辑上是先有股东身份后有出资义务，而非相反。就股权权能性质而言，股东出资瑕疵影响的仅是股东收益权，而股东知情权则属于股东参与公司经营管理之前知悉公司具体信息的权利，两者不存在必然联系；就瑕疵出资的法律后果而言，根据《公司法》第 28 条规定，违反出资义务的股东依法承担的是资本补足责任和对已出资股东的违约责任，而不直接导致其丧失股东资格。

2. 公司不能以股东未出资或者瑕疵出资为由剥夺或者限制其知情权

对于股东知情权，其构成要件是股东资格而非出资的履行。认定股东资格的首要条件并非实际出资，而系是否负有出资义务。股东是否出资，是股东之间的约定义务问题，并不构成股东资格的必要条件。股东未履行出资义务和其是否享有知情权并没有直接的联系，两者是不同的法律关系，因此，公司以未出资或者瑕疵出资为由对股东行使知情权提出异议，并非有效抗辩事由，公司可追究股东未出资的违约责任，而不能因此剥夺或者限制其知情权。

3. 未出资股东的知情权不受限制

未出资股东之股东权利应当受到限制，但并不等于股东的所有权利都应当受到限制。股东并不因为其出资瑕疵而失去股东身份，即股东知情权的基础并不因股东未出资而受到影响。知情权并非直接源于公司之经营收益，其权利行使也并非由出资比例确定，作为股东最为根本之权利，作为固

有权之一，知情权原则上不应被剥夺，即便股东未实际出资，一般亦不影响其知情权之行使。

案例26中，尽管夏某军在该案中没有提供充分证据证明其完成了佳宏公司章程规定的出资义务，但其作为公司章程记载和工商登记的股东，在未经法定程序解除其股东资格的情况下，其股东资格并不被法律当然否定，知情权作为股东的固有权利，不应以其未履行出资义务而加以限制或剥夺。夏某军要求对佳宏公司行使知情权，查阅公司财务账簿、财务会计报告并不违反《公司法》规定，应予支持。

第五节 股东分红权

一、公司视角：股东分红的内容、条件和程序是什么

股东经营企业的根本目的是赚取利润，或者说营利是企业的出发点和归宿，为公司股东赚取更大、更多的利润，相信是每个企业经营者或股东的愿望。公司股东依法享有资产收益、参与重大决策和选择管理者等权利。分配股息红利（俗称“分红”）是享有资产收益的一种方式。股东按照实缴的出资比例分取红利；公司新增资本时，股东有权优先按照实缴的出资比例认缴出资。但是，全体股东约定不按照出资比例分取红利或者不按照出资比例优先认缴出资的除外。

分红是股东享有的一项法定权利，其法律依据是《公司法》第4条和第34条规定。根据《公司法》第4条、第34条之规定，股东取得红利理属当然，然而，公司分红不仅取决于公司是否有可以分配的利润，更关键的是分红方案是否得到股东会批准通过。换言之，股东取得公司红利还应满足一定条件和遵循一定之程序，具体如下：

1. 其前提条件是公司有可供分配的利润；

2. 公司股东会对公司分红作出有效决议；

3. 在公司通过分红决议但公司不执行的情形下，股东有权起诉公司，要求公司执行分红决议，及时支付给股东红利。

二、参考案例：因股东分红权被侵犯而退股，侵权人有哪些责任承担方式

案例27 | 庄某坤与临沂恒昌煤业有限责任公司股东出资纠纷案[1]

原告庄某坤曾系被告临沂恒昌煤业有限责任公司职工，2002年至2012年，被告动员职工入股，原告先后出资共计154,000元购买被告公司股份。2016年11月28日，原告、被告就原告退股事宜达成一致，被告同意退还原告股金154,000元，并给原告开具退股本金154,000元的付款凭单三份及退股本溢价295元的付款凭单一份，但被告只退还原告股金款1万元，余款144,295元至今未退还。

法院认为，原告、被告在2016年11月28日协议退还股金并开具付款凭单后，被告应退还原告庄某坤股金款154,000元及股金溢价款295元的事实，有原告提供的证据及庭审中原被告的陈述所证实，法院予以确认，原告要求被告偿还剩余股金款144,000元及股金溢价款295元，理由正当合法，法院予以支持。由于原告、被告在协议退还股金时未对退款期限及利息作出约定，应视为不支付利息，原告可随时向被告主张权利，但被告怠于返还应退款项给原告造成一定的经济损失，可自起诉之日即2017年6月19日起支付逾期付款利息，利息按照中国人民银行发布的同期同类贷款利率计算。

法院裁判被告临沂恒昌煤业有限责任公司偿还原告庄某坤股金款144,000元、股金溢价款295元并支付逾期付款利息（以144,295元为基数，利息按照中国人民银行发布的同期同类贷款利率计算，自起诉之日2017年6月19日起计算至判决确定的给付之日止），于判决生效后10日内履行。

三、律师观点：股东分红权被侵犯而起诉按哪些步骤取证更有效

案例27中，原告庄某坤可以请求被告临沂恒昌煤业有限责任公司退还出资款和利息。公司作为市场经济中的元素，追求利润是其特点之一。股东作为所属公司股权的享有者，在公司有盈余时依法获取分红是其固有权利的体现。根据我国《公司法》第74条的规定，公司连续5年不向股东分配利润，而公司该5年连续盈利，并且符合《公司法》规定的分配利润条件的，

---

[1] 山东省临沂市罗庄区人民法院（2017）鲁1311民初3710号。

对股东会该项决议投反对票的股东可以请求公司按照合理的价格收购其股权。案例 27 中被告临沂恒昌煤业有限责任公司成立 6 年了,一直没有给原告分配过红利,这严重侵害了原告的权益。因此原告庄某坤可以据法要求公司退还出资款及利益,这当中包括其股份的价值和应该分配给他的红利。但实践中股东收集证据的难度不小,可以按下面具体步骤执行:

第一步,做好前期准备工作。在该阶段,主要工作是收集到以下证据,并对拟采取的诉讼行动进行全面、客观的法律风险评估。收集到公司自成立至今、历年的财务报表,确认公司有可供分配的利润;收集到公司自成立至今、历年的董事会决议与股东(大)会决议,确认公司是否对分红作出有效决议。

第二步,启动诉讼前必要的前置程序。在掌握事实证据、进行法律风险评估后,启动诉讼的前置程序:即先提议召开董事会,并力争通过有关分红的董事会决议;然后再提议召开股东(大)会,力争在股东(大)会上通过分配方案。

第三步,瞄准时机,启动诉讼程序。若公司股东(大)会已作出有效决议,公司未履行决议,则可以公司为被告向法院起诉,请求该公司支付红利;若认为公司股东(大)会不予分红之决定无正当理由,且明显构成对小股东分红权之侵害时,小股东可向法院起诉,请求撤销该项不予分红之股东(大)会决议,力争重新通过分红之决议。

第六节　股东请求权

一、公司视角:公司请求权的内容有哪些

《公司法司法解释三》第 16 条规定:“股东未履行或者未全面履行出资义务或者抽逃出资,公司根据公司章程或者股东会决议对其利润分配请求权、新股优先认购权、剩余财产分配请求权等股东权利作出相应的合理限制,该股东请求认定该限制无效的,人民法院不予支持。”根据该规定,请求权主体应该为公司或公司代表。在特殊情况下,公司的债权人、该股东不知情的股份受让人等也可以成为请求权的权利主体。

股东民事权利的起点通常以提起请求权的方式开始。对于公司股东来说，股东请求权种类众多，请求权有很多内容，而常见的有：

异议股东股权收买请求权，又称中小股东异议估价权、少数股东收买请求权，是指在股东大会就合并、解散、营业、让与等公司重大事项进行表决前和表决时，如果股东明确表示了反对意见，而该事项获得决议通过，则该股东有权要求公司以公平价格收买其所持有的公司股份。我国公司法律制度中对股东的该项权利则只在层次较低的法律文件中有所体现（如《到境外上市公司章程必备条款》第 140 条、《上市公司章程指引》第 173 条），尚未形成一项完整的制度。随着我国资本市场的日益活跃，公司结构常常发生重大变化，股东之间的利益冲突日趋激烈，在这种情况下，通过立法赋予异议股东股份回购请求权将更具有现实意义。

股利分配请求权是指股东基于其公司股东的资格和地位而享有的请求公司向自己分配股利的权利。

此外，股东请求权还有增资扩股请求权等。

二、参考案例：请求股东补缴出资的权利主体如何确定

案例 28 ｜ 张某、岑某股东出资纠纷案[1]

上诉人张某、岑某为与被上诉人宁波微网君宜科技信息有限公司（以下简称微网君宜公司）、郑某、董某夫、原审第三人吕某股东出资纠纷一案，不服一审判决，提起上诉。

一审法院审理认定：2012 年 10 月 10 日，张某、郑某、岑某、吕某和案外人董某莉共同签字通过《微网君宜公司 2012 年第一次股东会决议》（以下简称《2012 年第一次决议》），决议确认各股份比例为郑某 18%、张某 35%、吕某 15%、岑某 12%、董某莉 12%，剩余的 8% 由张某代持，由股东会决议分配或引进外部股东；张某以原持有的君宜公司作价入股微网君宜公司，作价占微网君宜公司股权的 17%；微网君宜公司成立 7 个工作日内，张某递交其将“君宜”商标向微网君宜公司转让的法律手续。2012 年 10 月 17 日，各股东通过《宁波微网君宜信息科技有限公司章程》（以下简称公司章程）一份，约

[1] 浙江省宁波市中级人民法院(2016)浙 02 民终 11 号。

定:公司注册资本为1000万元,实收资本为1000万元;公司增加或减少注册资本,必须召开股东会并由全体股东通过并作出决议;股东张某、郑某、吕某、董某莉、岑某均以货币出资,出资额分别为430万元、180万元、150万元、120万元、120万元;股东应当在公司成立前一次性足额缴付认缴的出资额;股东会对所议事项作出决议,应由全体股东表决通过。2012年10月22日,微网君宜公司注册登记成立。同日,微网君宜公司的账户发生5笔存款,分别是岑某投资款120万元、董某莉投资款120万元、吕某投资款150万元、张某投资款430万元和郑某投资款180万元。次日,上述注册资本中的999.94万元均以货款名义转出。2013年5月15日,各股东通过《宁波市微网君宜信息科技有限公司章程修正案》(以下简称章程修正案),修改股东的出资额为张某235万元、郑某100万元、吕某510万元、董某莉25万元、岑某10万元、董某夫120万元。上述各股东在章程修正案上签名确认。除抽逃后的剩余注册资金0.06万元外,张某实际货币出资59.50万元,郑某实际出资46万元,董某夫实际出资22万元,岑某实际出资36万元。

综上所述,一审法院判决如下:(1)张某向微网君宜公司返还出资款47万元,于判决生效之日起10日内履行;(2)郑某向微网君宜公司返还出资款20万元,于判决生效之日起10日内履行;(3)岑某向微网君宜公司返还出资款2万元,于判决生效之日起10日内履行;如张某、郑某、岑某未按判决指定的期间履行给付金钱义务,应当依照《民事诉讼法》第253条及相关司法解释之规定,加倍支付迟延履行期间的债务利息(加倍部分债务利息=债务人尚未清偿的生效法律文书确定的除一般债务利息之外的金钱债务×1.75‱/日×迟延履行期间);(4)驳回微网君宜公司其他诉讼请求。

二审法院认为,一审法院认定事实清楚,实体处理得当。最终二审法院裁判驳回上诉,维持原判。

三、律师观点:公司行使请求权的依据是什么

案例28呈现的是,履行请求权主体一般情况下为公司或公司代表。如股东出资瑕疵或虚假出资、抽逃出资等行为的股东资格问题,《公司法》可以设立一些制度,如股东除名制度、公司追究瑕疵股东承担补足出资的请求权等,如果法律没有规定,公司章程也没有约定,公司可以向瑕疵出资人发催告函、敦促其在规定期限内补足,如果补足了,就继续做股东;如果没有补

足，公司就可以免除其股东资格。瑕疵股东在补缴出资前，在股东会上没有表决权，也无权分取红利。

微网君宜公司股东会先后通过了公司章程和公司章程修正案，均符合法定程序。章程修正案修改股东的出资额为张某 235 万元、郑某 100 万元、吕某 510 万元、董某莉 25 万元、岑某 10 万元、董某夫 120 万元，这完全符合公司意思自治的要求。且各股东在章程修正案上签名确认，合法有效。

微网君宜公司依据公司章程中确认的比例向未全面履行出资义务的股东张某、郑某、岑某进行追偿于法有据，这是行使公司请求权的体现。微网君宜公司未主张股权的受让方吕某、董某夫承担连带责任，系其对自身权益的处分，且现有证据无法证明董某夫对出让方抽逃出资行为明知，故关于吕某、董某夫基于股权转让而应承担的责任，各股东自行处理。公司由此作出多份股东会决议，都合法有效。

微网君宜公司行使请求权依法有效，未全面履行出资义务的股东张某、郑某、岑某应妥善履行实际出资义务，否则微网君宜公司有权解除张某、郑某、岑某的股东资格。

第七节 股东增资扩股请求权

一、公司视角：股东的增资扩股优先权的范围与方式有哪些

公司的一个特点就是其权利设计与制度安排往往以资本为核心。公司设立后，由于经营或业务需要，经常需要增加公司的资本来适应变化。这种增加资本就是增资扩股，是指公司向社会募集股份、发行股票、新股东投资入股或原股东增加投资扩大股权，从而增加公司的资本金。对于有限责任公司来说，增资扩股一般指公司增加注册资本，增加的部分由新股东认购或新股东与老股东共同认购，公司的经济实力增强，并可以用增加的注册资本投资于必要的项目。《公司法》第 34 条规定股东认缴权范围和方式，并没有直接规定股东对其他股东放弃的认缴出资比例、增资份额有无优先认购权，也并非完全等同于该条但书或者除外条款即全体股东可以约定不按照出资比例优先认缴出资的除外所列情形，此款所列情形完全针对股东对新增资

本的认缴权而言，这与股东在行使认缴权之外对其他股东放弃认缴的增资份额有无优先认购权并非完全一致，股东行使优先认缴权范围应仅限于自己实缴的股份比例。

1. 增资扩股的目的。一是筹集经营资金，扩大生产规模。创业公司、中小企业扩大生产规模，需要不断筹集生产经营资金；二是增资扩股后可以调整股东结构和持股比例，有时候也可以为了更科学地维护股东结构和持股比例，在公司决策时增加相应股东的投票权；三是可提高公司信用，获得法定资质，如在与合作伙伴的交易中心，可以增加话语权与谈判能力；部分商业交易客户只允许一部分合作伙伴必须要达到某一注册资本的公司参加等；四是对于部分想快速扩大市场占有率或上市计划的公司，可以为引进战略投资者增资扩股。

2. 增资扩股的三种方式。一是原股东增资，这是公司内部的增资扩股，原有股东通常有优先认购权，但必须要符合法律规定或符合公司章程约定的前提下实现；二是引入新股东，对于对外投资人的增资扩股方式，有时公司为了战略发展需要会不定期引入适当资源的新股东；三是新增资本需要遵循法定的用途，如未分配利润、法定公积金、任意公积金转增注册资本等。

公司增资扩股时，股东行使优先认缴范围，以实缴出资比例为限，有章程的按章程规定，无章程的按股东会决议，无决议或无法形成决议的依据《公司法》第 34 条之规定，行使优先认缴权的股东仅能以其已实缴的股份比例优先认缴新增股份。

二、参考案例：如何判断增资扩股决议及内容是否符合公司章程

案例 29 | 贵州捷安投资有限公司与贵阳黔峰生物制品有限责任公司、重庆大林生物技术有限公司、贵州益康制药有限公司、深圳市亿工盛达科技有限公司股权确权及公司增资扩股出资份额优先认购权纠纷案[1]

1997 年 3 月，贵州省血液中心（以下简称血液中心）与贵阳市机械装卸运输公司（以下简称装卸公司）、浙江省温州市海螺工业集团公司（以下简称

---

〔1〕 最高人民法院(2009)民二终字第 3 号。

海螺公司)共同出资成立贵阳黔峰生物制品有限责任公司(以下简称黔峰公司),注册资金为5500万元。其中装卸公司出资2200万元,占有40%股权;海螺公司出资2090万元,占有38%股权;血液中心出资1210万元,占有22%股权。1999年3月,三股东经协商一致,对持股比例进行了调整,变更为装卸公司持股50%、海螺公司持股32%、血液中心持股18%。2000年4月21日,贵阳市人民政府作出筑府通〔2000〕32号《贵阳市人民政府关于贵阳友谊集团公司接管贵阳黔峰生物制品有限责任公司国家股股权有关问题的批复》,明确从2000年4月19日起,黔峰公司原国家股股权代表由装卸公司变更为贵阳友谊(集团)股份有限公司(以下简称友谊集团),友谊集团及其股东将在2年内逐步以其自有资本收购、置换市财政在黔峰公司的全部国家股本。2000年5月24日,装卸公司将其持有的黔峰公司的全部股权作价1184万元转让给友谊集团。2001年7月20日,海螺公司将其所持有的黔峰公司的32%的股权全部转让给友谊集团。至此,友谊集团持有黔峰公司82%的股权,血液中心持有18%。2005年1月21日,友谊集团将其持有的黔峰公司的51%的股权转让给贵州益康制药有限公司(以下简称益康公司);同年6月16日,友谊集团又将其持有的黔峰公司的22%的股权转让给益康公司。至此,黔峰公司股权比例变更为益康公司持股73%、血液中心持股18%、友谊集团持股9%。2005年7月20日,益康公司将其持有的黔峰公司54%的股权转让给重庆大林生物技术有限公司(以下简称大林公司)。2006年8月29日,血液中心将其持有的黔峰公司18%的股权全部转让给深圳市亿工盛达科技有限公司(以下简称亿工盛达公司)。至此,黔峰公司股权比例变更为大林公司持股54%、益康公司持股19%、亿工盛达公司持股18%、友谊集团持股9%。以上变更黔峰公司股权均办理了工商变更登记,并先后多次对公司章程进行了相应修改。

法院认为,本案争议焦点在于以下两个方面:一是黔峰公司股东会对增资扩股所涉及各有关事项是如何决议的以及该决议内容是否符合该公司章程以及该章程是否符合公司法有关强行性规范。二是对贵州捷安投资有限公司(以下简称捷安公司)诉求应否予以支持涉及我国《公司法》第35条(2005年版)规定以及对增资扩股情况下引进外来投资者与股份对外转让区别如何理解问题。

对于第一个方面的问题,首先,捷安公司作为黔峰公司股东资格应该不存在问题,亦不存在所谓捷安公司作为黔峰公司最初的隐名股东必须以其显名股东的名义行使权力提出要求问题。该公司决议内容符合黔峰公司章程有关规定。公司章程是公司治理结构的总纲领,公司完全按其意思自治原则决定其自己应该决定的事情,该章程规定性质上并不违反我国《公司法》有关强行性规范,因此该股东会决议是有效的,各股东应按照股东会决议内容执行。

对于第二个方面的问题,即股份对外转让与增资扩股问题。我国《公司法》(2005 年版)第 35 条规定,"公司新增资本时,股东有权优先按照其实缴的出资比例认缴出资",直接规定股东认缴权范围和方式,并没有规定股东对其他股东放弃的认缴出资比例增资份额有无优先认购权,也并非完全等同于该条但书或者除外条款即全体股东可以约定不按照出资比例优先认缴出资的除外所列情形,此款所列情形完全针对股东对新增资本的认缴权而言,这与股东在行使认缴权之外对其他股东放弃认缴的增资份额有无优先认购权并非完全一致。对此,有限责任公司的股东会完全有权决定将此类事情及可能引起争议的决断方式交由公司章程规定,从而依据公司章程规定方式作出决议,当然也可以包括股东对其他股东放弃的认缴出资有无优先认购权问题,该决议不存在违反法律强行规范问题,决议是有效力的,股东必须遵循。

一审法院判决:(1)确认捷安公司为黔峰公司股东;(2)驳回捷安公司主张对黔峰公司其他股东放弃的 1820 万股增资扩股出资份额享有优先认购权的诉讼请求。

捷安公司不服,提起上诉。二审法院判决驳回上诉,维持原判。

三、律师观点:公司章程如何约定增资扩股优先权

我国《公司法》第 34 条规定:有限责任公司增资扩股,股东有权优先按照实缴的出资比例认缴出资,有约定的除外。在有新股东投资入股的情况下,老股东还需做出声明放弃全部或部分优先认缴出资权利。

增资扩股是指公司向社会募集股份、发行股票、新股东投资入股或原股东增加投资扩大股权,从而增加公司的资本金。对于有限责任公司来说,增资扩股一般指公司增加注册资本,增加的部分由新股东认购或新股东与老股东共同认购,公司的经济实力增强,并可以用增加的注册资本,投资于必

要的项目。

案例29中捷安公司应当按照黔峰公司此次增资股东会有关决议内容执行,对其他股东放弃认缴的增资份额没有优先认购权。当股东个体更大利益与公司整体利益或者有限责任公司人合性与公司发展相冲突时,应当由全体股东按照公司章程规定的方式进行决议。有限责任公司的股东会完全有权决定将此类事情及可能引起争议的决断方式交由公司章程规定,从而依据公司章程规定方式作出决议,当然也可以包括股东对其他股东放弃的认缴出资有无优先认购权问题,该决议不存在违反法律强行规范问题,决议是有效力的,股东必须遵循。只有股东会对此问题没有形成决议或者有歧义理解时,才有依据《公司法》规范适用的问题。

在已经充分保护股东认缴权的基础上,捷安公司在黔峰公司此次增资中利益并没有受到损害。当股东个体更大利益与公司整体利益或者有限责任公司人合性与公司发展相冲突时,应当由全体股东按照公司章程规定的方式进行决议,从而有个最终结论以便各股东遵循。

第八节 因离婚协议擅自处分公司股份的效力

一、公司视角:离婚中的股东处分公司股权有哪些限制

股东优先购买权是《公司法》赋予股东的一项重要权利。股东在公司中所拥有的股份需要遵守法律或章程的约定,这种限制是为了确保其他股东的合法利益,通常以优先购买权的形式体现。因为个人财产与公司财产的独立性,意味着股东不能擅自处分自己在公司中的股权等权利。公司股东在离婚协议中未经其他股东同意擅自处分公司股权,是无效的。《公司法》规定,股东向股东以外的人转让股权,应当经其他股东过半数同意。股东应就其股权转让事项书面通知其他股东征求同意,其他股东自接到书面通知之日起满30日未答复的,视为同意转让。其他股东半数以上不同意转让的,不同意的股东应当购买该转让的股权;不购买的,视为同意转让。经股东同意转让的股权,在同等条件下,其他股东有优先购买权。两个以上股东主张行使优先购买权的,协商确定各自的购买比例;协商不成的,按照转让时各

自的出资比例行使优先购买权。公司章程对股权转让另有规定的,从其规定。

最高人民法院《关于适用〈中华人民共和国婚姻法〉若干问题的解释(二)》第16条对此也有规定。人民法院审理离婚案件,涉及分割夫妻共同财产中以一方名义在有限责任公司的出资额,另一方不是该公司股东的,应该按照法律的规定处理,擅自处分公司股份的行为无效。

二、参考案例:离婚诉讼中的股东能否把自己的股份处分给另一方

案例30 | 韩某玲与李某珍等股权转让纠纷上诉案[1]

上诉人韩某玲因与被上诉人李某珍、詹某国股权转让纠纷案,不服一审判决,提起上诉。

一审法院审理查明的事实如下:李某珍与詹某国系母子关系。二人于2006年8月依法设立的有限责任公司形式的松子公司,注册资本10万元,其中李某珍出资8万元,詹某国出资2万元。松子公司章程第21条规定:"股东向股东以外的人转让股权,应当经其他股东过半数同意。股东应就其股权转让事项书面通知其他股东征求同意,其他股东自接到书面通知之日起满30日内未答复的,视为同意转让。其他股东半数以上不同意转让的,不同意的股东应当购买该转让的股权;不购买的,视为同意转让。经股东同意转让的股权,在同等条件下,其他股东有优先购买权。"

詹某国与韩某玲于2006年4月结婚,于2006年11月30日协议离婚。二人在离婚协议书中约定:"北京松子和风餐饮有限责任公司,女方分得股份30%;北京松子餐饮有限责任公司,女方分得股份10%"。

松子公司未形成股权变更的股东会议决议,也未进行股权变更登记。韩某玲于2008年2月起诉詹某国,要求詹某国将松子公司10%的股权变更至韩某玲名下,并注明股权价值3万元。

一审法院审理中,李某珍表示愿意购买分割给韩某玲的10%股权;韩某玲不愿就股权价格进行协商,坚持享有10%的股权。

一审法院判决认定:松子公司系依法设立的有限责任公司,其股东与公

---

[1] 北京市第二中级人民法院(2009)二中民终字第06645号。

司、股东之间的权利义务关系受相关法律以及松子公司章程的相关内容调整。公司法以及松子公司章程中均有股东向股东以外的人转让股权时，其他股东享有优先购买权的规定。在该案中，李某珍即以侵犯其优先购买权为由，要求确认詹某国与韩某玲离婚协议书中处理松子公司10%股权的约定无效。韩某玲认为李某珍对上述约定知道并认可，但韩某玲没有提交相关证据。韩某玲还认为上述约定不是有偿转让股权，故不适用松子公司章程第21条的规定。在无证据证明李某珍认可离婚协议书中的内容，且李某珍积极主张优先购买权的情况下，离婚协议书中处理松子公司10%股权的约定既违反了《公司法》的有关规定，也违反了松子公司章程的内容。故李某珍要求确认离婚协议书中处理松子公司10%股权的约定无效的诉讼请求，于法有据，证据充分，法院予以支持。综上所述，依据《合同法》第52条第5项、《公司法》(2005年版)第72条、最高人民法院《关于适用〈中华人民共和国婚姻法〉若干问题的解释(二)》第16条的规定，判决：确认詹某国与韩某玲于2006年11月30日签订的离婚协议书中关于"女方分得北京松子餐饮有限责任公司10%股份"的约定无效。

二审法院经审理后认为：依法设立的有限责任公司，其股东与公司、股东之间的权利义务关系受相关法律以及公司章程的相关内容调整。松子公司股东詹某国与韩某玲在离婚协议书中约定"北京松子餐饮有限责任公司，女方分得股份10%"，从形式上看，确为夫妻双方离婚时对财产的分割，但分割的是松子公司的股权，即股东詹某国在处分自己持有的股权。这种处分的结果，是韩某玲将成为松子公司的股东，这种处分股权的行为与股东转让股权性质相同。在韩某玲无证据证明李某珍认可离婚协议书中的内容，且李某珍明确表示放弃优先购买权的情况下，离婚协议书中处理松子公司10%股权的约定，既违反了《公司法》的有关规定，也违反了松子公司章程的内容。上述约定侵犯了松子公司股东李某珍"优先购买权"。故韩某玲关于离婚协议书中的约定是财产分割，不是有偿转让，未侵犯李某珍的"优先购买权"的上诉主张不能成立，法院不予支持。二审法院判决驳回上诉，维持原判。

三、律师观点：股东的优先购买权为何需要严格保护

优先购买权是《公司法》赋予股东的一项重要权利。优先购买权是法律

赋予特定对象的先于其他权利人主张自己财产权利的权利。实践中常遇到的情况有：

1. 有限责任公司的股东向股东以外的人转让其出资时，必须经全体股东过半数同意；不同意转让的股东应当购买该转让的出资，如果不购买该转让的出资，视为同意转让。经股东同意转让的出资，在同等条件下，其他股东对该出资有优先购买权。

2. 出租人出售房屋的，应该提前15日通知承租人，在同等条件下承租人享有优先购买权。

3. 共有人处分自己享有的份额的，其他共有人享有优先购买权。

4. 知识产权法上的优先购买权。

(1)委托合同完成的发明，专利申请权归研发人，研发人若转让专利申请权，委托人有优先购买权；

(2)职务技术成果的使用权、转让权归单位，单位转让职务技术成果时，完成人有优先购买权；

(3)合作技术开发合同完成的发明，专利申请权归合作人共有的，一方转让时，他方有优先购买权。

案例30中，詹某国在未告知其他股东的情况下，擅自将自己名下的股份以“离婚协议书”的形式转让给非公司股东韩某玲，严重侵犯其他股东的优先购买权，法院确认上述行为无效是正确的。同时，这也符合有限责任公司人合性的特点。在实务中，经常有股东把公司的财产等同于自己的私人财产，混淆了公司财产的独立性，肆意处分公司的财产，侵犯了公司及其他股东的合法权益。

第五章 公司的对外经营

◇ 第一节 公司的对外担保

一、公司视角:公司对外担保的决策权限、程序和表决权规定

股东(大)会决议为公司股东或为其他公司担保的现象在实务中很常见。但因为不了解我国《公司法》《担保法》的具体规定,导致该担保行为无效或承担其他责任的现象也是屡见不鲜,给公司造成了损害。

《公司法》第16条共3款,分别规定了对外投资和对外担保的决策权限、决策程序。对外投资和对外担保属于公司重大经营活动,会产生较大的经营风险。但一味地禁止对外投资或担保,又会妨碍公司开展重大经营活动,不利于发挥市场经济活动中公司的经营自主权。我国《公司法》的态度很明确,引导公司对此重大经营活动采取科学决策,保证公司行为的适当性,避免风险。

我国《公司法》对企业对外投资决策采用尊重公司章程的原则。认为这是企业经营自主权范围内的事,法律不宜严格限制。立法思维多次发生变化,但最终采用尊重公司章程的方案,彻底把经营决策权还给公司。公司章程可以自行决定,关于对外投资的限额、大小,公司权力机构都可自行做出决定。

而《公司法》对公司对外提供担保的规定相对要严格些。首先要清楚《公司法》第16条中所描述的“他人”“担保”的含义。此处所指的“他人”是

指除公司之外的其他主体，如董事、监事、高级管理人员、普通职工，还包括子公司等；“担保”包括《物权法》《担保法》中所指的保证担保、抵押担保、质押担保。

公司章程同样可以制定对外提供担保的决策程序，可以规定对外担保数额的权限，由权力机构如董事会、股东（大）会决定。如决策权限、决策程序和表决权都可以特别约定，记载在公司章程里。

关于公司为其股东或实际控制人提供担保的特殊规定，《公司法》第16条第2款、第3款规定，公司为公司股东或者实际控制人提供担保的，必须经股东会或者股东大会决议。而接受担保的股东或者受前款规定的实际控制人支配的股东，不得参加前款规定事项的表决。该项表决由出席会议的其他股东所持表决权的过半数通过。可见《公司法》对于对外提供担保的规定要更加审慎。

二、参考案例：公司股权转让款承担抵押担保责任的效力如何

案例31 林某杰与黄某芬、星腾电器（宁波）有限公司股权转让纠纷案〔1〕

星腾管理有限公司（以下简称星腾公司）为黄某芬和林某杰共同投资设立的，注册在萨摩亚独立国的公司，黄某芬占股59.75%，林某杰占股40.25%。星腾电器（宁波）有限公司（以下简称星腾宁波公司）于2001年由星腾公司独资设立，一直由林某杰实际负责经营管理。2012年11月26日，黄某芬和星腾公司委托杨某学处理林某杰的解聘和股权转让事宜。2012年12月19日，林某杰（甲方）、黄某芬（乙方）和星腾宁波公司（丙方）在余姚市就星腾公司股份转让及星腾宁波公司实际经营管理权交接事宜签署了一份《协议书》，约定林某杰将其所持有的星腾公司40.25%股权转让给黄某芬，股权转让款为700万美元。由于股权转让款支付期限较长，星腾宁波公司愿意和黄某芬共同承担黄某芬的上述股权转让款，星腾宁波公司以其名下的房屋和国有土地使用权为林某杰在本合同项下的债权提供抵押担保。抵押担保范围包括本合同项下所产生的林某杰的所有债权。除分批付款方式、

---

〔1〕 浙江省高级人民法院（2016）浙民终167号。

交接程序、违约赔偿责任等事项外,《协议书》还约定了其他条款,“甲方”由林某杰本人签名,“乙方”由黄某芬及其委托代理人杨某学签名,“丙方”由时任法定代表人的林某枝签名,并加盖了两枚公章(带数字和不带数字公章各一),另有姚某明以见证人身份签名。

2012年12月22日,上述三方又签署一份《协议书》(以下称为《协议书2》),就星腾公司的股权转让款支付及抵押担保事宜达成协议,《协议书2》重申了《协议书》中关于股权转让款金额、分期付款以及星腾宁波公司为此提供抵押担保的约定,同时约定抵押的主债权范围为500万美元转让款及其利息、违约金、实现债权的费用等。《协议书2》作为《协议书》的附件,如与《协议书》冲突,以《协议书》为准。落款由林某杰、黄某芬、林某枝签名,并加盖星腾宁波公司带数字的公章。同日,黄某芬出具了一份《承诺书》,称其同意将星腾宁波公司名下的前述房屋和土地使用权一并抵押给林某杰,并由林某枝办理房地产抵押登记手续,林某枝在办理房地产抵押登记手续中所签署的有关合同、文件及办理相应的公证、登记等,黄某芬均予以认可。

上述协议签署后,黄某芬支付了2012年12月30日、2013年6月1日的两期股权转让款,余款300万美元经多次催讨,黄某和星腾宁波公司均以经济困难为由拒绝支付。林某杰遂向法院提起诉讼,要求:(1)黄某芬和星腾宁波公司共同支付林某杰股权转让款18,864,300元人民币,违约金1,135,699元人民币;(2)如黄某芬和星腾宁波公司不履行上述债务,则林某杰有权以星腾宁波公司名下的位于余姚市马渚镇菁江渡村的房屋折价或以拍卖、变卖所得的款项优先受偿。一审审理过程中,林文杰将其第一项诉讼请求变更为:黄某芬和星腾宁波公司共同支付林某杰股权转让款300万美元,违约金35万美元,赔偿林某杰律师费损失50万元人民币,并自2014年6月2日起按照中国人民银行同期贷款利率赔偿利息损失。

法院认为,关于《协议书》对星腾宁波公司是否有约束力,根据星腾宁波公司章程第16条规定,公司不设董事会,执行董事由投资者委派,执行董事是公司的法定代表人,为公司的最高权力机构。第17条规定,法定代表人决定公司的一切重大事宜,其职权包括决定和批准总经理提出的重要报告(如生产规划、年度营业报告、资金、借款等)、修改公司章程等其他重大事宜。因此,林某枝在《协议书》上签名盖章并未违反星腾宁波公司章程规定。而对林某杰自刻的带数字的星腾宁波公司公章,在整个股权转让过程中,未见黄某芬和星腾宁波公司对此提出任何异议，并且，经过公证的《协议书 2》上加盖的也是星腾宁波公司带数字的公章。而黄某芬无论在《协议书》《协议书 2》《承诺书》中均同意以星腾宁波公司的房屋和土地使用权作为支付股权转让款的担保。故《协议书》对星腾宁波公司具有约束力。

根据《协议书 2》约定，星腾宁波公司的抵押范围为 500 万美元的股权转让款、利息、违约金以及实现债权的费用等，该 500 万美元应当认定为债权余额，故星腾宁波公司应对本案讼争的股权转让款承担抵押担保责任。

星腾宁波公司自愿和黄某芬共同承担支付义务，并以其房屋和土地使用权提供抵押担保，又办妥抵押登记，应当和黄某芬作为共同债务人，履行股权转让款支付义务。否则，应当在抵押担保范围内承担抵押担保责任。

法院判决：(1)黄某芬、星腾宁波公司于判决生效之日起 10 日内支付林文杰股权转让款 300 万美元，支付违约金 15 万美元，合计 315 万美元；(2)黄某芬、星腾宁波公司于判决生效之日起 10 日内赔偿林某杰律师代理费损失 50 万元人民币；(3)如黄某芬、星腾宁波公司不履行上述第一、二项债务，则林某杰有权以星腾宁波公司名下的房屋和国有土地使用权折价或者以拍卖、变卖该财产的价款优先受偿；(4)驳回林某杰的其他诉讼请求；(5)驳回黄某芬的反诉请求。

黄某芬、星腾宁波公司不服一审判决，提起上诉。二审法院支持了一审法院的判决。

三、律师观点：为何要重视公司章程对公司内外担保制度的约定

公司应尽量避免为公司股东或实际控制人提供担保，无法避免时，则必须经股东（大）会决议，否则该担保无效。《九民纪要》也支持了这一观点，即凡担保必决议。但前提是公司章程有记载，不能突破公司自治的规则。

我国《公司法》对公司有重大影响的经营活动的决策过程作出了几项特殊的规定。一是公司章程必须事先作出规定；二是必须召开董事会或股东会、股东大会作出决议；三是涉及关联交易时，对关联股东投票权的限制。

公司章程可以对对外投资和担保作出明确规定，包括决策机关的选定、决策程序的安排、投资或担保金额的限定等。

总体上，《公司法》的原则就是尊重股东在公司章程里作特别约定。

具体到上文案例 31 中，首先，涉案协议的效力问题。星腾宁波公司系星

腾公司的独资企业，黄某芬、林某杰为星腾公司的股东。《协议书》上盖有带数字的公章。黄某芬对上述协议的效力并无异议，林某杰与黄某芬、星腾宁波公司又于2012年12月22日签订了《协议书2》，对2012年12月19日《协议书》约定的股权转让款金额、付款期限及星腾宁波公司为此提供抵押担保的事宜作了进一步的重申，同时对抵押的主债权范围以及利息、实现债权的费用等作了约定。此外，上述协议签订后，协议各方按案涉协议的约定分别办理了涉案抵押担保的报备、抵押物的登记、林某杰与黄某芬的相关交接手续及星腾宁波公司的法定代表人由林某枝变更为黄某芬。本涉案协议效力没有问题。

其次，涉案抵押担保的效力。涉案二份协议均系有效，涉案两份协议均明确约定：星腾宁波公司愿意以其名下的房屋和国有土地使用权为林某杰在协议项下的债权提供抵押担保。因此，为涉案股权转让款提供抵押担保系星腾宁波公司的真实意思表示。星腾宁波公司系外商独资企业，涉案协议签订后，星腾宁波公司根据当时的《外资企业法实施细则》[1]第23条的规定，就涉案抵押担保向余姚市招商局申请批准，余姚市招商局就星腾宁波公司的申请进行了备案，该抵押备案程序符合法律规定。况且涉案抵押担保亦向有关部门办理了抵押登记。因此，涉案抵押担保合法有效，星腾宁波公司对本案讼争的股权转让款承担抵押担保责任并无不当。

第二节　公司法人人格否认制度

一、公司视角：设立法人人格否认制度的目的何在

公司的人格独立和股东的有限责任是《公司法》的基本原则。否认公司独立人格，由滥用公司法人人格和股东有限责任的股东对公司债务承担连带责任。这是股东有限责任的例外情形，其目的在于矫正有限责任制度在特定法律事实发生时对债权人保护的失衡现象。

无论是法院还是企业家，必须要认清这一制度所涉及的几个要点：

[1] 2020年1月1日起，《外商投资法》《外商投资法实施条例》施行，《外资企业法》《外资企业法实施条例》失效。

(1)只有在股东实施了滥用公司法人独立地位及股东有限责任的行为,且该行为严重损害了公司债权人的利益时;(2)只有在股东实施了滥用公司法人独立地位及股东有限责任的股东对公司债务承担连带清偿责任时;(3)人格否认只适用于特定的具体案件中的法律事实、法律关系;(4)《公司法》第20条第3款规定的滥用行为,在实践中常见的情形有人格混同、过度支配与控制、资本显著不足等。

实践中,法院对于使用法人人格否认制度的使用采取既审慎又当用则用的态度。

公司法人人格否认制度源自"刺穿公司面纱"的理论,指为阻止公司独立人格的滥用和保护公司债权人利益及社会公共利益,就具体法律关系中的特定事实,责令公司的股东对公司债权人或公共利益直接负责,以实现公平正义目标之要求而设置的一种法律措施。

创设公司法人制度的主要目的在于鼓励投资,发展经济,造福人类。而享受公司法人制度的最大受益人是公司的股东。与大多数国家的公司法一样,中国的《公司法》采取有限责任说。

根据法人的有限责任原则,在内部关系上,股东以其出资额为限对公司的债务承担责任;对外,公司则以其全部资产承担责任。法律这样规定,在相当大的程度上能够免除投资者的顾虑和激发人们对投资的热情。但是,也让一些不法分子利用公司法的不足来钻法律空子。所以,设立公司法人格否认制度,对于保护公司利益和债权人的利益有很大的积极意义。

二、参考案例:如何判定法人人格否认制度中的业务、人员和财务混同

案例32 联达金属表带(深圳)有限公司与深圳市恒利源五金制品厂、深圳市专铸金属制品有限公司加工合同纠纷案〔1〕

深圳市恒利源五金制品厂(以下简称恒利源制品厂)因与深圳市专铸金属制品有限公司(以下简称专铸公司)加工合同纠纷向法院提起诉讼,请求判令专铸公司支付其货款及利息,联达公司对专铸公司的上述支付义务承担连带责任。

---

〔1〕 广东省深圳市中级人民法院(2016)粤03民终2112号。

法院经审理，查明的事实如下：2013 年年初恒利源制品厂先后向专铸公司开具了合计 12 份金额累计 1,228,920.96 元的增值税专用发票。经国税部门核实，专铸公司已就上述发票申请了认证并获批准。恒利源制品厂承认专铸公司就上述发票对应的交易支付了 794,462.17 元。恒利源制品厂还主张除上述发票记载的货款及加工费外，双方另发生了合计 240,430 元的货物购销及加工往来，并承认专铸公司已就该未开票交易支付了 240,430 元，但未就该未开票交易提交证据。恒利源制品厂还主张专铸公司员工李某强与恒利源制品厂就 2013 年 6 月加工费进行了对账并签字确认形成了统计表，金额合计 57,729.74 元，但仅能提供统计表复印件。专铸公司对恒利源制品厂主张的上述交易及付款记录均不予确认，但其在答辩中提交的附表记载，专铸公司自行成立清算组后于 2013 年 9 月制作的《债权核实清单》中记载，债权人恒利源制品厂申报货款/加工款 732,618.6 元，申报对账单上均加盖有专铸公司公章，属申报资料齐全级别。专铸公司未提交恒利源制品厂债权申报资料。

另有（2014）深龙法鹏民初字第 89 号、第 190 号民事判决及深圳市中级人民法院已生效的（2015）深中法劳终字第 1911 号、第 1786 号民事判决认定：联达公司、专铸公司是股权混同、资产混同、管理混同的关联企业，导致债权人对两公司法人人格难以区分，明显违背《公司法》有关法人制度的设立宗旨，维持上述案件一审判令联达公司对专铸公司债务承担连带责任的判决内容。

专铸公司自 2009 年至 2011 年先后多次通过与联达公司签订厂房租赁合同、机器设备租赁合同的方式在联达公司名下的厂房中与联达公司同时开展生产经营。2012 年 8 月联达公司停止经营，专铸公司仍在上述场所继续经营至 2013 年 7 月。

法院认为，联达公司、专铸公司之间股东、高管、经营项目交叉重合，共用财务，其经营地点、经营范围、生产设备、生产人员、管理人员及实际控制人等方面均存在高度混同，导致债权人对两公司法人人格难以确认，丧失了独立承担责任的基础，违背了法人制度设立的宗旨及诚实信用原则，行为本质和危害后果与《公司法》第 20 条第 3 款规定情形相当，且联达公司、专铸公司之间法人人格混同情形已经人民法院生效裁判文书认定，参照《公司法》第 20 条第 3 款规定联达公司、专铸公司应对债务承担连带清偿责任。

专铸公司就恒利源制品厂开具的以其为购货单位的增值税发票申请了国

税认证并获批准，其否认上述发票对应的交易，对此未提出任何反证，应当承担举证不能的不利后果。专铸公司在答辩中自认其2013年9月自行清算核实债权时记载恒利源制品厂债权“732,618.6元对账单均有专铸公司公章申报材料齐全”，该自认内容与恒利源制品厂主张的全部交易金额1,527,080.7元核减恒利源制品厂自认的2013年9月前收取货款794,462.17元后余额732,618.53元基本相当，可以相互印证，专铸公司未提交任何反证否认上述交易事实，依法应当承担举证不能的不利后果。恒利源制品厂自认专铸公司于2013年11月20日又付款240,430元，专铸公司予以否认，双方均未提交证据证明自己主张，法院按不利于恒利源制品厂主张债权内容予以确认，即在恒利源制品厂主张的上述732,618.53元中核减240,430元作为欠款金额，该欠款金额为492,188.53元。恒利源制品厂与专铸公司之间产生的购销、加工合同关系，是双方真实意思表示，没有违反法律法规的强制性规定，合法有效，专铸公司应当依法支付对价。双方未约定付款期限，依法应推定为与货物交付时同时支付，付款期限显然已届满，专铸公司应当向恒利源制品厂支付货款492,188.53元并支付利息，利息可按中国人民银行同期同类贷款利率计至判决确定的还款之日。联达公司对专铸公司的上述支付义务承担连带清偿责任。

综上所述，依照《合同法》第107条、第263条，参照《公司法》第20条第3款之规定，判决：(1)专铸公司于判决生效之日起3日内支付恒利源制品厂货款492,188.53元并支付利息，利息按中国人民银行同期同类贷款利率从2013年7月10日计至判决确定的还款之日。(2)联达公司对专铸公司的上述支付义务承担连带责任。如未按判决指定的期间履行给付金钱义务，应当依照《民事诉讼法》第253条的规定，加倍支付迟延履行期间的债务利息。

后联达公司不服一审判决，提起上诉。二审法院支持了一审法院的判决。

三、律师观点：为何在实务中法院对公司法人人格否认持谨慎态度

对法人人格的否定不是对公司人格的彻底的、终极性的否定，不是对公司人格全面的永久性的剥夺，而是在特定的法律关系中对公司人格的暂时的否定。公司的独立人格在某些方面被否认，并不影响承认公司在其他方面还是独立的法人。因此，有限责任公司的股东原本仅以出资为限对公司

的债务承担责任，但在公司股东滥用公司法人独立地位和股东有限责任逃避债务的情况下，应当对公司债务承担连带责任。

案例32中，联达公司、专铸公司之间股东、高管、经营项目交叉重合，共用财务，其经营地点、经营范围、生产设备、生产人员、管理人员及实际控制人等方面均存在高度混同，导致债权人对两公司法人人格难以确认，丧失了独立承担责任的基础，违背了法人制度设立的宗旨及诚实信用原则。法院判令联达公司、专铸公司应对债务承担连带清偿责任，适用法律及实体处理恰当。

在商业交易社会中，股东滥用公司法人人格独立制度为自己利益服务的现象很常见，只是有的行为看起来比较隐蔽而已。但法院在法人人格否认的认定方面通常很谨慎，尤其是对证据方面的审查非常严格，本着鼓励商业交易的目的，法院持谨慎的态度是合适的。作为债权人或交易关联方的企业，在日常经营活动一旦发现对方股东有滥用法人人格独立性的行为，要高度警惕，及时收集或固定证据，从交易相对方处人员、财务和业务等收集混同的证据，利于充分保护自身的合法权益不受侵害。

《九民纪要》对法人人格否认制度有更新的规定，法院运用穿透式审判思维厘清外观主义下的实质控制关系，这无疑对法院、律师或企业是一个新的指导，必须重视。

第三节　分公司的法律地位

一、公司视角：分公司独有的诉讼地位和法律地位

我国《公司法》中的公司概念专指有限责任公司和股份有限公司两类。很多公司经营者对子公司、分公司、一个公司和个人独资公司等存在概念与理解上的混淆。实际上它们都是法律规定存在的公司形式，但以子公司和分公司最为常见。公司的分公司是本公司设立的分支机构，本公司是首先设立的、统管公司各个机构的总机构，本公司与分公司之间是管辖与被管辖的关系；而子公司是由公司投资而组成的受其支配的公司，子公司拥有一整套的公司组织和机构。持有子公司股份并居于控制地位的公司称为母公司。母公司组成子公司可以有两种方式，一是投资设立新的公司，二是通过

收购股份控制已有的公司。

在法律上,分公司不具有法人地位,即不具有企业法人资格,其所产生的民事责任由本公司承担。子公司虽然受母公司的控制,但是它是一个独立的公司,具有企业法人资格,独立地承担民事责任,独立存在,依法办理公司设立的各项手续。公司可以设立分公司,但必须依法向工商行政管理部门登记,并领取营业执照。设立的分公司在法律上属于法人的分支机构,不是独立的法人,不能对外承担民事责任。

分公司的非独立性表现为下列几方面:(1)分公司不具有法人资格,不独立享有权利、承担民事责任,其一切行为的后果及民事责任由公司承担;(2)分公司没有独立的公司名称及章程,其对外从事经营活动必须以总公司的名义,遵守总公司的章程;(3)分公司在人事、经营上没有自主权;(4)分公司没有独立的财产,其所属资产属总公司,并作为总公司的资产列入总公司的资产负债表中。尽管分公司不具有独立的法人资格,但是分公司可以成为多数财产的权利人。如分公司可以登记成为房屋所有权人、国有土地使用权人。

而子公司是指一定比例以上的股份被另一公司持有或通过协议方式受到另一公司实际控制的公司。虽然子公司受母公司的控制,但在法律上,子公司仍是具有法人地位的独立企业。它有自己的名称和章程,并以自己的名义进行业务活动,其财产与母公司的财产彼此独立,对各自的债务各自负责,互不连带;子公司依法独立承担民事责任。子公司在经济上受母公司的支配与控制,但在法律上,子公司是独立的法人。子公司的独立性主要表现在:拥有独立的名称和公司章程;具有独立的组织机构;拥有独立的财产,能够自负盈亏,独立核算;以自己的名义进行各类民事经济活动;独立承担公司行为所带来的一切后果与责任。

二、参考案例:分公司承担民事经济等责任的能力

案例 33 李某国与孟某生、长春圣祥建筑工程有限公司等案外人执行异议之诉案[1]

东亚公司成立于 1993 年 7 月 9 日,公司类型为有限责任公司,经营范围

〔1〕 北京市最高人民法院(2016)最高法民再 149 号。

为承揽国内外建筑工程。2006 年 3 月 17 日，东亚公司向长春市工商行政管理局申请设立分支机构建和分公司。建和分公司的负责人于 2013 年 5 月 29 日变更为李某国。2011 年 3 月 4 日，东亚公司与某军区住房发展中心某办事处签订《建筑安装工程承包合同书》，承建某某佳苑二期工程，合同价款为 83,561,772 元。

建和分公司成立后，与东亚公司签订《长春东亚公司工程有限公司内部承包合同》，约定承包范围为《资质证书》中规定的工业与民用建筑承包范围；建和分公司每年向东亚公司缴纳 3 万元业务费用和 10 万元工程费用。

2012 年 1 月 9 日，孟某生、甘某因与东亚公司、腾安公司、东亚公司祥泽分公司（以下简称祥泽分公司）买卖合同纠纷，起诉至长春市中级人民法院。

2012 年 12 月 18 日，长春市中级人民法院（以下简称长春中院）作出民事裁定，冻结建和分公司在九台农商银行账户存款 850 万元，实际冻结 5,850,435.10元。上述 850 万元系某军区住房发展中心于 2012 年 12 月 17 日转入建和分公司的某某佳苑小区二期工程的工程款。

2013 年 6 月 5 日，孟某生向长春中院申请执行，案号为（2013）长执字第 155 号。在执行过程中，李某国提出异议，认为法院查封的 5,850,435.10 元款项是李某国承包建和分公司并承建某某佳苑二期工程所得收益，请求法院解除对该款项的冻结。长春中院于 2014 年 5 月 14 日作出（2014）长执异字第 16 号执行裁定，驳回李某国的异议。

法院查明：长春圣祥建筑工程有限公司（以下简称圣祥公司）之前身东亚公司于 2006 年 3 月 17 日向长春市工商行政管理局申请设立分支机构建和分公司。2006 年 3 月 24 日，长春市工商行政管理局颁发了建和分公司营业执照，经营范围为在所隶属的公司经营范围内，从事工程承包经营，其民事责任由所属的公司承担。建和分公司作为圣祥公司的分公司在工商行政管理机关依法注册登记，圣祥公司与建和分公司之间即形成法律上的公司与分公司之间的关系，应当受到《公司法》所确立的公司与分公司之间各项规则的调整。

分公司的财产即为公司财产，分公司的民事责任由公司承担。本案再审申请人孟某生申请执行一案的起因即是其与祥泽分公司之间的买卖合同纠纷，该判决因祥泽分公司系圣祥公司的分公司，法院据此判令圣祥公司承担债务责任并进而执行圣祥公司的财产。

建和分公司与圣祥公司之间的内部承包合同，不属于最高人民法院《关于人民法院执行工作若干问题的规定（试行）》（以下简称《执行规定》）第78条规定的企业法人分支机构被承包的情形。因此，即便能够认定李某国系建和分公司的实际经营控制人，因其对外以建和分公司名义从事民事活动，案涉争议款项亦实际存至建和分公司账户，其就应当按照既有法律规则承担法律责任，即其对于案涉争议款项提出的执行异议，不足以阻却人民法院的强制执行。

综上所述，建和分公司系圣祥公司的分支机构，建和分公司账户内的案涉争议款项在法律上即为圣祥公司的财产。建和分公司与圣祥公司之间的内部承包合同，不具有对抗第三人的法律效力，亦不应包括在《执行规定》第78条规定的承包经营之列。原判决适用《执行规定》第78条的规定，认定案涉争议款项系李某国个人财产，适用法律错误，再审法院对此应予纠正。李某国对案涉争议款项提出的异议，不足以阻却人民法院的强制执行。据此，法院裁定驳回李某国的案外人执行异议之诉。

三、律师观点：区分公司与分公司承担责任的方式

案例33是一起涉及分公司诉讼地位及其责任承担问题的民事案例。

分公司的被告资格，涉及分公司民事责任时，一律以总公司为被告；或只以分公司为被告，却判决由总公司承担民事责任，具体操作由总公司授权分公司参加诉讼；或以分公司、总公司为共同被告，判决分公司承担民事责任，总公司承担连带责任或补充责任。

此类案件应根据分公司的偿付能力和当事人意思自治，对涉及分公司的诉讼地位和民事责任承担，具体问题具体分析。

（1）对于分公司已不存在，或关闭，或撤销的情况，应以总公司为被告，原分公司的民事责任由总公司承担。

（2）分公司有较强的偿付能力的，应只以分公司为被告，民事责任由分公司承担。特别是对于涉及诸如金融、证券、电信等公司分支机构承担民事责任的案件，只能以该分支机构为被告，要求其承担民事责任。这是因为这些分支机构一般均拥有相当数额、规模的资产，承担民事责任的能力很强。

若出现分公司无能力承担全部民事责任情况，则最终民事责任由总公司承担。由于总公司属案外第三人，人民法院不得裁定保全总公司的其他

财产，也不能判决总公司承担民事责任。裁判生效后，执行过程中若发现分公司财产不足清偿债务的，可依《执行规定》第 78 条的规定，执行总公司的其他财产，债权人的权利仍能得到保护。

对于分公司存续但其偿付能力较差或没有偿付能力的情况，原告可以分公司和总公司为共同被告或只以总公司为被告。由于分公司经依法登记，领取了营业执照后，虽不具有法人资格，但仍有相对独立性，有一定的民事责任承担能力。因此，人民法院应查明事实，判决分公司承担民事责任，总公司承担补充责任。即分公司财产不足以承担民事责任时，由总公司承担。需要注意的是，分公司由总公司开办、设立，在公司内部分公司与总公司不是平等主体，不能判决总公司承担连带责任。

第四节　合同的审查与风险防范

一、公司视角：对合作对方的尽职调查需要注意哪些内容

公司对外经营，与他人做生意，首先要对合作方有较为深入的了解。一些公司在与他人签订合同之前，只是随意了解一下对方的情况，并没有深入调查，如谈判时看了一下对方的办公环境，或者仅仅是了解一下对方公司的注册资本以及曾经做过的业务。实际上，这样做是远远不够的。例如，有些公司的办公室是租回来的，一旦公司违约，很可能会人去楼空；对于注册资金，现实中中介代办公司帮股东垫资的虚假注册资金情况时有发生，且 2014 年开始国家已推行商事登记改革并修正了《公司法》，大部分公司的注册资金已不再必须实缴。

无论合作规模大小，公司签订合同前都应该对合作方有一个细致的审查，合作涉及金额较大的更要严谨对待、认真处理。如果合作方是公司，除了要了解合作方的经营实力外，还可以在工商局查询合作方的内档，了解对方的股东情况，看股东是否稳定；也可以在合作谈判中了解或是自行调查合作方有无诉讼或行政处罚案件、抵押贷款等。

因为公司均属有限责任制，对于一般民事债权债务，公司股东不会与公司承担连带责任。如果合作方是公司，可能因经营不善而被注销、破产，甚

至合作方直接倒闭,人去楼空;若合作方是个人,也可能会因为对方逃跑、失踪而无法寻找,或者个人名下没有财产,这些情况下公司的债权都难以追讨。公司在与他人合作、签订合同前应做好调查了解的工作,慎重选择合作伙伴;在合作事项涉及的金额较大的情况下,笔者建议应让对方提供相应的担保,以加大日后债权实现的可能性。

二、参考案例:如何对合作对方合同主体、履约能力等进行调查

案例 34 | 湖北龙欣建材有限公司与武汉东西湖勘测水工建筑公司买卖合同纠纷案[1]

2008 年,武汉市东西湖区水务局下属企业武汉东西湖勘测水工程建筑公司(以下简称东西湖勘测水建公司)承接了武汉市汉南区污水处理厂工程,王某波系东西湖勘测水建公司负责该项目的项目经理。廖某民系湖北龙欣建材有限公司(以下简称龙欣公司)的副总经理,严某红虽不是东西湖勘测水建公司工作人员,但其与王某波、廖某民系朋友关系。

2009 年 1 月 6 日,严某红受王某波的委托,持盖有"东西湖勘测水建公司"公章的《法定代表人授权委托书》及该公司法定代表人宋某生的身份证复印件,代表东西湖勘测水建公司(甲方)与龙欣公司(乙方)签订了一份《武汉市建设工程商品混凝土买卖合同》,约定:甲方向乙方预定商品混凝土总数量约 1 万立方米,预计总金额约 280 万元。合同履行过程中,龙欣公司发现有两张共计 90 万元的收据存根未交公司财务部门入账,该款项也未上缴公司。随即向公安机关报案。公安机关调查后,认为该行为不构成刑事犯罪,并于 2014 年 1 月 9 日将该情况书面告知原告。龙欣公司经了解认为,其公司业务经办人未将两张收据交公司入账,系东西湖勘测水建公司以向龙欣公司提供砂石料为由未予付款。现东西湖勘测水建公司仅供应价值 527,174.83元的砂石料后,即不供货亦不付款。龙欣公司遂将东西湖勘测水建公司诉至法院,请求判令东西湖勘测水建公司立即向其支付货款 282,825.17元及违约金 50,000 元。

经鉴定,该合同上加盖的"东西湖勘测水建公司"公章与东西湖勘测水

---

[1] 湖北省武汉市中级人民法院(2014)鄂武汉中民商终字第 00073 号。

建公司提供的样本公章即该公司2007年度、2008年度、2009年度的《企业年检报告书》上加盖的“东西湖勘测水建公司”公章印文不是同一枚印章盖印形成，东西湖勘测水建公司遂认为合同上加盖的“东西湖勘测水建公司”公章系伪造，双方之间并未签订过该份合同，但不否认双方之间存在事实上的商品混凝土买卖合同关系的事实。

从双方实际履行的情况来看，涉案商品混凝土的实际交货地点系合同约定的地点即武汉市汉南污水处理厂工程现场，代表东西湖勘测水建公司与龙欣公司办理结算的人员系合同指定的收货及验收人王某福，双方结算的商品混凝土单价与合同约定的单价一致，可见，双方亦是依照涉案合同的主要条款来履行的。

综上所述，法院认为，龙欣公司、东西湖勘测水建公司双方签订的《武汉市建设工程商品混凝土买卖合同》应为双方真实意思表示，合同的内容无违反法律法规禁止性规定的情形，应为有效。

从武汉市公安局汉阳区分局对王某波所作的询问笔录中可以看出，严某红系受其委托与龙欣建材公司签订合同，从双方实际履行的情况来看，龙欣公司依据合同向东西湖勘测水建公司提供了2,686,140元的商品混凝土，东西湖勘测水建公司实际收到商品混凝土后，向龙欣公司支付了货款，双方均按涉案合同的主要条款履行，且东西湖勘测水建公司并不否认双方之间存在事实上的商品混凝土买卖合同关系。依据最高人民法院《关于适用〈中华人民共和国合同法〉若干问题的解释(二)》第12条的规定，无权代理人以被代理人的名义订立合同，被代理人已经开始履行合同义务的，视为对合同的追认的规定，即使涉案合同上的公章系伪造，严某红代表东西湖勘测水建公司与龙欣公司签订涉案合同后，东西湖勘测水建公司收取龙欣公司的商品混凝土，并向龙欣公司支付货款，系履行合同的行为，应视为对严某红签订合同的追认，故严某红签订涉案合同的行为有效，涉案合同应为双方真实意思表示，合同的内容无违反法律法规禁止性规定的情形，应为有效。

关于东西湖勘测水建公司是否履行完付款义务的问题。经审理查明，诉争90万元款已由严某红实际领取。涉案商品混凝土确系用于被告东西湖勘测水建公司承接的汉南污水处理厂工程，合同所涉原材料实际上是由严某红个人向龙欣公司提供，并非东西湖勘测水建公司供应，且东西湖勘测水建公司已将货款全部付讫，只是其中90万元向严某红个人收取，且廖某民对严某红身份及供货的事实亦是知情的,严某红向龙欣建材公司供应原材料的行为仅能代表其个人,不能代表东西湖勘测水建公司,严某红领取的90万元款项应视为东西湖勘测水建公司向龙欣公司的付款,后龙欣公司经办人廖某民将此款支付给严某红,属另一法律关系,与本案无关。

法院最终判决:(1)东西湖勘测水建公司向龙欣公司支付逾期付款违约金17,313.14元;(2)驳回龙欣公司其他诉讼请求。

龙欣公司对判决结果不服,提起上诉。二审法院支持一审法院的判决,驳回上诉,维持原判。

三、律师观点:为何说合同实际履行能力调查是合同审查工作的重点

案例34是一起因公司公章问题引起的合同纠纷,在合同审查实践中,律师在审核合同时需要全面把握签订合同双方的主体资格、经营范围、涉及的法律法规、合同的名称、货物的数量、质量标准、验收标准、违约责任等,但很容易忽视对方公章真伪审查,而在合同履行中,因为发现继续履行对己方不利而利用这一问题进行诉讼很常见,如该案中的付款问题。

案例34中上诉方以合同上加盖的"东西湖勘测水建公司"公章与东西湖勘测水建公司提供的样本公章即该公司2007年度、2008年度、2009年度的《企业年检报告书》上加盖的"东西湖勘测水建公司"公章印文不是同一枚印章盖印形成为由,东西湖勘测水建公司遂认为合同上加盖的"东西湖勘测水建公司"公章系伪造,双方之间并未签订过该份合同。一审、二审法院经查明事实后认为,合同是否事实履行是关键。我国《合同法》及合同法司法解释都有规定。

二审法院认为合同有效的依据,一是无权代理人以被代理人的名义订立合同,被代理人已经开始履行合同义务的,视为对合同的追认的规定;二是即使涉案合同上的公章系伪造,严某红代表东西湖勘测水建公司与龙欣公司签订涉案合同后,双方已经实际履行合同的行为,故认为签订涉案合同的行为应为有效。

合同相对方或律师在签订合同前,对对方合同的实际履行能力调查是合同审查工作的重点。

第六章 股份有限公司重点知识列举

第一节 创立大会

一、公司视角:什么是股份有限公司的创立大会

以发起设立或由有限责任公司变更而来的股份公司,没有创立大会的规定,也不受《公司法》中关于创立大会的约束。创立大会作为公司的特殊组织机构,仅存在于募集设立方式设立股份公司的设立过程中,在股份有限公司成立之后,就不存在创立大会这一机构了,而股东大会作为股份公司的权力机构,行使《公司法》和公司章程规定的职权。

创立大会由全体发起人和认股人组成。发行的股份超过招股说明书规定的截止期限尚未募足的,或者发行股份的股款缴足后,发起人在30日内未召开创立大会的,认股人可以按照所缴股款并加算银行同期存款利息,要求发起人返还。不仅如此,当公司不能成立时,发起人对设立行为所产生的债务和费用负连带责任。在公司设立过程中,由于发起人的过失致使公司利益受到损害的,也应当对公司承担赔偿责任。

二、参考案例：关于创立大会的相关法律规定

案例35 蔡某程与福建中旅实业股份有限公司石狮中国旅行社、福建中旅实业股份有限公司合同纠纷案[1]

1992年10月29日，福建中旅集团的下属企业石狮中国旅行社经福建省经济体制改革委员会批复同意进行股份制改制试点，改组为法人持股和企业内部职工持股的定向募集类型股份制企业。后石狮中旅社作为发起人通过报纸发布招股通函，向社会定向募集股份成立石狮中国旅行社股份有限公司、召开第一次股东大会暨创立大会，并于1993年3月办理工商登记。1995年5月19日，石狮中国旅行社股份有限公司经内部决议及主管部门审批，原有的社会法人股1570万股全部甄别为内部职工股。1996年12月29日，福建省人民政府发文确认公司规范工作基本符合国务院及有关部委的要求，同意公司名称变更为"福建中旅实业股份有限公司"。1997年5月7日公司完成更名，并对内部职工股委托福建证券交易中心进行集中托管。现福建中旅实业股份有限公司的股权结构为福建中旅集团公司持股2312万股、武夷中国旅行社持股2203万股、厦门中国旅行社持股5495万股、内部职工股为2088万股。

蔡某程为集体所有制企业石狮宽仁腾发针织品经销站法定代表人，后该企业于2006年甄别为石狮市腾发纺织辅料有限公司，负责人为蔡某程。石狮中国旅行社股份有限公司1992年开始募集招股时，石狮宽仁腾发针织品经销站就以自己名义认购首期法人股1万股，股金为16,800元，并由其法定代表人蔡某程领取相关股权证。石狮中国旅行社股份有限公司股权结构进行调整和甄别后，1997年其内部职工股委托福建证券交易中心进行集中托管并重新进行登记，石狮宽仁腾发针织品经销站购买的1万股法人股份确认甄别登记在蔡某程名下并由福建证券交易中心进行股份托管，福建证券交易中心签发福建中旅实业股份有限公司内部职工股股份确认书给蔡某程收执，确认托管股数为1万股。蔡某程以石狮中国旅行社股份有限公司将社会法人股甄别为内部职工股的行为违反了国家经济体制改革委员

---

[1] 福建省泉州市中级人民法院(2015)泉民终字第687号。

会《关于清理定向募集股份有限公司内部职工持股不规范做法的通知》，诉请并要求福建中旅实业股份有限公司按发行时价格加银行同期存款利息退还现金。

一审法院认为，石狮中国旅行社股份有限公司的社会法人股甄别工作及股权结构调整已得到福建省人民政府的确认，在蔡某程已领取 1997 年及 1998 年福建中旅实业股份有限公司的分红，实际享有公司股东权利，且蔡某程的股东身份的承继过程以及石狮中国旅行社股份有限公司有按期募足股份、召开创立大会并依法成立、最后变为福建中旅实业股份有限公司的改制过程均在合法的情况下，足以认定蔡某程系福建中旅实业股份有限公司的合法股东。按照《公司法》第 91 条"发起人、认股人缴纳股款或者交付抵作股款的出资后，除未按期募足股份、发起人未按期召开创立大会或者创立大会决议不设立公司的情形外，不得抽回其股本"的规定，本案蔡某程无权要求退回认缴的股金。如蔡某程认为福建中旅实业股份有限公司确实存在将募集资金用于非法拆借或者未披露企业开支信息及企业经营信息等侵害股东权利的情形，则可以通过行使《公司法》赋予的相关股东权利进行维权，但也不能以此为由要求退还股金。综上，蔡某程的诉讼请求不能成立，不予支持。据此，依照《公司法》第 91 条、《民事诉讼法》第 64 条及最高人民法院《关于民事诉讼证据的若干规定》(2001 年版)第 2 条之规定，判决驳回原告蔡某程的诉讼请求。

一审法院判决后，蔡某程不服，向二审法院提起上诉。二审法院维持了一审法院的判决。

三、律师观点：召开创立大会要特别注意的事项

召开创立大会是设立股份有限公司的重要活动之一。根据《公司法》第 89 条的规定，募集发行股份的股款缴足后，必须经依法设立的验资机构验资并出具证明。发起人应当自股款缴足之日起 30 日内主持召开公司创立大会。创立大会由发起人、认股人组成。发行的股份超过招股说明书规定的截止期限尚未募足的，或者发行股份的股款缴足后，发起人在 30 日内未开创立大会的，认股人可以按照所缴股款并加算银行同期存款利息。

案例 35 中，石狮中国旅行社股份有限公司按期募足股份、召开创立大

会并依法成立、最后变更为福建中旅实业股份有限公司的改制过程,均是完备且合法的。根据"发起人、认股人缴纳股款或者交付抵作股款的出资后,除未按期募足股份、发起人未按期召开创立大会或者创立大会决议不设立公司的情形外,不得抽回其股本"的规定,蔡某程作为股东,自然也无权要求退回其认缴的股金。

原石狮宽仁腾发针织品经销站(集体所有制企业)向石狮中国旅行社股份有限公司所认购的是社会法人股的股份1万股,总金额16,800元,其认购行为没有违反"招股通函"的有关约定。石狮中国旅行社股份有限公司依据主管部门有关法人股个人持有的处理要求,且该社会法人股甄别及股权结构调整已经福建省人民政府批复确认。从上述事实看,确认蔡某程系福建中旅实业股份有限公司的合法股东。

按照《公司法》第91条的规定,发起人、认股人缴纳股款或者交付抵作股款的出资后,除未按期募足股份、发起人未按期召开创立大会或者创立大会决议不设立公司的情形外,不得抽回其股本,所以蔡某程无权要求退回认缴的股金。

第二节 股份公司股东的知情权

一、公司视角:股份公司股东的知情权具体包括哪些

股份有限公司股东有权查阅公司章程、股东名册、公司债券存根、股东大会会议记录、董事会会议决议、监事会会议决议、财务会计报告,对公司的经营提出建议或者质询。

股份有限公司应当将公司章程、股东名册、公司债券存根、股东大会会议记录、董事会会议记录、监事会会议记录、财务会计报告置备于公司。从上述规定可见,股份有限公司股东公司知情权与有限责任有所不同,不包括会计账簿及会计凭证。因为股份有限公司是以资合性为主的公司,很多制度与有限责任公司差异较大,且涉及面广社会影响大,故《公司法》在立法设计上限制股东意思自治,倾向于由《公司法》直接规定。

二、参考案例:股份公司与有限责任公司的股东知情权有何不同

案例 36　同兴药业有限公司与广州王老吉药业股份有限公司股东知情权纠纷案[1]

广州王老吉药业股份有限公司(以下简称王老吉公司)成立于1992年12月5日,是经商务部批准成立的台港澳与境内合资、未上市的股份有限公司,同兴药业有限公司(以下简称同兴药业)是其外方股东,与中方股东广州药业股份有限公司(以下简称广州药业)各占48.0465%股份,剩余3.9070%股份由自然人股东持有。

2013年5月6日,同兴药业致函王老吉公司告知将委托会计事务所于2013年5月15日进厂进行财务查账审计。2013年5月10日,王老吉公司总裁办公室函复同兴药业,以总裁办公室尚未接到公司董事会的通知为由,拒绝同兴药业的查账要求。同兴药业于2013年5月13日再次函告王老吉公司总裁方某某及总裁办公室,指出:按照法律、公司章程的规定,同兴药业行使股东查账、审计权,无须得到公司董事会的通知;总裁及总裁办公室拒绝同兴药业的审计要求,已是对同兴药业合法股东权利的严重侵犯;同兴药业重申将委派会计师事务所对王老吉公司进行审计,请王老吉公司务必提供一切便利。2013年5月13日,同兴药业代表及聘请的会计师事务所来到王老吉公司所在地厂区,提出进厂查账要求,但被王老吉公司的保安拒之门外。2013年6月25日,同兴药业再次致函王老吉公司,提出将于2013年6月28日委托会计师事务所进厂进行财务审计。但当同兴药业聘请的会计师事务所于2013年6月28日来到王老吉公司的工厂时,再一次被保安强行阻止入场。

根据王老吉公司的公司章程第32条第7项规定:“持有公司百分之十以上有表决权股份的股东有权单独聘请会计师事务所或其他专业人员对公司的一切相关会计和任何其他财务账簿和记录进行审计。公司不得予以拒绝,并应提供审计所需的全部财务数据、记录及其他有关文件,与审计有关的一切费用均由该股东独立承担。”以及《公司法》第33条第2款的规定,同

---

[1] 广东省广州市中级人民法院(2015)穗中法民四终字第81号。

兴药业提起诉讼,请求判令王老吉公司提供自 2012 年 1 月至今的会计账簿和会计凭证供其及其委托的会计师事务所查阅。一审法院判决王老吉公司提供自 2012 年 1 月 1 日至 2014 年 6 月 30 日的全部会计账簿和会计凭证,供原告同兴药业及其委托的会计师事务所查阅。王老吉公司不服一审判决,提起上诉。

二审法院认为,同兴药业与加多宝集团均为凉茶经营者,双方存在同业竞争关系。同兴药业董事王某乙作为王老吉公司的法定代表人、加多宝集团名誉董事长,已认定其同加多宝集团的关联公司关系非常密切,有长期合作关系。会计账簿和会计凭证记载着王老吉公司生产经营的大量信息。结合同兴药业与王老吉公司因公司解散、公司清算纠纷在法院亦有多起诉讼及同兴药业董事王某乙身兼多职的背景,如同兴药业获得上述会计账簿和会计凭证,将存在王老吉公司竞争对手取得王老吉公司生产经营信息的重大风险,势必影响王老吉公司的正常生产经营。据此,同兴药业未能证明其行使股东知情权的目的具有正当性,其主张王老吉公司向同兴药业及其委托的会计师事务所提供会计账簿和会计凭证证据不足,法院不予支持。

二审法院最终判决:(1)撤销广东省广州市白云区人民法院(2014)穗云法民三初字第 23 号民事判决;(2)驳回同兴药业有限公司的全部诉讼请求。

三、律师观点:股份有限公司股东知情权有何特点

股东知情权是股东的重要权利,也是股东行使其他权利的基础。股东的知情权包括有限责任公司和股份有限公司股东知情权,两者基于人合性和资合性的特点,其知情权范围有所不同。

《公司法》规定有限责任公司的股东有权查阅公司章程、股东名册、公司债券存根、股东大会会议记录、董事会会议决议、监事会会议决议、财务会计报告,对公司的经营提出建议或者质询。股东出席股东大会、对审议事项行使表决权,需要对公司的相关情况有一定的了解。然而,股东不直接参与公司的日常管理,对公司经营状况并不了解,因此需要一定的途径获取相应的资料。知情权的规定就为股东了解公司状况提供了可能,有利于股东权益的实现和保护。基于公司的经营状况直接关系到股东的利益,规定股东有权就公司经营提出建议和质询,有利于集思广益,公司管理机关改善经营。

而股份有限公司的股东知情权不包括会计账簿及会计凭证。因为股份

有限公司是以资合性为主的公司,很多制度与有限责任公司差异较大,且涉及面广,社会影响广泛,故《公司法》在立法设计上限制股东意思自治,倾向于由《公司法》直接规定。案例36中,同兴药业依据《公司法》第33条关于有限责任公司股东知情权的规定主张,对属于股份有限公司的王老吉公司行使知情权,其法律依据错误。《公司法》一直未将股份有限公司会计账簿及会计凭证列入股份有限公司股东知情权的行使范围,故同兴药业的知情权应受限于《公司法》的规定。

关于同兴药业行使股东知情权的权利范围问题。《公司法》(1999年版)第110条规定:"股东有权查阅公司章程、股东大会会议记录和财务会计报告,对公司的经营提出建议或者质询。"《公司法》(2005年版)第98条规定:"股东有权查阅公司章程、股东名册、公司债券存根、股东大会会议记录、董事会会议决议、监事会会议决议、财务会计报告,对公司的经营提出建议或者质询。"《公司法》(2018年版)第97条规定:"股东有权查阅公司章程、股东名册、公司债券存根、股东大会会议记录、董事会会议决议、监事会会议决议、财务会计报告,对公司的经营提出建议或者质询。"可见,《公司法》经过多次修改,均未将股份有限公司会计账簿及会计凭证列入股份有限公司股东知情权的行使范围。王老吉公司章程(2004版)第32条第7项中关于王老吉公司需提供会计账簿进行审计的规定显然超出了上述公司法规定的股东知情权范围。同兴药业应当在法律规定的范围内行使股东知情权,在上述法律规定并未赋予其查阅公司会计账簿及会计凭证权利的情况下,其主张王老吉公司为审计所需提交会计账簿及会计凭证欠缺法律依据。

第三节　高管的忠实与勤勉义务

一、公司视角:如何理解股份公司高管的忠实与勤勉义务

我国《公司法》及其他法律法规对股份公司高管的忠实与勤勉义务均有规定,但何为高管忠实与勤勉义务?

(一)忠实义务

公司高管对公司负有法定的忠实义务。该义务具体是指公司高级管理

人员在执行公司事务时，应以公司利益为最高准则，不得以损害公司利益为代价而追求自己或他人的利益。忠实义务一般表现为竞业禁止、不得进行抵触利益交易、不得利用公司机会、不得占有公司资金等，当然也包括不得擅自披露公司秘密。公司高级管理人员违背忠实义务，造成公司利益受到损害的，需要承担相应的民事赔偿责任。同时触犯《证券法》《企业国有资产法》等相关法规的，公司高管还需承担行政处罚、行政处分等行政责任。上市公司的高级管理人员违背对公司的忠实义务，如果其背信行为致使上市公司利益遭受重大损失，可能会触犯我国《刑法》第169条之一的规定，构成背信损害上市公司利益罪。

（二）勤勉义务

《公司法》并未对勤勉义务作出列举式的规定，通常认为高管在处理公司事务时负有在类似的情形、处于类似地位的具有一般性谨慎的人在处理自己事务时的注意。即其在行使职权、作出决策时，必须以公司利益为标准，不得有疏忽大意或者重大过失，以适当的方式并尽合理的谨慎和注意，履行自己的职责；或有理由相信是为了公司的最大利益的方式履行其职责等。

二、参考案例：如何看待股东的竞业业务

案例37　徐某香与江苏新世纪江南环保股份有限公司劳动争议案[1]

徐某香于2006年9月30日进入江苏新世纪江南环保股份有限公司（以下简称江南环保公司）工作，岗位为副总工程师，双方连续签订两次固定期限劳动合同。2015年1月1日，双方签订无固定期限劳动合同。

2011年9月26日，江南环保公司召开创立大会暨第一次股东大会，徐某香当选公司董事，在会议记录签字页“当选董事签字”下签字。2014年12月1日，江南环保公司召开第一次董事会第十八次会议，徐某香在会议决议签字页“出席会议的董事签字”下签字。江南环保公司的工商登记信息中载明徐某香系公司主要人员中的“其他人员”。

[1] 江苏省南京市中级人民法院（2018）苏01民终4311号。

案外人张某娟与徐某香系夫妻关系,张某娟系镇江伍联公司股东,该公司一般经营范围为环保工程领域的设计、施工,环保工程的技术咨询,环保设备的生产、安装、维修。江南环保公司的经营范围为环保脱硫脱硝装置的研发、设计、技术咨询,环保脱硫脱硝装置相关部件的研发、设计、生产、技术咨询服务,环保工程总承包、设计、施工相关材料和设备的采购,机械设备、电子仪器仪表、电器设备、钢材、金属制品、非金属制品的批发,从事脱硫脱硝工程相关货物、技术和服务的进出口。

2017 年 7 月 17 日,江南环保公司作出《关于对徐某香作开除处理的通知》,以徐某香违反作为公司监事会主席、高级管理人员身份而应当负有的忠实义务,以及《公司法》对于公司高级管理人员的同类行业经营禁止性规定,给公司造成无法估量的损失和危害为由,与徐某香解除劳动关系。同日,江南环保公司工会委员会回函同意解除劳动关系。徐某香向法院提出诉讼,请求江南环保公司:(1)支付 2017 年 7 月工资 31,916 元;(2)支付 2017 年 1 月至 7 月考核年收入 85,750 元;(3)支付违法解除劳动合同赔偿金 481,602 元;(4)支付 2015 年 7 月至 2017 年 7 月的加班费 281,609 元;(5)支付年休假工资 168,966 元;(6)将其持有的南京英沃投资管理中心 84 万原始股份按实际股份净值结算并退股;(7)按照其实际工资收入补足缴纳社保和公积金。

法院认为,江南环保公司与徐某香连续签订劳动合同、年收入协议、《竞业限制协议》,约定了徐某香的工作内容和劳动报酬等,从双方签订的合同和协议看,江南环保公司存在与徐某香建立和履行劳动关系的合意;江南环保公司与徐某香约定的年薪包括基本年收入和考核年收入,说明江南环保公司按照徐某香的工作表现及业绩向徐某香支付劳动报酬,江南环保公司按照劳动法律法规相关规定为徐某香缴纳了社会保险费;江南环保公司主张其加班制度适用于徐某香,与徐某香解除劳动关系的理由也包括违反规章制度,说明江南环保公司通过规章制度对徐某香进行管理,徐某香需要接受江南环保公司规章制度的约束;徐某香是否向江南环保公司的股东投资不影响双方法律关系的性质。综上所述,江南环保公司与徐某香具有建立劳动关系的合意,亦基本履行了劳动关系中的权利义务,存在人身和经济上的依附关系,江南环保公司关于双方不存在劳动关系的意见,法院不予采纳。

徐某香与江南环保公司签订了《保密协议》,约定"不得为自己利益使用或计划使用江南环保公司的商业秘密”,签订《竞业限制协议》,约定“在竞业限制期限内徐某香不得自营或为他人经营与江南环保公司从事的行业相同或与江南环保公司有竞争的业务,不得自办或与他人合办或投资与江南环保公司相同的行业或与江南环保公司有竞争关系的经济实体或者从事与江南环保公司经营范围有关的产品的生产”,徐某香应遵守上述约定。

综上所述,法院依照《劳动法》第 3 条、第 25 条,《劳动合同法》第 30 条、第 43 条,判决:(1)江南环保公司于判决发生法律效力之日起 10 日内支付徐某香 2017 年 7 月工资 11,908 元;(2)江南环保公司于判决发生法律效力之日起 10 日内支付徐某香 2017 年 1 月至 7 月的考核年收入 84,576.57 元;(3)驳回徐某香其他诉讼请求。双方均不服一审判决,提起上诉。

二审法院认为,徐某香系江南环保公司的高层管理人员,协助公司技术、业务等管理工作,且与江南环保公司签订了《保密协议》《竞业限制协议》,足以证明根据徐某香的工作岗位和工作内容,其掌握江南环保公司重要技术或商业秘密。镇江五联公司数位股东与江南环保公司原工作人员之间均系配偶关系,且徐某香未证明其妻子张某娟具有环保工程的从业经历,故从上述情况来看,可以认定徐某香参与了镇江五联公司的设立与经营。徐某香作为与江南环保公司签订了《竞业限制协议》的高层管理人员,其对自身违反竞业限制义务及基本忠诚义务所引发的法律后果应当预见。考虑到徐某香作为掌握江南环保公司重要技术的高层管理人员,其违反忠诚义务将导致的商业影响、劳动者的过错及其对潜在法律后果的预见,江南环保公司与其解除劳动合同,并无明显不当。

综上所述,二审法院认为一审判决认定事实清楚,适用法律正确,应予维持。依照《民事诉讼法》第 170 条第 1 款第 1 项规定,判决:驳回上诉,维持原判。

三、律师观点:董事、监事、高级管理人员如何履行忠实与勤勉义务

忠实义务要求不为某些行为,属于消极义务,是指董事、监事、高级管理人员必须代表公司整体利益,不能利用公司或损害公司利益来为自己牟利。勤勉义务要求保证为一定行为,属于积极义务,要求董事、监事、高级管理人员应诚信地履行对公司的职责,为实现公司最大利益努力工作。忠实义务是为董事、监事、高级管理人员设置的一条道德标准,是公司对经营权行使

主体的委任与监督。

忠实义务主要适用于董事、监事、高级管理人员利益与公司利益相冲突的情形，如有关竞业禁止、自我交易的情形等。高管的竞业禁止义务是为防止高管利用高级管理人员身份优势谋取个人利益而损害公司利益，如果他们同时处于公司竞争者的地位，将导致其个人利益与公司利益的冲突以及利用公司任职的便利，增加篡夺商业机会同公司竞争的可能性，公司的最大利益就将难以实现。正如案例 37 中的徐某香，利用其掌握江南环保公司重要技术或商业秘密，以其妻子身份设立与江南环保公司经营范围重合的公司，侵害了江南环保公司的利益，违反了其作为公司高管应遵守的法定义务。

类似案例在实务中较为多见。违反忠实义务很大一部分都体现在董事、监事、高级管理人员通过对公司商业秘密的侵犯而侵害公司利益。商业秘密是指不为公众所知悉、能为权利人带来经济利益、具有实用性并经权利人采取保密措施的技术信息和经营信息。公司秘密的披露往往会对公司经营产生重要影响，有些公司秘密的披露甚至会使公司丧失竞争优势，从而给公司的利益造成重大损害。正是基于商业秘密的重要性，不仅《公司法》规定了高管应当履行的忠实义务，同时法律还赋予公司与高管签订劳动合同时，可以要求高管承担保密义务的权利，并将竞业限制引入保密协议约定。当然，公司也需要对商业秘密采取合理保密措施。

对于高管来说，除了要履行法定义务外，还要遵守与公司之间约定的义务，更需要加强保密意识，严守公司的商业秘密。否则，或是产生损害公司利益责任纠纷，或是陷入侵害商业技术秘密和商业经营秘密纠纷，从而对个人的职业生涯带来巨大创伤。

第四节　股东直接诉讼

一、公司视角：什么是股东直接诉讼

股东直接诉讼，是指因公司或公司股东、董事、监事、高级管理人员等违反法律、行政法规或者公司章程的规定，损害公司股东利益，股东为自己的

利益以自己的名义向公司或者其他权利侵害人提起诉讼，要求其赔偿因违反法律、行政法规或者公司章程的规定而对股东造成的损害。该诉讼结果直接归属于股东。

众所周知，股东权的内容可分为自益权和共益权。自益权是指股东为自己的利益而行使的权利，如利益分配请求权、剩余财产分配权等；共益权是指股东为公司的利益而行使的权利，如股东大会出席权、决议权等。但自益权与共益权也存在许多重合的情形，所以，提起股东直接诉讼的权利基础应当包括基于股东身份取得的一切权利。由此，股东直接诉讼的事由，也应该涵盖给付红利之诉、分配股利之诉、召开股东会之诉、决议撤销之诉、决议无效之诉、行使知情权之诉、异议股东股份回购请求权之诉、损害赔偿之诉、解散公司之诉，等等。

二、参考案例：因关联交易侵害其他股东利益而引发的直接诉讼

案例38 ｜ 庆阳市太一热力有限公司、李某军公司盈余分配纠纷案〔1〕

庆阳市太一热力有限公司（以下简称太一热力公司）由李某军和张某龙二人于2006年3月设立，公司注册资本1000万元，李某军出资650万元，占注册资本65%；张某龙出资350万元，占注册资本35%。

2007年4月，张某龙与甘肃居立门业有限责任公司（以下简称居立门业公司）签订股权转让协议，将其在太一热力公司的350万元股权转让给居立门业公司。2007年5月，李某军与甘肃太一工贸有限公司（以下简称太一工贸公司）、居立门业公司签订股权转让协议，将其在太一热力公司的股权600万元转让给太一工贸公司，50万元转让给居立门业公司。同年5月，太一热力公司修改公司章程，将公司股东变更为太一工贸公司和居立门业公司，太一工贸公司持股比例60%，居立门业公司持股比例40%，并在工商行政管理部门进行变更登记。

2009年9月29日，庆阳市人民政府召开市长办公会决定对太一热力公司进行整体收购，并形成第23期会议纪要。

后居立门业公司因与太一热力公司、李某军公司盈余分配纠纷，起诉至

〔1〕 最高人民法院（2016）最高法民终528号。

甘肃省高级人民法院。

法院经审理查明：太一热力公司章程及工商登记资料记载，该公司注册资本1000万元。居立门业公司2007年受让张某龙持有35%、李某军持有5%太一热力公司股份后，认缴公司出资额400万元，持有公司40%股份，成为太一热力公司股东。

根据本案事实，居立门业公司2007年受让取得股权成为太一热力公司股东，2009年太一热力公司全部资产被庆阳市人民政府整体收购，至本案诉讼前，太一热力公司两股东未形成任何公司股利分配方案或者作出决定。太一热力公司存在可供分配的利润，但长期不向股东分配，严重损害股东合法权益。根据《公司法》第34条、第166条第4款的规定，太一热力公司章程约定，应当按照股东的出资比例向股东分配红利。太一热力公司章程约定、工商登记记载居立门业公司的出资比例为40%，故太一热力公司应向居立门业公司分配的盈余数额为20,466,276元。

太一热力公司长期占用居立门业公司应分配利润，应当按中国人民银行同期贷款利率支付资金占用期间的利息。居立门业公司要求李某军承担连带责任的诉讼请求。

李某军系太一热力公司执行董事、法定代表人，在庆阳市人民政府整体收购太一热力公司全部资产后，违反《公司法》及太一热力公司章程规定，未经公司股东会决策同意，将资产转让所得款项中5600万余元转入兴盛建安公司，由该公司长期占用，形成太一热力公司账面巨额应收款项，严重损害公司股东利益，给公司造成损失，应当对太一热力公司支付居立门业公司的盈余分配款承担赔偿责任。

据此，居立门业公司要求李某军承担赔偿责任的诉讼请求成立。

综上所述，法院判决：(1)太一热力公司于判决生效后10日内支付居立门业公司盈余分配款20,466,276元；(2)太一热力公司按中国人民银行同期贷款利率向居立门业公司支付20,466,276元自2010年7月11日起至实际付清之日的利息。太一热力公司、李某军不服一审判决，提起上诉。

二审法院经审理，对一审法院查明的事实予以确认。判决太一热力公司于判决生效后10日内给付居立门业公司盈余分配款16,313,436元。

三、律师观点：股份有限公司股东直接诉讼要注意哪些事项

控制股东对中小股东权利剥夺现已成为公司治理中常见的问题，大量争议案件来源于控制股东利用其优势地位，从事不当关联交易、侵占公司资产、损害小股东利益。股东直接诉讼制度设计的目的就是要形成权力制衡，其重点防范的是控制股东及管理层权力的滥用和信义义务的违反。

股东基于股东身份享有股东权，遭受直接损失时，当然有权提起直接诉讼来追究责任。鉴于我国中小股东权益大量受侵犯的实际情况，且直接诉讼是股东以自己的名义行使的，不应对其设置过多的障碍，故只要权利受到侵害时具有股东身份即可直接提起诉讼。

损害股东权利的行为主体主要是董事和高级管理人员，损害股东权利不仅表现在违反《公司法》的规定，也有可能是违反公司章程的约定。对董事和公司高级管理人员而言，不仅应遵守《公司法》的规定，也应当知道公司章程的内容，并遵守其中的具体要求及其应当履行的义务。

公司实际控制人在公司有盈余的情况下转移公司利润，滥用股东权利，不仅直接损害了公司的利益，也损害到其他股东的利益，利益受损的股东直接依据《公司法》规定向滥用股东权利的公司股东主张赔偿责任，并可向违反法律、行政法规或者公司章程的规定给公司造成损失的董事、监事、高级管理人员主张赔偿责任。

案例38中，居立门业公司持有太一热力公司40%的股份，成为太一热力公司股东。在多次主张分配盈余利润无果后，在经历一系列程序后，提起股东直接诉讼完全符合《公司法》《民事诉讼法》的要求。

有盈余分配决议的，在公司股东会或股东大会作出决议时，在公司与股东之间即形成债权债务关系，若未按照决议及时给付则应计付利息。司法干预的强制盈余分配则不然，在盈余分配判决未生效之前，公司不负有法定给付义务，故不应计付利息。盈余分配义务的给付主体是公司，若公司的应分配资金因被部分股东变相分配利润、隐瞒或转移公司利润而不足以现实支付，不仅直接损害了公司的利益，也损害到其他股东的利益，利益受损的股东可直接依据《公司法》第20条第2款的规定向滥用股东权利的公司股东主张赔偿责任，或依据《公司法》第21条的规定向利用其关联关系损害公司利益的控股股东、实际控制人、董事、监事、高级管理人员主张赔偿责任，

或依据《公司法》第149条的规定向违反法律、行政法规或者公司章程的规定给公司造成损失的董事、监事、高级管理人员主张赔偿责任。

第五节　股东转让股份的限制

一、公司视角:公司是否可以限制股东转让股份

(一)股份有限公司的股权性质

股份有限公司由于资合性质,《公司法》并没有赋予其可以通过章程对股份转让作出限制的权利。股份有限公司是否可以就其股份转让通过章程作出限制,在学界和司法实务界存在种种争论。

并非所有的股份有限公司通过章程对股份转让作出限制都无正当性,应区别股份有限公司的具体情形作不同解释。

对于挂牌、上市公司来说,其股票在股转系统和证券交易所交易,除对特定持有人股份转让限制以外,公司章程对股份转让设定的限制应认定为无效。

对于非上市的公众公司,因其股东人数众多且股票公开转让,其章程对股份转让设定的限制应参照挂牌、上市公司;但对非公众股份有限公司,其资合性弱于上市公司及公众公司,更接近有限责任公司的人合性公司,允许公司章程对股份转让作出限制规定有其合理性。

(二)公司法对上市股份公司股权转让的相关限制

1. 转让场所的限制

《公司法》第138条规定:"股东转让其股份,应当在依法设立的证券交易场所进行或者按照国务院规定的其他方式进行。"该条中的证券交易场所包括全国性的证券集中交易系统、地方性的证券交易中心和从事证券柜台交易的机构等。

2. 发起人所持有股份的转让限制

由于发起人对公司具有重要的影响,为了保护公司和其他股东、公众的利益,防止发起人利用设立公司进行投机活动,保证公司成立后一段时间内的稳定经营,各国公司法规定发起人的股份在一定时间内不得转让。我国《公司法》第141条第1款规定:"发起人持有的本公司股份,自公司成立之

日起一年内不得转让。公司公开发行股份前已发行的股份,自公司股票在证券交易所上市交易之日起一年内不得转让。"

3. 公司董事、监事、高级管理人员所持股份转让的限制

《公司法》对公司董事、监事、高级管理人员所持股份转让也有限制规定。如应当向公司申报所持有的本公司的股份及其变动情况,在任职期间每年转让的股份不得超过其所持有本公司股份总数的25%;所持本公司股份自公司股票上市交易之日起一年内不得转让。上述人员离职后半年内,不得转让其所持有的本公司股份。此外允许公司章程对公司董事、监事、高级管理人员转让其所持有的本公司股份作出其他限制性规定。一方面,为了防止该类人员利用内幕信息从事股票交易非法牟利;另一方面,可以将其利益与公司的经营管理状况进行联系,促使其尽力经营公司事业。

4. 对公司收购自身股份的限制和接受本公司股票为质押标的的限制

原则上公司不得收购本公司股份。但公司具备为减少公司注册资本、与持有本公司股份的其他公司合并、将股份用于员工持股计划或者股权激励、股东因对股东大会作出的公司合并、分立决议持异议、要求公司收购其股份、将股份用于转换上市公司发行的可转换为股票的公司债券、上市公司为维护公司价值及股东权益所必需等条件的可以除外。

限制公司收购自身股份主要是因为如果公司持有自身股份将导致公司资本减少,损害公司债权人的利益;此外,如果允许公司收购自身的股份,会影响证券交易的安全。限制公司接受本公司的股票为质押权的标的同样是因为这样可能导致公司资本的减少。

二、参考案例:如何合理限制股东转让公司股份

案例39 | 程某等与余某股权转让纠纷案[1]

晓程公司于2000年11月6日经发起设立,注册资本4110万元。经股权变更,至2009年6月,晓程公司股东增至包括周某松在内的30人,第二大股东程某(占股38.32%)、第六大股东崔某(占股0.97%)均担任董事,第八大股东张某某担任监事,当时占股比例(0.24%)排名第15位的股东周某松

[1] 北京市第一中级人民法院(2018)京01民终792号。

自2007年以来担任财务负责人。公司注册资本于2010年12月8日由4110万元变更为5480万元,后又发生变更。程某自2011年5月26日以来任晓程公司法定代表人。余某于2009年6月至11月在晓程公司的子公司北京富根有限公司(原名称为北京富根有限公司,以下简称富根公司)担任总经理,于2009年12月至2010年3月担任晓程公司常务副总经理。2009年8月25日《股权转让协议》签署时程某所持晓程公司股票数量为1575万股,目前其持股数量为7875万股。

晓程公司2009年公司章程第23条规定,发起人持有的本公司股份,自公司成立之日起3年内不得转让。第29条规定,股东有权优先购买其他股东转让的出资。第33条规定,股东大会的职权包括对股东向股东以外的人转让股权作出决议。

2009年2月8日,晓程公司召开股东大会,全票表决通过《公司首次公开发行股票并上市方案的议案》。

2009年6月1日,程某(甲方)与余某(乙方)签署了《股权转让协议》,约定乙方购买甲方名下持有的晓程公司股票150万股。2009年7月31日,证券监督管理委员会受理晓程公司的首次公开发行股票(A股、B股)申请。

2009年8月24日,余某通过银行转账向程某支付450万元。2009年8月25日,甲方程某与乙方余某签订《股权转让协议》,约定乙方购买甲方名下持有的晓程公司的股票100万股。2010年11月12日,晓程公司在深圳证券交易所创业板上市。此后,经多次资本公积金转增配股,《股权转让协议》约定的100万股已增至500万股。

2014年8月24日,程某通过银行转账向余某支付200万元。关于该笔款项的性质,双方各执一词,余某主张双方曾协商由程某向其支付3600万元以解决《股权转让协议》所引发的纠纷,该笔款项系程某向其支付的和解金,但双方最终未能完全履行上述和解方案;程某则主张其认为涉案协议无法继续履行,该笔款项系程某向余某退还的股权转让款。

一审法院判决:(1)确认程某持有的晓程公司股票中的500万股归余某所有;(2)晓程公司于判决生效之日起10日内协助办理上述500万股股票的变更登记手续;(3)程某于判决生效之日起10日内向余某支付担保费25万元。

二审法院维持了一审的判决。

三、律师观点：如何看待对股东转让股份的限制

是否允许股份有限公司章程限制股份转让属于立法政策问题，现行公司立法未明文许可股份有限公司可以章程限制股份转让，相反却规定“股份可以依法转让”，在此情形下，除非公司章程本身提供了相应的救济手段，否则认可其效力将使得拟转让股份的股东丧失救济渠道，与股份有限公司的特性及立法精神相违。因此，即便章程能够作出限制，也必须保证股份持有人畅通的救济措施。

案例 39 中，晓程公司虽然作为股份有限公司具备资合性，但与上市公司相比还有区别，《公司法》允许其在有限度的范围内，基于意思自治及股东间的相互信赖，对转让作出一定的限制。因此，应认为晓程公司的章程虽然对股份转让有限制，但并未禁止股东对外转让股份，虽未对股东大会对此的表决程序、方式、时间及表决不通过时股东的救济途径作出明确规定，但不宜就此径行认定其变相剥夺了股东对外转让股份的权利，仍应属有效。

结合到投资实务，公司参与者在制定公司章程时，应当注意到对股份转让的限制要在合理边界内，如果由于股份转让的限制而让股东的投资无法变现，则这项限制将面临无效的风险。在实务中要特别注意让这种限制做到先合法、再合理，符合公司的经营或投资目的。

非上市股份公司章程对股份转让的约束应限于合理、合法的范围内，晓程公司 2009 年章程对股份转让的限制未突破该合理界限。另外，《公司法》第 141 条对股份有限公司的发起人与董事、监事、高级管理人员转让股份进行了一定程度的约束，且规定“公司章程可以对公司董事、监事、高级管理人员转让其所持有的本公司股份作出其他限制性规定”；而根据《公司法》第 11 条，公司章程对公司、股东、董事、监事、高级管理人员具有约束力。章程对股权转让作出一定的约束属于公司内部自治的范畴，但该约束的程度应限于不得禁止或变相禁止股权或股份流通的范围内，不得剥夺股东通过股权或股份转让而退出公司的权利。

应区别对待不同类型的非上市股份有限公司。《公司法》虽在总体上采取对有限责任公司与股份有限公司区别对待的态度，但股份有限公司本身又可分为多种不同的类型。目前，尚未达到非上市公众公司标准的股份有限公司大量存在，该类公司的规制依据与司法裁判规则均不够明确。该类

公司股东人数较少，其设立及运营的重要基础是股东之间的相互信任且股东往往亲自参与并主导经营，股东之间的关系较为密切，公司具有较强的人合性特点，在治理架构与运营模式上与有限责任公司并无原则性区别。

案例39中，晓程公司在2000年11月6日经发起设立时仅有5名股东，2009年8月25日《股权转让协议》签订时也仅有30名股东且注册资本仍为设立时的4110万元，当时的第二大股东程某（占股38.32%）、第六大股东崔某（占股0.97%）均担任董事，第八大股东张某担任监事，占股比例排名第15位的股东周某松担任财务负责人。股东之间的关系较为密切，相互之间的信赖程度较高，公司具有较强的人合性特征，对其规制不能按照公众公司尤其是上市公司的标准进行，而应充分考虑其人合性特征。

晓程公司章程第29条、第33条作出的对股东向股东以外的人转让股份的限制性规定是股东之间协商一致的结果，是各股东的真实意思表示，也体现出股东维持相互之间信赖关系的意愿与努力。并且在涉案《股权转让协议》签署之前，章程的上述规定曾被实际执行。晓程公司曾分别于2009年4月28日、6月18日召开临时股东大会，决议批准原股东姜某、吕某向新股东胡某、梁某转让股份。司法应充分尊重股东之间的自治协议，对此保持基本的谦抑，不宜过度干预公司内部本来行之有效的管理秩序。晓程公司章程未禁止股东对外转让股份，其虽未对股东大会对此的表决程序、方式、时间及表决不通过时股东的救济途径作出明确规定，但不宜就此径行认定其变相剥夺了股东对外转让股份的权利。

总之，公司章程规定未剥夺股东通过转让股份而退出公司或减持股份的权利，未对股东权中的人身权与财产权构成实质侵害，未违反公平原则及法律、法规的效力性强制性规定，应属有效。

第六节　股份回购与质押

一、公司视角：什么是股份回购与质押

股份有限公司收购本公司已发行的股份，习惯上也称为股份回购，是国际通行的公司实施并购重组、优化治理结构、稳定股价的必要手段，也是资

本市场的一项基础性制度安排。随着资本市场快速发展和市场环境的变化,上市公司股份回购数量日益增加,且目的更加多样。为促进公司建立长效激励机制、提升上市公司质量,2018 年 10 月,《公司法》对股份回购条款做了相应的修订。修订后的《公司法》以禁止公司收购本公司股份为原则,但基于特定目的,给予适当放宽限制。

法律限制股份有限公司收购自己公司的股份,是因为公司股份已经发行,他人的出资构成公司的资产。如果公司收购本公司的股份,易形成股东实际上撤资的事实,并导致公司资产的流失,损害公司或者其债权人的利益。因此,在允许股份回购的例外条款中,购买本公司股份进而持续持有,并不是目的,仅仅是达成其他目的或者完成其他任务的手段。但是,股份公司仍然被禁止接受本公司股票作为质押标的。

股份回购条款是完善资本制度的举措,《公司法》修订后回购条款赋予了公司更多的自主权,有利于促进完善公司治理、建立有效的激励和约束机制,有利于促进证券市场的高效、有序运作,有利于推动资本市场稳定健康发展。但同时也要看到,股份回购容易产生误导投资者的现象,造成市场运行秩序紊乱;易造成内幕交易,导致公司操纵股价,从而损害中小投资者的利益;使企业净资产减少,其偿债能力也相应削弱,有可能损害债权人的利益。因此,公司收购本公司股份,即要有适度的自主权,亦应有必要限度,同时加强部门监管与行业自律,维护市场稳定健康发展。

而股份质押,对上市的股份公司而言,简单说是公司股东为了借款,把持有的股票质押给金融机构,获得贷款,约定日期还本付息。这种借款方式方便、便宜,而且能规避许多以上市公司为主体来筹资的监管要求。但它的缺点也很明显,质押股票一旦触及平仓线,假如质押股东不能及时筹措资金、追加保证金或者追加质押物,股票有可能被强行平仓,容易发生“系统性风险”质押,控股股东的股权质押被卖掉后,会同时失去对公司的控制权,可能引发公司治理问题,进一步加速股价下跌。

二、参考案例：公司股份的回购及质押条款是否可以约定

案例40 江苏华工创业投资有限公司与扬州锻压机床股份有限公司、潘某虎等请求公司收购股份纠纷案[1]

江苏华工创业投资有限公司（以下简称江苏华工）与扬州锻压机床股份有限公司（以下简称扬锻公司）及其股东，于2011年7月6日签订了《增资扩股协议》《补充协议》，其中《补充协议》约定了对赌条款：若扬锻公司未能在2014年12月31日前完成境内资本市场的上市，江苏华工有权要求扬锻公司回购江苏华工持有扬锻公司的股份。

2017年7月20日，江苏华工履行了《增资扩股协议》协议中的增资义务，向扬锻公司增资2200万元，其中200万元为注册资本，2000万元为资本溢价。扬锻公司于2011年11月20日召开股份公司创立大会，通过公司章程，成立扬州锻压股份有限公司，江苏华工为股东之一。其中章程明确了回购公司股份的情形："（1）减少公司注册资本；（2）与持有本公司股份的其他公司合并；（3）将股份奖励给本公司职工；（4）股东因对股东会作出的公司分立、合并决议持异议，要求公司回购其股份。除上述情形外，公司不进行买卖本公司股份的活动。"该章程与对赌协议产生了矛盾。

2012年11月至2014年4月，因证券监督管理委员会暂停18个月IPO申报，扬锻公司于2014年10月16日召开临时股东大会通过申报新三板的议案，并于2014年10月22日致函江苏华工要求其明确是否支持公司申报新三板。2014年11月25日，江苏华工致函扬锻公司，述称江苏华工除口头提出请求外，亦以书面提出回购请求如下：根据《补充协议》，鉴于扬锻公司在2014年12月31日前不能在境内资本市场上市，现要求扬锻公司以现金形式回购江苏华工持有的全部公司股份，回购股份价格同《补充协议》的约定。后扬锻公司未能履行回购义务。

一审法院认为，《补充协议》关于股权回购的主体仅限于扬锻公司，对赌双方为华工公司与目标公司扬锻公司。不包含扬锻公司原股东。案涉股权回购约定因违反《公司法》禁止性规定且违背公司资本维持和法人独立财产

---

[1] 江苏省高级人民法院（2019）苏民再62号。

原则而无效，据此判决：驳回江苏华工的诉讼请求。二审法院维持了该判决。

再审法院江苏省高级人民法院认为，我国《公司法》并不禁止有限责任公司回购本公司股份，有限责任公司回购本公司股份不当然违反我国《公司法》的强制性规定。有限责任公司在履行法定程序后回购本公司股份，不会损害公司股东及债权人利益，亦不会构成对公司资本维持原则的违反。在有限责任公司作为对赌协议约定的股份回购主体的情形下，投资者作为对赌协议相对方所负担的义务不仅限于投入资金成本，还包括激励完善公司治理结构以及以公司上市为目标的资本运作等。投资人在进入目标公司后，亦应依《公司法》的规定，对目标公司经营亏损等问题按照合同约定或者持股比例承担相应责任。

再审法院最终判决：(1)撤销一审、二审民事判决；(2)扬州锻压机床股份有限公司于本判决生效之日起10日内支付江苏华工创业投资有限公司股份回购款25,199,135.81元及以2200万元为本金按每日0.5‰计算的逾期付款利息，自2015年1月31日起计算至本判决生效之日止。

三、律师观点：设立股份回购与质押的意义

案例40中，华工公司、扬锻公司及扬锻公司全体股东关于华工公司上述投资收益的约定，不违反国家法律、行政法规的禁止性规定，不存在《合同法》第52条规定的合同无效的情形，亦不属于《合同法》所规定的格式合同或者格式条款，不存在显失公平的问题。公司对外承担债务的责任财产为其全部财产，也即上述资产均应作为对外承担债务的范围。对赌协议投资方在对赌协议中是目标公司的债权人，在对赌协议约定的股权回购情形出现时，当然有权要求公司及原股东承担相应的合同责任。

在投资方投入资金后，成为目标公司的股东，但并不能因此否认其仍是公司债权人的地位。投资方基于公司股东的身份，应当遵守《公司法》的强制性规定，非依法定程序履行减资手续后退出，不能违法抽逃出资。而其基于公司债权人的身份，当然有权依据对赌协议的约定主张权利。《公司法》亦未禁止公司回购股东对资本公积享有的份额。案涉对赌协议无论是针对列入注册资本的注资部分还是列入资本公积金的注资部分的回购约定，均具备法律上的履行可能。扬锻公司在投资方注资后，其资产得以增长，而且

在事实上持续对股东分红，其债务承担能力相较于投资方注资之前得到明显提高。

扬锻公司在持续正常经营，参考华工公司在扬锻公司所占股权比例及扬锻公司历年分红情况，案涉对赌协议约定的股份回购款项的支付不会导致扬锻公司资产的减损，亦不会损害扬锻公司对其他债务人的清偿能力，不会因该义务的履行构成对其他债权人债权实现的障碍。案涉对赌协议约定的股份回购条款具备事实上的履行可能。

第七节 股东派生诉讼

一、公司视角：什么是股东派生诉讼

股东派生诉讼也称为股东代表诉讼、股东代位诉讼、股东衍生诉讼或者股东间接诉讼，意指当公司的合法权益遭受侵害，而公司怠于诉讼时，符合法定要件的股东为公司的利益以自己的名义对侵害人提起诉讼，追究其法律责任的诉讼制度。

这种制度有其产生的基础，根源还是如何保护股东尤其是中小股东的利益。作为公司投资者的股东，在其向公司履行出资义务、公司经市场监督管理部门批准依法成立后，同公司便成为两个相互独立的民事主体。公司凭借其独立于投资者的主体地位，享有权利，承担义务，投资者也依其出资而成为公司股东，成为公司利益的终极所有者。

随着经济的发展，特别是随着现代市场经济的发展，公司规模日益扩大，使得公司所有权与经营权相分离成为必然，董事会及其他经营管理人员经营权限日益膨胀，公司利益遭受管理人员侵害之情形也时有发生，如不及时强化股东对经营管理人员的监督和制衡，则股东保护难免流于形式。公司制度由“股东会中心主义”向“董事会中心主义”转化，作为公司利益终极所有者的股东对公司的控制权日趋弱化，而作为公司管理者的董事会及其他公司经营者在公司的决策管理中居于中心地位，其经营权限日益膨胀。因此，为了强化股东的地位，保护公司股东尤其是公司的中小股东的利益，防止公司经营者权力的滥用，各国在其法律制度中相继创设了多种股东监

督及纠正公司经营管理者行为的机制。

最早的股东派生诉讼起源于英国公司法,但现代意义上的派生诉讼则来自美国法,后逐渐完善。作为一种独特的事后救济责任机制,股东派生诉讼制度有利于完善公司治理,有助于维护公司的整体利益,从而最终保障股东,尤其是小股东的权益。通过赋予股东诉权,让其在通过其他方式难以达到保护在公司的合法利益的情况下,可依法通过司法途径来矫正经营者的行为。

相较于一般民事诉讼,股东派生诉讼最主要的特征就是原告股东诉权的派生性,其诉权是由公司诉权派生而来的,并非自身利益受损而直接享有诉权。相应地,法律也对股东派生诉讼设置了必要的前置条件,并对原告和被告的适格作了必要限制。

二、参考案例:如何提起股东派生诉讼

案例 41 | 徐某辉、徐某与李某悦、范某铭等损害公司利益责任纠纷案[1]

徐某辉、徐某分别持有牧羊集团 24.05%、15.74% 的股权,均未在牧羊集团担任任何职务。李某悦持有牧羊集团 15.74% 的股权,并担任牧羊集团的董事长暨法定代表人;范某铭持有牧羊集团 15.61% 的股权,并担任牧羊集团的董事兼总经理;刘某斌和刘某道均担任牧羊集团的董事;奚某龙担任牧羊集团的办公室主任。

徐某辉、徐某起诉时称,从 2007 年年底开始,牧羊集团长期不召开股东会会议。徐某辉、徐某从 2008 年开始不能自由进入牧羊集团,更无从获知牧羊集团的运营状态,其间虽多次向董事会主张股东知情权,均遭拒绝。2012 年 3 月开始,牧羊集团通过和奚某龙合资成立牧羊公司,将自身持有的 71 项商标的商标权和 347 项专利的专利权分别折价 1800 万元和 2436.38 万元用于出资,转让到牧羊公司名下;2012 年 9 月,牧羊集团将已经有巨额投资的牧羊控股低价转让给牧羊公司;2013 年 5 月,牧羊公司在未召开股东会,也未对股权进行评估的情况下,通过增资扩股引进华茂公司、禄源公司、国富公司三家新股东,使牧羊集团丧失了对牧羊公司的控股权。

---

〔1〕 最高人民法院(2015)民申字第 514 号。

徐某辉、徐某于2013年7月16日书面请求牧羊集团监事会提起诉讼，但牧羊集团监事会未起诉，随后二人提起股东代表诉讼，主要诉求为要求判令2013年5月对牧羊公司进行增资的民事行为无效，并将牧羊公司股权结构恢复登记为2013年5月增资前的状态。

最高人民法院经再审程序认为：关于徐某辉、徐某是否是本案适格的原告的问题。徐某辉、徐某持有牧羊集团39.79%的股权，其作为投资成立牧羊公司的牧羊集团股东，主张以李某悦、范某铭、刘某斌、刘某道、奚某龙等牧羊集团董事、高级管理人员恶意串通华茂公司、国富公司、禄源公司，由华茂公司、国富公司、禄源公司对牧羊公司增资入股，损害了牧羊集团的利益，因而提起本案诉讼。在牧羊集团怠于行使诉权的前提下，向人民法院起诉认为申请人等恶意串通，损害其利益，符合公司股东代表诉讼的法定条件，应当赋予其相应诉权。

关于徐某辉、徐某起诉本案被告中的奚某龙及牧羊有限公司是否履行了《公司法》第151条有关履行股东代表诉讼的前置程序问题。被申请人徐某、徐某辉起诉时提供了2013年7月9日向牧羊集团监事会发出的《要求监事会起诉的函》，该函内容主要为徐某、徐某辉要求牧羊集团监事会就包括本案增资行为在内的一系列损害牧羊集团利益的行为对相关董事及第三人提起诉讼，应当认定徐某、徐某辉履行了股东代表诉讼前置程序。

综上所述，本案系被申请人徐某辉、徐某提起的损害公司利益诉讼，其起诉符合法律规定的条件，至于损害公司利益的问题有待于实体审理查明。再审申请人的再审申请理由不足，法院不予支持。依照《民事诉讼法》第204条第1款之规定，裁定如下：

驳回再审申请人李某悦、范某铭、刘某斌、刘某道、奚某龙、牧羊公司的再审申请。

三、律师观点：股东如何利用派生诉讼维护自己的合法权益

保护股东权益一直是公司治理的核心问题之一，而实践中在公司管理权由股东大会转移至董事会和公司管理层后，董事、监事、高级管理人员滥用公司经营权、管理权，损害公司利益及股东利益，使股东权得不到充分保护和救济的社会问题逐渐突出，公司的董事、高级管理人员操控企业、侵害中小股东权益的案例层出不穷，如何有效保护中小股东的合法权益备受公

众关注。股东派生诉讼制度则为股东提供了一种有效的救济方式。正是基于此，案例41中牧羊集团的小股东，才能在牧羊集团怠于行使诉权的前提下，直接以公司的董事、高级管理人员恶意串通他人，损害了牧羊集团的利益为由提起本案诉讼。

《公司法》设定股东代表诉讼制度，正是为了防止公司董事、监事、高级管理人员不当或不法管理行为使公司利益受损，间接损害股东利益。因公司人格在法律上独立于股东，公司利益也不等同于股东的利益。当公司董事、监事、高级管理人员损害公司利益时，为维护公司权利，提起诉讼追究肇事者法律责任的人应该是公司本身，而非股东。只有当公司怠于通过诉讼追究公司相关成员责任或实现其他权利时，由具备法定资格的股东为了维护公司利益，股东可以为公司利益、以自己名义依据法定程序代表公司起诉董事、监事、高级管理人员或者第三人。

案例41中，徐某辉、徐某作为投资成立牧羊公司的牧羊集团股东，主张以李某悦、范某铭、刘某斌、刘某道、奚某龙等牧羊集团董事、高级管理人员恶意串通华茂公司、国富公司、禄源公司，由华茂公司、国富公司、禄源公司对牧羊公司增资入股，损害了牧羊集团的利益，因而提起本案诉讼。在牧羊集团怠于行使诉权的前提下，向人民法院起诉认为申请人等恶意串通，损害其利益，符合公司股东代表诉讼的法定条件，应当赋予其相应诉权。同时徐某、徐某辉起诉时提供了股东代表诉讼前置程序所要求的证据。应当认定徐某、徐某辉履行了股东代表诉讼前置程序。

第七章 公司的刑事风险防控

第一节 职务侵占罪

一、公司视角:如何认定职务侵占罪

职务侵占罪,是指公司、企业或者其他单位的人员,利用职务上的便利,将本单位财物非法占为已有,数额较大的行为。

职务侵占行为在公司中较常见,但要构成职务侵占犯罪,必须满足该犯罪构成的要件。在实践中,要特别注意与贪污罪的区分。职务侵占罪的犯罪构成如下:

1. 本罪的客体是公司、企业或其他单位的财物所有权。犯罪对象是单位所拥有的各项财物,包括有体物体和无体物,已在单位控制之中的财物与应归于单位收入的财物。特别提示,在本单位管理、使用或者运输中的私人财产,应以本单位财产论,也属于本罪的对象。

2. 本罪的客观方面表现为行为人利用职务上的便利,侵占本单位财物,数额较大的行为。

侵占的具体方法是侵吞、骗取、窃取或者其他手段。侵吞是典型的变占有为不法所有的行为,多表现为在执行职务时对经手财物加以截留,骗取是虚构事实、隐瞒真相而取得单位财物。

3. 本罪的行为主体属于特殊主体,要求必须是公司、企业或者其他单位的工作或管理人员。

只有具有公司、企业管理人员的身份和职务上形成的便利,才可以利用职务上的这些便利,侵吞、窃取、骗取本单位财物,这是职务侵占罪的本质特征之一,也是职务侵占罪区别于盗窃罪的主要特征。一般而言,“利用职务上的便利”是指直接利用本人职务上的权力,包括两种情况:一是利用本人主管、经管财物的职务便利;二是担任其他职务的公司、企业或其他单位工作人员,因执行公务而临时经手、管理本单位财物的便利。

4. 行为人在主观方面是故意的,过失不能构成本罪。即行为人明知是公司、企业或其他单位的财产,而决意将其非法占有。

此外,职务侵占罪所侵犯的财物需要达到定罪量刑的数额标准。行为人必须非法占有数额较大的财物。职务侵占罪的立案标准是统一的,目前是6 万元以上。行为人非法占有的财物没有达到法定的数额标准的,不成立犯罪。据最高人民法院、最高人民检察院《关于办理贪污贿赂刑事案件适用法律若干问题的解释》(以下简称《贪贿司法解释》)第 11 条第 1 款之规定,职务侵占罪的“数额较大”具体为 6 万元以上不满 100 万元的。

二、参考案例:认定职务侵占罪的要点

案例 42 | 林某某犯职务侵占罪案[1]

2002 年 11 月 25 日,台湾地区金某某公司与东莞市东某纸品公司共同出资成立东美纸业公司。金某某公司的股东林某聘请其胞弟即被告人林某某担任东美纸业公司的总经理,负责该公司筹备及全面工作。其间,林某某利用职务之便,共侵占东美纸业公司财产 2,610,906 元人民币。具体事实如下:

(1)林某某利用担任东美纸业公司总经理的职权,从 2006 年 1 月至 2007 年 1 月,多次以借款的名义取得东美纸业公司的款项,在上述款项没有用于东美纸业公司的情况下,于 2007 年 1 月以现金支出证明单入账的方式平账。至此,林某某共计骗取东美纸业公司款项 2,497,906 元人民币。此后,林某某用其骗取东美纸业公司的款项,以投资款的形式通过台湾形采公司(法定代表人为林某某)汇入东美纸业公司共计 239,980 美元。因此,台湾地区形采公司成为东美纸业公司的股东,占东美纸业公司 24.2% 的股份,

[1] 广东省高级人民法院(2018)粤刑再 22 号。

并在东莞市工商行政管理局作了登记。(2)东美纸业公司于2006年4月5日购买起亚牌×××××××小型普通客车一辆,登记车主为东美纸业公司,车牌号码为粤×.×××××。林某某于2009年7月3日在未经东美纸业公司股东会同意,亦未实际支付113,000元人民币购车款的情况下,将上述起亚牌小客车过户至其个人名下,过户后车牌号码为粤×.×××××。

一审法院认定,被告人林某某利用其担任东美纸业公司总经理的职权,先后多次采取借款的方式,从东美纸业公司出纳处骗取现金约2,688,090元人民币,以收取药粉款为由,到东美纸业公司出纳处骗取药粉款共约850,000元人民币,将东美纸业公司所有的价值176,250元人民币的一辆起亚牌×××××××小型普通客车过户至其个人名下,亦未实际支付113,000元人民币购车款。一审法院认为,被告人林某某无视国法,利用职务上的便利,将本单位财物非法占为己有,数额巨大,其行为已构成职务侵占罪,依照《刑法》第271条第1款的规定,以职务侵占罪判处被告人林某某有期徒刑10年。

林某某不服,提出上诉。二审法院认为,一审判决认定的大部分事实清楚,证据确实、充分,定罪准确,审判程序合法,由于证明林某某侵占药粉款的证据不足,对此不予认定。依照《刑事诉讼法》(2012年版)第225条第1款第3项、《刑法》第271条第1款的规定,于2013年2月4日作出(2012)东中法刑终字第208号刑事判决,以职务侵占罪判处上诉人林某某有期徒刑9年。

被害单位东美纸业公司向法院申诉提出,一审、二审均未对原审被告人林某某职务侵占的财产判决予以追缴、责令退赔,违反《刑法》第64条关于追赃的规定,适用法律错误,致使被害单位因林某某的犯罪行为遭受的财产损失无法挽回,请求再审予以纠正。再审法院审查发现原判决确有错误,决定对本案进行提审。再审法院认定原审法院未对林某某职务侵占的财物判决予以追缴、责令退赔,违反法律和规范性文件规定,适用法律错误,判决不当。被害单位的申诉意见具有事实和法律依据,应予采纳。判决:(1)维持广东省东莞市中级人民法院(2012)东中法刑终字第208号刑事判决对原审被告人林某某的定罪量刑。(2)对原审被告人林某某职务侵占的2,497,906元人民币和起亚牌×××××××小型普通客车一辆予以追缴,发还被害单位东莞东美纸业有限公司,追缴不足部分,责令林某某退赔。

三、律师观点:如何防控职务侵占罪风险

林某某职务侵占案的终审判决,彰显人民法院通过刑事裁判依法保护公司财产权益、依法严惩公司员工利用职务便利侵吞企业财产的行为。从被害单位的角度来看,或许损失远非裁判所认定的几百万元,但公司自身财务制度等内部管理松懈、制度存在漏洞也是重要原因之一。所以,本案所体现的法律风险可分为公司自身内部管理和雇员的刑事风险两个层面。职务侵占罪往往发生在公司、企业中,防范职务侵占罪主要是要制定好公司、企业的章程,加强对公司、企业人员的权力监督以及财务制度建设、规范财务流程、严格执行各种审批程序,对公司的资金流向建立明细账本。

随着经济的发展,公司在经营过程中出现的经济犯罪类型层出不穷,公司高管应加强刑事责任的法律风险防控意识、提升自身预防控制刑事风险的能力,避免触及刑事责任,甚至是“被犯罪”。公司高管应树立“企业法人”的理念,切勿在观念上认为公司就是个人的,避免将个人财产和公司财产混同,将公司的资金用于个人支出。应严格按照法律法规的要求开展公司的经营管理活动,尊重公司的独立法人地位,实际上也是对个人的一种法律保护,避免因此承担职务侵占罪的法律责任。实践中,有些高管本身并无侵占公司财物的意图,但在日常财务往来中手续不全、程序不规范、导致资金和财物去向不明。如果有证据证明公司财物被行为人拿走,但又无法证明用于公共用途,则可能会被认定为职务侵占罪。

案例42中,林某某利用其担任东美纸业公司总经理的职权,先后多次采取借款的方式,从东美纸业公司出纳处骗取现金并将小型普通客车过户至其个人名下,亦未实际支付购车款。再审法院在维持二审法院定罪量刑之外判决责令林某某追缴退赔涉案财物,体现了司法机关在打击犯罪过程中不仅要查明案件真相,追究犯罪分子的刑事责任;也应尽最大能力挽回被害人财产损失。保护群众利益、维护社会稳定两者都是刑事诉讼的价值追求。

第二节 商业贿赂罪

一、公司视角:商业贿赂罪的具体表现

商业贿赂罪不是一个具体的罪名而是一个类罪名。商业贿赂犯罪并不局限于《刑法》规定的非国家工作人员贿赂犯罪,而是涉及《刑法》规定的全部8种贿赂犯罪:非国家工作人员受贿罪、非国家工作人员行贿罪、受贿罪、单位受贿罪、行贿罪、对单位行贿罪、介绍贿赂罪、单位行贿罪。

商业贿赂是一种职权职务性利益交换行为,指经营者以排斥竞争对手为目的,为争取交易机会,暗中给予交易对方有关人员和能够影响交易的其他相关人员以财物或其他好处的不正当竞争行为,是贿赂的一种形式,但又不同于其他贿赂形式。

(一)商业贿赂既包括行贿也包括受贿

1. 给付或收受现金的贿赂行为;
2. 给付或收受各种各样的费用(促销费、赞助费、广告宣传费、劳务费等)、红包、礼金等贿赂行为;
3. 给付或收受有价证券(包括债券、股票等);
4. 给付或收受实物(包括各种高档生活用品、奢侈消费品、工艺品、收藏品等,以及房屋、车辆等大宗商品);
5. 以其他形态给付或收受(如减免债务、提供担保、免费娱乐、旅游、考察等财产性利益以及就学、荣誉、特殊待遇等非财产性利益);
6. 给予或收受回扣;
7. 给予或收受佣金不如实入账,假借佣金之名进行商业贿赂。

(二)贿赂型犯罪客观方面表现为一种交易行为,交易的内容就是“权”和“钱”

具体而言,贿赂型犯罪均以行贿、受贿双方的“权钱”交易为核心,以受贿方要以“为他方谋取利益”为犯罪构成要件。介绍贿赂虽然交易的内容不是直接的“权”与“钱”交易,但其本质也表现为一定的“权钱交易”行为性质。为他人介绍行贿和受贿,从而从相关关系人那得到中介服务性财物类

利益，是“权”与“钱”交易的辅助性中间交易环节，同样具有社会危害性，因此刑法认定为犯罪行为。

（三）商业行贿犯罪主体是特殊主体，商业贿赂主体是经营者

商业贿赂的主体必须是经营者，未在工商行政管理机关登记注册、非经营者不能成为商业贿赂的主体。

商业受贿罪的主体为特殊主体，是公司、企业或者其他单位的工作人员。

（四）商业贿赂犯罪主观方面是直接故意，即行为人积极追求犯罪结果的发生；同时，本罪的行为人应当具有索取或者收受贿赂，并为他人谋取利益的目的

商业贿赂行为从危害程度区分，存在违法和犯罪两个层次，分别承担相应的民事、行政、刑事责任。

商业贿赂行为主体应包括行贿者、受贿者和介绍贿赂者，既包括各类公司、企业及其从业人员、个体工商户以及其他经营者和社会团体、行业组织、社会中介组织及其从业人员，也包括国家机关、事业单位、人民团体及其工作人员等。

二、参考案例：如何认定非国家工作人员受贿

案例 43 | 李某某受贿、非国家工作人员受贿案〔1〕

2008 年 3 月至 2009 年 5 月，李某某任职广州环保投资公司（以下简称广环投公司）采购及合约部经理，负责招投标、采购、合约合同管理工作。2009 年 5 月至 2011 年 6 月，李某某任职广环投公司商务部部长，负责招投标、合同管理、预决算和商务谈判工作。2011 年 6 月，广环投公司撤销商务部，李某某不担任具体职务，但负责李坑生活垃圾焚烧发电二厂（以下简称李坑二厂）部分商务洽谈和管理工作。2012 年 11 月至 2013 年 11 月，李某某任职广州环保投资集团有限公司（以下简称广环投集团）项目开发部部长，负责公司项目规划、设计、勘探、咨询、建设及前期手续办理等工作。2013 年 11 月至 2014 年 5 月，李某某任职广环投集团商务部部长，负责招投标、预

〔1〕 广东省高级人民法院（2017）粤刑终 350 号。

结算、合约、采购管理工作。2014 年 6 月后,李某某任职广环投集团企业发展部部长,负责发展规划、项目承接洽谈、重大经营管理事项策划和落实、兴丰七区部分商务洽谈等工作。

2013 年年底,辰裕公司法定代表人汪某(另案处理)为了承接广环投集团的工程项目而先后认识了李某某、白某、潘某燊。2014 年 1 月,李某某与白某、汪某商定了汪某根据项目造价向李某某、白某和潘某燊支付好处费的比例,以及李某某与白某之间分配汪某给予好处费的比例。此后,李某某伙同白某、潘某燊利用职务便利,采取直接指定、在招投标过程中故意制定倾斜性招标条件、泄露内部信息等方法,先后帮助汪某挂靠的公司承接或中标了广环投集团发包的增城项目、花都项目、兴丰项目和南沙项目。其间,李某某伙同白某收受汪某给予的现金计 720 万元并从中分得 150 万元,单独收受汪某给予的现金 10 万元。另外,李某某还伙同白某于 2013 年 12 月至 2014 年 11 月分 5 次将汪某送给潘某燊的现金 1200 万元转交给潘某燊。

一审法院认定:

1. 受贿罪:2011 年至 2014 年,被告人李某某利用其担任广环投集团商务部部长、项目开发部部长等职务便利,单独或伙同广环投集团总经理白某、广环投集团董事长潘某燊(均另案处理)为他人谋取利益,先后非法收受汪某、皮某才、杜某涛、代某、范某强、杨某凯给予的财物计 848.5 万元,李某某分得 278.5 万元。

2. 非国家工作人员受贿罪:2010 年至 2014 年,被告人李某某利用其担任广环投公司商务部部长等职务便利,为他人谋取利益,先后收受皮某才、范某强、杨某凯给予的 9 万元及浪琴牌手表一对。

被告人李某某的行为已构成受贿罪和非国家工作人员受贿罪,应数罪并罚。李某某有自首情节,依法可减轻处罚;其归案后退缴部分赃款,可酌情从轻处罚。最终,法院判决:(1)被告人李某某犯受贿罪,判处有期徒刑 6 年,并处罚金 100 万元;犯非国家工作人员受贿罪,判处有期徒刑 6 个月;决定执行有期徒刑 6 年 3 个月,并处罚金 100 万元。(2)扣押的被告人李某某的犯罪所得赃款 15 万元(暂扣于广州市人民检察院),依法予以没收,上缴国库。(3)继续追缴被告人李某某尚未退缴的犯罪所得赃款 273.5 万元及赃物浪琴牌手表一对,依法予以没收,上缴国库。

李某某不服一审判决,提起上诉。

二审法院认为，上诉人李某某身为国家工作人员，利用职务上的便利，单独或伙同他人非法收受他人数额特别巨大的财物，为他人谋取利益，其行为已构成受贿罪。李某某身为公司工作人员，利用职务上的便利，非法收受他人数额较大的财物，为他人谋取利益，其行为又已构成非国家工作人员受贿罪。李某某一人犯数罪，依法应数罪并罚。在共同受贿犯罪中，李某某起主要作用，是主犯，依法应按其参与的全部犯罪予以处罚。李某某在办案机关调查谈话期间如实交代办案机关尚未掌握的收受他人贿赂的事实，其行为可认定为自首，依法可减轻处罚；其归案后能退缴赃款 15 万元，可酌情从轻处罚。原审判决认定李某某非国家工作人员受贿的事实和大部分受贿的事实清楚，证据确实、充分，定罪准确，量刑适当，审判程序合法，但认定李某某收受皮某才贿赂的个别事实证据不足，计算应予继续追缴的李某某的犯罪所得存在错误，适用刑法分则的个别条款不当，依法均应予纠正。

三、律师观点：如何理解商业贿赂罪的实务要点

非国家工作人员受贿罪，是指公司、企业或者其他单位的工作人员利用职务上的便利，索取他人财物或者非法收受他人财物，为他人谋取利益，数额较大的行为。商业贿赂罪与受贿罪两罪区分的关键在于犯罪主体的不同：商业贿赂罪的主体是公司、企业、其他单位人员，即非国家工作人员；受贿罪的主体是国家工作人员以及以国家工作人员论的国有公司、企业、其他单位中从事公务的人员和国有公司、企业、国有其他单位委派到非国有公司、企业、其他单位从事公务的人员。具体到案例 43，被告人李某某 2010 年至 2014 年担任广环投公司商务部部长，身为公司工作人员，利用职务上的便利，非法收受他人数额较大的财物，为他人谋取利益，其行为构成非国家工作人员受贿罪。

李某某受贿、非国家工作人员受贿案的终审判决，严格区分了受贿罪与非国家工作人员受贿罪之间的界限，身份是国家工作人员还是非国家工作人员的认定，对最后的判决结果有着决定性的影响。

商业贿赂罪严重侵犯了公司、企业或者其他单位的管理制度，扰乱了社会主义市场经济秩序，同时从单位内部角度来说，也侵犯了公司、企业或者其他单位工作人员的职务廉洁性。公司经营管理人员受贿行为严重损害公司对其工作人员职务活动的管理制度，导致公司管理层的腐败产生，危害公

司的根本利益,破坏公司的形象及商誉,影响正常的市场公平竞争的交易秩序。公司经营管理人员法治观念不强,缺乏法律知识,漠视、轻视法律,在经营管理活动中因为缺乏法律意识,没有公平市场竞争观念,投机取巧心理严重。现实中,一些经营者采取商业贿赂的方式进行不正当竞争,抢占了市场,获得了巨额利润,而遵纪守法的经营者却反而失去了市场机会,这导致不正当竞争行为盛行。公司内部规章制度不健全,缺乏岗位职责制度,没有健全的财务制度,不按照法律法规进行经营管理活动,这都构成了公司经营管理者实施相关商业贿赂犯罪的原因。

第三节　合同诈骗罪

一、公司视角:什么是合同诈骗罪

合同诈骗罪,是指行为人以非法占有为目的,在签订、履行合同过程中,采取虚构事实或者隐瞒真相等欺骗手段,骗取对方当事人的财物,数额较大的行为。

合同诈骗罪中的"合同"必须能够体现一定的市场秩序,与市场秩序无关以及主要不受市场调整的各种"合同""协议",通常情况下不应视为合同诈骗罪中的"合同"。

(一)构成要件

1. 本罪客体是复杂客体,即国家对经济合同的管理秩序和公私财物的管理权。本罪的对象是公私财物。

2. 本罪的客观方面表现为行为人在签订、履行合同中,实行了骗取对方当事人财物的行为,且所骗取财物数额较大。包括以下三个要素:(1)诈骗行为发生在合同的签订或者履行过程中。(2)对于本罪中"合同"的范围,应当从是否发生在市场交易过程中、是否体现市场交易关系作为确定的标准,具体可从合同是否发生在平等主体之间;合同是否规定财产流转的内容,反映市场交易关系;合同内容是否具有双务、有偿性三个方面判定。(3)骗取的财物数额较大。2010 年 5 月 7 日最高人民检察院、公安部的规定将本罪中骗取的财物数额较大的标准规定为 2 万元。

3. 本罪主体既可以是个人实施，也可以是单位实施。因此，只要单位或者个人进行合同诈骗，骗取的财物达到"数额较大"的标准，就构成犯罪，依法追究单位或者个人的刑事责任。单位犯本罪时，实行双罚制，既对单位判处罚金，并对其直接负责的主管人员和其他直接责任人员按相关条款规定判处刑罚。

（二）立案标准

最高人民检察院、公安部《关于公安机关管辖的刑事案件立案追诉标准的规定（二）》（以下简称《刑事案件立案追诉标准二》）第 77 条规定，以非法占有为目的，在签订、履行合同过程中，骗取对方当事人财物，数额在 2 万元以上的，应予立案追诉。

（三）注意合同诈骗罪与诈骗罪的区别

从本质上看，合同诈骗罪也是一种具体的诈骗犯罪，其与诈骗罪是特殊与一般的关系，它们的区别主要表现在以下几个方面。

1. 犯罪主体不同。诈骗罪限于自然人主体；合同诈骗罪主体包括单位。

2. 犯罪客观方面表现不同。诈骗罪可以表现为虚构任何事实或隐瞒真相，以骗取财物；本罪是在经济合同的签订、履行过程中，因而欺诈手段有特定范围的特殊性。

3. 本罪与诈骗罪属于法条竞合，应当遵循特别法优于一般法的原则。

如果行为人实施合同诈骗行为，但其数额未达到合同诈骗罪的追诉标准（2 万元），那么该行为当然不构成合同诈骗罪，适用特别法优先的原则便无从谈起，其仅能依诈骗罪予以追诉（须达到诈骗罪立案追诉标准）。

二、参考案例：如何认定合同诈骗罪

案例 44 ｜ 季某辉犯合同诈骗罪、票据诈骗罪案[1]

2009 年 11 月，季某辉注册成立南京荣爵公司。为偿还赌债及个人欠款，季某辉虚构其与中建八局第三公司建立了长期的电缆供货业务，自 2009 年 12 月 11 日至 2010 年 10 月 21 日，分别与江苏立达公司、天长惠康公司、南京雷易公司、安徽长通公司签订电缆购销合同，以支付订金和部分货款的

[1] 安徽省高级人民法院（2013）皖刑终字第 00153 号。

形式，骗取合同当事人总价值为1,550,590.50元的电缆。当4家供货公司多次找季某辉催要货款时，季某辉或躲避或出具空头转账支票予以搪塞，后逃匿。

法院经审查认定的事实如下：

1. 季某辉以南京荣爵公司的名义，与江苏立达公司业务员徐某签订了5份总价值3,985,085.90元的电缆购销合同。季某辉在向江苏立达公司支付1,093,563元的部分货款后提取了全部合同电缆，拒不支付余款2,891,522.90元。以上电缆被季某辉以废铜价格卖给他人或冲抵债务。其间，季某辉出具一张金额为20万元的空头转账支票搪塞徐某，后逃匿。

2. 季某辉以个人及南京荣爵公司的名义，与天长惠康公司业务员吴某忠签订了4份总价值2,141,416元的电缆购销合同。季某辉在向天长惠康公司预付578,000元的定金后提取了全部合同电缆，拒不支付余款1,563,416元。其中，季某辉将价值1,472,285.80元的电缆以废铜价格卖给丁某龙、杨某果（均另案处理）。2010年7月6日、8月17日，季某辉分别出具两张金额各为30万元的空头转账支票搪塞吴某忠，后逃匿。

3. 季某辉以南京荣爵公司的名义，与南京雷易公司法人代表杨某祥签订了11份总价值5,330,368元的电缆购销合同。季某辉在向南京雷易公司支付76万元的定金和部分货款后提取了全部合同电缆，拒不支付余款4,570,368元。其中部分电缆被季某辉以废铜价格卖给丁某龙等人。其间，季某辉出具一张50万元的空头转账支票搪塞杨某祥，后逃匿。

4. 季某辉以南京荣爵公司的名义，与安徽长通公司法人代表高某签订6份总价值2,685,283.60元的电缆购销合同。季某辉在向安徽长通公司支付116万元的定金和部分货款后提取了全部合同电缆，拒不支付货款1,525,283.60元。以上电缆被季某辉以废铜价格卖给他人或冲抵债务。安徽长通公司多次向季某辉催要货款，季某辉先躲避后逃匿。

5. 季某辉以南京荣爵公司的名义，与南京红太阳电器经销商蔡某堂签订一份价值420,445元的电缆购销合同，季某辉向蔡某堂出具一张金额为420,445元的中国建设银行转账支票后提取了电缆。后以再订购价值26,955元的电缆为由，将蔡某堂持有的转账支票收回，重新出具一张金额为447,440元的中国建设银行转账支票后提取了电缆。季某辉所出具的转账支票因存款不足而遭银行退票。后蔡某堂多次向季某辉催款，季某辉逃匿。

一审法院认为：被告人季某辉以非法占有为目的，在签订、履行合同过程中，骗取对方当事人价值10,550,590.5元的财物，数额特别巨大，其行为已构成合同诈骗罪，依法应予惩处；被告人季某辉还签发空头支票，骗取合同对方当事人价值447,440元的财物，数额巨大，其行为已构成票据诈骗罪，依法应两罪并罚。鉴于季某辉归案后，如实供述自己的罪行，对其所犯票据诈骗罪依法可予从轻处罚。据此，依照《刑法》（2011年版）第224条第3、4项，第194条第1款第4项，第57条第1款，第69条，第67条第3款，第64条的规定，认定被告人季某辉犯合同诈骗罪，判处无期徒刑，剥夺政治权利终身，并处没收个人财产50万元；犯票据诈骗罪，判处有期徒刑6年，并处罚金6万元，决定执行无期徒刑，剥夺政治权利终身，并处没收个人财产50万元，罚金6万元；追缴被告人季某辉违法所得的财物。

被告人不服一审法院判决，提起上诉。二审法院裁定驳回上诉，维持原判。

三、律师观点：合同诈骗罪的辨析要点

合同诈骗罪的危害行为和危害结果表现为在签订、履行合同过程中，虚构事实、隐瞒真相，骗取对方当事人财物，且数额较大的行为。具体表现为以虚构的单位或者冒用他人名义签订合同的；以伪造、变造、作废的票据或者其他虚假的产权证明作担保的；没有实际履行能力，以先履行小额合同或者部分履行合同的方法，诱骗对方当事人继续签订和履行合同的；收受对方当事人给付的货物、货款、预付款或者担保财产后逃匿的；以其他方法骗取对方当事人财物的。

笔者建议广大公司经营管理人员一定要坚持诚实守信原则，在合同谈判过程中，对于合同的签订一定要本着诚实守信的大原则，不虚假承诺，不搞欺骗，把握好宣传的度。并在签订和履行合同过程中切忌提供虚假的文件和履行合同过程中，切忌提供虚假的证明文件，切忌提供虚假的产权作担保，切忌以不存在的主体签订合同。要在合同签订后依约严格履行合同，切忌收到款项后没有实际的履行行为，更不能合同签订后石沉大海，让对方当事人无处可觅。在合同签订后，由于客观情况的变化无法履行合同时，应当明确告知对方，不可以提供虚假的证明欺骗对方，更不能人去楼空。

公司应当设立专门的法务部门或者聘请专业的法律顾问团队，在日常

经营的各种合同签订时，由法律专业人士对合同的法律风险进行评估并按照评估切实修正。法律专业人士参与合同的拟订、签订、履行可以有效减少合同签订过程中的各种风险，因此，公司、企业要对此格外重视。

案例44是人民法院依法惩治合同诈骗犯罪行为、保护民营企业合法权益、维护正常市场秩序的典型案例。该案中，被告人以非法占有为目的，虚构事实，取得被害人信任后签订电缆购销合同，在没有实际履行能力的情况下，以先支付定金或部分货款的方法，骗取被害人价值数额特别巨大的财物，其行为已经构成《刑法》规定的合同诈骗罪。

合同诈骗罪很容易混淆单位行为和个人行为。如何判断单位成员所实施的行为是单位行为还是个人行为，就成为实践中认定犯罪行为是否属于单位犯罪的关键。单位行为与个人行为的区分，在实践中可以结合以下几个方面来加以具体判断：第一，单位是否真实、依法成立。单位是依照有关法律设立，具备财产、名称、场所、组织机构等承担法律责任所需条件的组织。对于为了进行违法犯罪活动而设立的公司、企业、事业单位实施犯罪的，或者公司、企业、事业单位设立后，以实施犯罪为主要活动的，由于不符合单位设立的宗旨，且通常具有借此规避法律制裁的非法目的，故应按自然人犯罪处理。第二，是否属于单位整体意志支配下的行为。单位犯罪是在单位意志支配下实施的，行为人的行为是单位意志的体现；而个人犯罪则完全是在其个人意志支配下实施的，体现的是其个人意志。单位意志一般由单位决策机构或者有权决策人员通过一定的决策程序来加以体现。未经单位集体研究决定或者单位负责人决定、同意的行为，一般不能认定为单位意志行为。第三，是否为单位谋取利益。在故意犯罪尤其是牟利型犯罪中，只有在为本单位谋取利益的情况下，才能认定为单位行为。如为单位谋取非法利益而进行走私，违法所得全部归单位所有的，即属单位行为，相反，即便以单位名义走私，但违法所得由参与人个人私分的，则一般应认为是自然人共同犯罪。第四，是否以单位名义。一般情况下，单位犯罪要求以单位名义实施。对于这里的“以单位名义”应作实质性理解。对于打着单位旗号，利用单位名义为个人谋取利益而非为单位谋取利益的不法行为，不能认定为单位犯罪。

第四节 非法吸收公众存款罪及集资诈骗罪

一、公司视角:非法集资及其所涉罪名有哪些

“非法集资”并不是一个具体的刑法罪名,而是司法实践对此类犯罪的统称。简单来讲,如果某人涉嫌非法集资,法院是不可能判某人“犯非法集资罪”的,而只能根据其犯罪构成,在非法集资类犯罪中选择具体的罪名加以适用。根据相关司法解释、行政法规和部门规章,非法集资可能涉及的罪名有7个,分别是欺诈发行股票债券罪(《刑法》第160条),擅自设立金融机构罪(《刑法》第174条),非法吸收公众存款罪(《刑法》第176条),擅自发行股票或公司、企业债券罪(《刑法》第179条),集资诈骗罪(《刑法》第192条),组织、领导传销活动罪(《刑法》第224条之一)和非法经营罪(《刑法》第225条)。这几个罪名中,最具代表性的、普通百姓最“熟悉”的,应当是非法吸收公众存款罪和集资诈骗罪。

(一)非法吸收公众存款罪

根据我国《刑法》第176条的规定,非法吸收公众存款罪是指违反国家金融管理法规非法吸收公众存款或变相吸收公众存款,扰乱金融秩序的行为。非法吸收公众存款是指未经中国人民银行批准,向社会不特定对象吸收资金,出具凭证,承诺在一定期限内还本付息的活动。

变相吸收公众存款,是指未经中国人民银行批准,不以吸收公众存款的名义,向社会不特定对象吸收资金,但承诺履行的义务与吸收公众存款性质相同的活动。

1. 构成要件

(1)犯罪主体为一般主体,即自然人和单位都可成为实施犯罪者。单位犯罪尤为常见,例如一些基金公司、投资公司、企业集团等,当然还有近1年内频频见诸报端的P2P网贷平台。

(2)本罪的主观方面表现为故意,并且只能是直接故意,即行为人必须是明知自己非法吸收公众存款的行为会造成扰乱金融秩序的危害结果,而希望或者放任这种结果发生。但行为人不能有非法占有的目的。

(3)本罪侵犯的客体,是国家金融管理制度。

(4)在客观方面表现为,未经中国人民银行批准,针对社会不特定对象(指社会上大多数自然人、法人、非法人组织)吸收资金,或者不以吸收公众存款的名义,出具凭证,承诺在一定期限内还本付息,扰乱金融秩序的行为。

2. 特点

(1)非法性:未经有关部门依法批准或者借用合法经营的形式吸收资金。

(2)公开性:通过媒体、推介会、传单、手机短信等途径向社会公开宣传。

(3)利诱性:承诺在一定期限内以货币、实物、股权等方式还本付息或者给付回报。

(4)社会性:向社会公众即社会不特定对象吸收资金。

(二)集资诈骗罪

根据我国《刑法》第 192 条的规定,集资诈骗罪,是指以非法占有为目的,使用诈骗方法非法集资,数额较大的行为。

本罪侵犯的客体是复杂客体,既侵犯了公私财产所有权,又侵犯了国家金融管理制度。

本罪在客观方面表现为行为人必须实施了使用诈骗方法非法集资,数额较大的行为。构成本罪,行为人必须在客观方面符合以下条件:

1. 必须有非法集资的行为。所谓非法集资,是指公司、企业、个人或其他组织未经批准,违反法律、法规,通过不正当的渠道,向社会公众或者集体募集资金的行为,是构成集资诈骗罪的行为实质所在。

2. 集资是通过使用诈骗方法实施的。所谓使用诈骗方法,是指行为人以非法占有为目的,编造谎言,捏造或者隐瞒事实真相,骗取他人的资金的行为。在实践中,犯罪分子使用诈骗方法非法集资行为主要是利用公众缺乏投资知识,盲目进行投资的心理,钻市场经济条件下经济活动纷繁复杂、法制不健全的空子进行的。只要行为人采用了隐瞒真相或虚构事实的方法进行集资的,均属于使用欺骗方法非法集资行为。

3. 使用诈骗方法非法集资必须数额较大,才构成犯罪。

(三)非法吸收公众存款罪与集资诈骗罪的区别

非法吸收公众存款罪在一定意义上也是一种非法集资的形式,二者的主要区别有:

1. 侵犯的对象不同。集资诈骗罪侵犯的对象是他人用于集资获利所交付的集资款，既可以表现为资金，又可以表现为财物；非法吸收公众存款罪的对象是公众的存款，只能表现为金钱的形式，并且只能以存款人用于存款而获取一定利息的形式出现。

2. 客观行为的表现方式不同。集资诈骗罪是以诈骗的方法去非法聚集资金，表现为诈骗方法与非法集资两种行为的统一；诈骗行为属于方法行为，其是为非法集资这一目的行为服务的，非法吸收公众存款罪，是以存款方式非法吸收公众存款，虽可以采用欺骗方法，但不是必备的条件之一。

3. 犯罪的目的不同。集资诈骗罪的目的是将非法募集到的集资资金占为己有，即具有非法占有之目的。但非法吸收公众存款罪的目的是盈利，其不具有非法占有的目的意图，行为人只是临时占用投资人的资金，行为人承诺而且也意图还本付息。

二、参考案例：如何认定集资诈骗罪、非法吸收公众存款罪

案例 45 | 陈某某集资诈骗罪、非法吸收公众存款罪[1]

2013 年 8 月至 2016 年 3 月，被告人陈某某设立经营江苏某某有限公司（以下简称某某公司）、某某公司上海分公司，采用口口相传、推介会等手段公开招揽客户，销售“订单式消费产品”（消费者消费 10,000 元，即可连续 65 周每周获得分红 258 元）和“消费积分股权式分红”（消费者消费 2200 元，即可以获得 1100 积分和连续 12 个月总共 2400 元分红）等理财产品，向社会公众变相吸收资金。经审计，自 2013 年 8 月 19 日至 2016 年 3 月 24 日，共有 3697 人累计投入金额共计 336,060,889.4 元，其中现金投入 230,375,483.5 元、POS 机刷卡投入 105,685,405.9 元，案发前陈某某已返还本息共计 144,297,594元。其间，陈某某以非法占有为目的，私自将上述部分投资款共计 680 万余元转入其个人控制的银行账户用于为子女购买房产、车辆及所谓的分红等。

一审法院认为，被告人陈某某以非法占有为目的，使用诈骗方法非法集资，数额特别巨大，其行为已构成集资诈骗罪；违反国家金融管理法律规定，

[1] 上海市第一中级人民法院（2018）沪 01 刑终 238 号。

变相吸收公众存款，扰乱金融秩序，数额巨大，其行为已构成非法吸收公众存款罪。陈某某曾因故意犯罪被判处有期徒刑，在刑罚执行完毕后5年内再犯应当判处有期徒刑以上刑罚之罪，系累犯，应当从重处罚。陈某某到案后能如实供述自己的罪行，依法可以从轻处罚。陈某某一人犯两罪，应予数罪并罚。据此，一审法院依照《刑法》相关规定，判决被告人陈某某犯集资诈骗罪，判处有期徒刑12年，剥夺政治权利3年，罚金30万元；犯非法吸收公众存款罪，判处有期徒刑6年，罚金40万元；决定执行有期徒刑16年，剥夺政治权利3年，罚金70万元。已经查封、扣押、冻结的涉案财物，依法按比例发还；不足部分，继续追缴或责令退赔。

陈某某不服一审判决，提起上诉。

二审法院认为，上诉人陈某某以非法占有为目的，使用诈骗方法非法集资，数额特别巨大，其行为已构成集资诈骗罪；违反国家金融管理法律规定，变相吸收公众存款，扰乱金融秩序，数额巨大，其行为已构成非法吸收公众存款罪。陈某某曾因故意犯罪被判处有期徒刑，在刑罚执行完毕后5年内再犯应当判处有期徒刑以上刑罚之罪，系累犯，应当从重处罚。陈某某到案后能如实供述自己的罪行，依法可以从轻处罚。陈某某一人犯两罪，应予数罪并罚。原审判决认定事实清楚，证据确实、充分，定罪准确，量刑适当，且审判程序合法。

二审法院依照《刑事诉讼法》第225条第1款第1项之规定，裁定驳回上诉，维持原判。

三、律师观点：关于非法集资犯罪的实务意见

非法吸收公众存款罪与集资诈骗罪在犯罪构成上存在许多重合之处，都是向社会不特定公众筹集资金，都破坏了金融管理秩序。

案例45中，陈某某违反国家金融管理法律规定，变相吸收公众存款，扰乱金融秩序，数额巨大，其行为已构成非法吸收公众存款罪。在募集巨额资金后，主要钱款并未用于可盈利的实际经营活动，返还给“消费者”的分红均来源于新增的吸收资金款，其所谓“商业模式”无法维持对后续“消费者”承诺的分红。在此情况下，陈某某仍将其中的680万余元以购房款、购车款、分红等名目给予其子女，足以认定其具有非法占有的主观故意，其行为构成集资诈骗罪。

案例45主要涉及两个关键问题：一是如何认定变相吸收公众存款？二是是否具有非法占有目的？

根据《金融双非办法》第4条的规定，非法吸收公众存款是指未经中国人民银行批准，向社会不特定对象吸收资金，出具凭证，承诺在一定期限内还本付息的活动；变相吸收公众存款，是指未经中国人民银行批准，不以吸收公众存款的名义，向社会不特定对象吸收资金，但承诺履行的义务与吸收公众存款性质相同的行为。变相吸收公众存款的行为与非法吸收公众存款的行为在非法性特征和对象特征以及承诺的义务等方面均是相同的，所不同的是非法吸收公众存款是以直接的名义吸收存款，表现在其出具存款凭证，并承诺在一定期限内还本付息；而变相吸收公众存款则不以直接吸收存款的名义出现，而以成立资金互助会或以投资、集资人等名义，但承诺履行的义务与吸收公众存款性质相同。

案例45中陈某某的行为同时触犯集资诈骗罪与非法吸收公众存款罪，即一部分金额构成集资诈骗罪，另一部分金额构成非法吸收公众存款罪，陈某某在募集巨额资金后，主要钱款并未用于可盈利的实际经营活动，返还给"消费者"的分红均来源于新增的吸收资金款，其所谓"商业模式"无法维持对后续"消费者"承诺的分红。在此情况下，陈某某仍将其中的680万余元以购房款、购车款、分红等名目给予其子女，足以认定其具有非法占有的主观故意，其行为构成集资诈骗罪。陈某某的家属在案发后退回购房款的行为，并不影响陈某某主观上非法占有故意的认定。

第五节　挪用资金罪

一、公司视角：什么是挪用资金罪

挪用资金罪，是指公司、企业或者其他单位的人员，利用职务上的便利，挪用本单位资金归个人使用或者借贷给他人，数额较大、超过3个月未还，或者虽未超过3个月，但数额较大、进行营利活动的，或者进行非法活动的行为。

（一）挪用资金罪构成要件

本罪所侵害的客体是公司、企业或者其他单位资金的使用收益权，具体地说是一定时间内公司、企业或者其他单位对资金的占有、使用和收益权。对象则是本单位的资金。所谓本单位的资金，是指由单位所有或实际控制使用的一切以货币形式表现出来的财产。

本罪在客观方面表现为行为人利用职务上的便利，挪用本单位资金归个人使用或者借贷给他人，数额较大、超过3个月未还的或者虽未超过3个月，但数额较大、进行营利活动的，或者进行非法活动的行为。

本罪的主体为特殊主体，即公司、企业或者其他单位的工作人员。

本罪在主观方面只能出于故意，即行为人明知自己在挪用或借贷本单位资金，并且利用了职务上的便利，而仍故意为之。

（二）立案追诉标准

根据《两高贪贿司法解释》规定，挪用资金归个人使用，进行非法活动，数额在6万元以上的；挪用资金归个人使用，进行营利活动或者超过3个月未还的，数额在10万元以上的，予以立案。

（三）挪用资金犯罪的行为方式

1. 挪用本单位资金归个人使用或者借贷给他人，数额较大、超过3个月未还的，这是较轻的一种挪用行为。

2. 挪用本单位资金归个人使用或者借贷给他人，虽未超过3个月，但数额较大，进行营利活动的，无论营利行为收益与否，都构成犯罪。所谓"营利活动"主要是指进行经商、投资、购买股票或债券等活动。

3. 挪用本单位资金进行非法活动的。这种行为没有挪用时间是否超过3个月以及超过3个月是否退还的限制，也没有数额较大的限制，只要挪用本单位资金进行了非法活动，就构成了本罪。所谓"非法活动"，就是指将挪用来的资金用来进行走私、赌博等活动。

二、参考案例：如何认定挪用资金罪

案例46 ｜ 陈某明挪用资金罪案[1]

2015年3月至2016年11月，被告人陈某明利用其担任广东广某通信服务有限公司（以下简称广某公司）广州天河城店负责人的职务之便，通过

---

〔1〕 广东省广州市中级人民法院（2018）粤01刑终101号。

躲避公司检查、隐瞒涉案手机库存等手段，私下制作《批发利润表》《分销未录入明细表》等，私自以批发分销形式将广某公司广州天河城店的部分库存手机卖给深圳市和盛远航通讯有限公司、广州金某通讯科技有限公司和李某2、杨某2等客户，上述客户将货款按照被告人陈某明的要求转入其个人及其控制的账户。被告人陈某明在收取上述手机货款后，不是按照广某公司规定及时交回公司并核销货款对应手机的系统库存，而是仅将少部分货款交回广某公司，而将大部分货款，共计15,550,431元用于耀阳公司的店铺租金、货款支付、人员工资等经营活动及归还银行贷款，转账给其妻子、父母及家族企业。另外，被告人陈某明至案发时占有已销售的公司货款2,398,467元拒不交回公司。后陈某明在得知事情将要败露时销毁相关手机记录和聊天记录。2016年11月30日，广某公司在多次催款未果后向公安机关报案。2016年12月13日，公安机关前往广某公司将被告人陈某明抓获归案。

一审法院认为，被告人陈某明身为公司的工作人员，利用职务上的便利，将本单位的财物非法占为己有，数额巨大，其行为已经构成职务侵占罪。公诉机关指控的事实清楚，证据确实、充分，只有定性不当，法院予以纠正。追缴被告人的违法所得发还被害单位。综上所述，根据被告人陈某明的犯罪性质、情节、社会危害程度、认罪态度以及拒不退赃等情况，依照《刑法》第59条、第64条、第271条第1款以及《两高贪贿司法解释》第11条第1款、第1条的规定，一审法院判决：(1)被告人陈某明犯职务侵占罪，判处有期徒刑11年，并处没收财产20万元；(2)追缴被告人陈某明的违法所得17,948,898元发还被害单位广某公司；不足以弥补的损失部分，责令被告人陈某明退赔。陈某明不服，提起上诉。

二审法院认为，上诉人陈某明身为公司的工作人员，利用职务上的便利，将本单位的财物非法占为己有，数额巨大，其行为已经构成职务侵占罪。原审判决认定的事实清楚，证据确实、充分，适用法律正确，量刑适当，审判程序合法，依法应予维持。依照《刑事诉讼法》第225条第1款第1项之规定，裁定驳回上诉，维持原判。

三、律师观点：注意防控挪用资金罪风险

刑事风险防控，是公司首要考虑的头等风险。公司实际控制人、财务人

员或业务员比较容易“挪用资金”，对于公司实际控制人来说，如果的确需要资金周转，不妨和其他股东进行沟通并取得同意，且支付适当的利息；对于财务人员及业务员，则可通过规范财务制度，从根本上杜绝“挪用资金”的可能。需要特别提醒的是，“挪用资金罪”的入罪门槛只有10万元和3个月，代价却是刑事责任，在股东之间发生矛盾时，特别容易成为摧毁对方的工具，在司法实践中，也屡屡重复上演类似的剧情，而这一切只要有一点法律意识就完全可以避免。

挪用资金罪的主体为特殊主体，即公司、企业或者其他单位的工作人员，具体包括三种不同身份的自然人。一是股份有限公司、有限责任公司的董事、监事。二是上述公司的工作人员，是指除公司董事、监事之外的经理、部门负责人和其他一般职工。上述的董事、监事和职工必须不具有国家工作人员身份。三是上述企业以外的企业或者其他单位的职工，包括集体性质的企业、私营企业、外商独资企业的职工，另外在国有公司、国有企业、中外合资、中外合作股份制公司、企业中不具有国家工作人员身份的所有其他职工以及受国家机关、国有公司、企业、事业单位、人民团体委托，管理、经营国有财产的非国家工作人员。具有国家工作人员身份的人，不能成为本罪的主体，只能成为挪用公款罪的主体。

案例46中，陈某明与广某公司签订的经营承包协议书属内部协议，是公司内部经营管理的一种方式，并未改变公司与员工的劳动关系，也未改变承包者的员工身份，其仍然是广某公司的员工，接受广某公司的管理。其行为在构成犯罪的同时致被害方遭受了相应的经济损失，就应当承担相应的刑事和民事责任，故广某公司采取何种方式维护其合法权益，均不影响陈某明在案例46中的主体身份及行为性质的认定。

第六节　贷款诈骗罪和骗取贷款罪

一、公司视角：如何区分贷款诈骗罪和骗取贷款罪

（一）贷款诈骗罪

贷款诈骗罪，是指以非法占有为目的，编造引进资金、项目等虚假理由、

使用虚假的经济合同、使用虚假的证明文件、使用虚假的产权证明作担保、超出抵押物价值重复担保或者以其他方法,诈骗银行或者其他金融机构的贷款、数额较大的行为。贷款诈骗罪属于金融犯罪的一种。

1. 本罪在客观方面表现为采用虚构事实、隐瞒真相的方法诈骗银行或者其他金融机构的贷款,数额较大的行为。首先,本罪表现为行为人实施了虚构事实、隐瞒真相的方法骗取银行或者其他金融机构贷款的行为。所谓虚构事实,是指编造客观上不存在的事实,以骗取银行或者其他金融机构的信任;所谓隐瞒真相,是指有意掩盖客观存在的某些事实,使银行或者其他金融机构产生错觉。其次,诈骗贷款必须达到"数额较大",至于何谓"数额较大"有待于有权机关作出解释。

2. 本罪侵犯的客体是双重客体,既侵犯了银行或者其他金融机构对贷款的所有权,还侵犯国家金融管理制度,贷款是指作为贷款人的银行或者其他金融机构对借款人提供的并按约定的利率和期限还本付息的货币资金。

3. 本罪的主体是一般主体,任何达到刑事责任年龄、具有刑事责任能力的自然人均可构成,单位亦能成为本罪的主体。银行或其他金融机构的工作人员与诈骗贷款的犯罪分子串通并为之提供诈骗贷款帮助的,应以贷款诈骗罪的共犯论处。

4. 本罪在主观上由故意构成,且以非法占有为目的。至于行为人非法占有贷款的动机是为了挥霍享受,还是为了转移隐匿,都不影响本罪的构成。

(二)骗取贷款罪

骗取贷款罪,是指以欺骗手段取得银行或者其他金融机构贷款,给银行或者其他金融机构造成重大损失或者有其他严重情节的行为。本罪的法定刑为:处3年以下有期徒刑或者拘役,并处或者单处罚金;给银行或者其他金融机构造成特别重大损失或者有其他特别严重情节的,处3年以上7年以下有期徒刑,并处罚金。

1. 本罪客观方面表现为以欺骗手段取得银行或者其他金融机构贷款、票据承兑、信用证、保函等。所谓"欺骗手段",是指行为人在取得银行或者其他金融机构的贷款、票据承兑、信用证、保函等信贷资金、信用时,采用的是虚构事实、隐瞒真相等手段,掩盖了客观事实,骗取了银行或其他金融机构的信任。只要申请人在申请信贷资金或信用过程中有虚构事实、隐瞒真相的情节，或者只要提供假证明、假材料，或者信贷资金没有按照申请时所承诺的用途去使用，都可以认为是欺骗。区分罪与非罪的界限是，看是否给银行或者其他金融机构造成重大损失或者有其他严重情节。"重大损失"的标准尚有待于司法机关明确。

2. 本罪侵犯的客体是金融秩序和安全。以欺骗手段获取贷款、票据承兑、金融票证的行为，使金融资产的使用处于金融机构的正常监管之下，处于可能无法收回的巨大风险之中，极易给金融机构造成重大损失，其"骗取"行为本身亦严重扰乱金融秩序，危及金融安全。因此，有必要予以刑法规制。

3. 本罪的犯罪主体是一般主体，自然人和单位都可成为犯罪主体。

4. 本罪的主观方面表现为故意，不要求行为人有特定目的。如果行为人有非法占有目的，则应按照相应的金融诈骗罪或者其他犯罪论处。

（三）贷款诈骗罪与骗取贷款罪的区别

一般而言，使用虚假资料获取银行贷款，可能涉及两个罪名：骗取贷款罪和贷款诈骗罪，两罪都属于破坏社会主义市场经济秩序犯罪，骗取贷款罪侵犯的客体是金融秩序和安全，贷款诈骗罪侵犯的客体是国家对银行贷款的管理制度和公私财产的所有权。要划清两罪的界限，需注意如下几点：

（1）犯罪主体不同。骗取贷款罪的犯罪主体不仅包括自然人，还包括单位；而贷款诈骗罪的犯罪主体仅是自然人。

（2）犯罪目的不同。这是区分两罪的关键所在。骗取贷款罪不是以非法占有为目的，只因在不符合贷款条件的情况下为取得贷款而采用了非法手段，有归还的意愿。而贷款诈骗罪的主观意图就是通过非法手段骗取贷款并非法占有。例如，如果骗取贷款是为了用于生产经营，并且实际上全部或者大部分资金也确实用于生产经营，应定骗取贷款罪；如果骗取贷款是为了用于个人挥霍，或者用于偿还个人债务，应定贷款诈骗罪。

（3）客观要求不同。骗取贷款罪在客观上要求以欺骗手段获取贷款后，给银行或者其他金融机构造成重大损失或有其他严重情节；而贷款诈骗罪仅要求骗取的贷款达到数额较大即可。两罪构成犯罪的数额标准和情节标准不同。骗取贷款罪的数额标准达 100 万元以上，或者造成直接经济损失

20 万元以上;而贷款诈骗只要骗取贷款达到数额较大即构成,2 万元以上即应立案追诉。

(4)最高法定刑不同。骗取贷款罪为两档,一档为 3 年以下有期徒刑、拘役,并处罚金或者单处罚金;二档为 3 年以上 7 年以下有期徒刑,并处罚金。贷款诈骗罪为三档,一档为 5 年以下有期徒刑或者拘役,并处 2 万元以上 20 万元以下罚金;二档为 5 年以上 10 年以下有期徒刑,并处 5 万元以上 50 万元以下罚金;三档为 10 年以上有期徒刑或者无期徒刑,并处 5 万元以上 50 万元以下罚金或者没收财产。

二、参考案例:如何准确认定骗取贷款罪

案例 47 | 严某某骗取贷款罪[1]

2015 年 4 月 21 日,严某为购买捷豹 XJ 轿车向中国银行申请汽车贷款,与中国银行闽侯支行签订了《中国银行股份有限公司信用卡汽车专向分期付款合同》《中国银行信用卡汽车专向分期付款抵押合同》,严某向中国银行闽侯支行申领一张额度为 150 万元的信用卡,中国银行核发该卡后于 2015 年 4 月 30 日一次性划拨 150 万元给福州星睿汽车销售服务有限公司,被告人严某应分 36 期通过该信用卡还款。被告人严某购买该车后,依约将车辆产权证、保险单等抵押给中国银行。被告人严某于 2015 年 5 月 26 日到 2016 年 6 月 27 日合计还款 348,202.2 元。2015 年 10 月 8 日,被告人严某在银行不知情的情况下擅自将已抵押给中国银行的捷豹 XJ 轿车以 23 万元质押给福州市台江区鳌江路 3 号乾坤车城,质押款没有偿还银行贷款,造成该车目前下落不明,以致无法追缴。经银行多次催讨后,截至案发时,仍有 1,151,797.8元未还。

另查明,被告人严某当时购买的捷豹 XJ 轿车实际裸车价格 70 万元左右,被告人严某将贷出的 150 万元除支付车款、车辆购置税、保险、手续费等费用外,造成余下款项流失。2016 年 7 月 6 日,被告人严某在福州市软件园被公安机关抓获。

一审法院认为,被告人严某以非法占有为目的,采用隐瞒事实真相,虚

[1] 福建省福州市中级人民法院(2018)闽 01 刑终 1013 号。

报车价等方式，诈骗银行贷款1,151,797.8元，数额特别巨大，其行为已构成贷款诈骗罪。依据《刑法》第193条、第64条之规定，以贷款诈骗罪判处被告人严某有期徒刑11年，并处罚金20万元；责令被告人严某退赔被害人中国银行闽侯支行经济损失1,151,797.8元。

严某不服一审判决，提出上诉。

二审法院认为，上诉人严某采取欺骗的手段骗取银行贷款150万元，给银行造成损失达115.17978万元，其行为已构成骗取贷款罪。原判认定严某构成贷款诈骗罪不当，依法予以纠正。根据严某犯罪的事实、性质、情节和对社会的危害性程度，依照《刑法》第175条之一第1款、第47条、第52条、第64条以及《刑事诉讼法》第225条第1款第3项之规定，判决如下：

1. 维持福建省闽侯县人民法院(2018)闽0121刑初190号刑事判决第二项，即责令被告人严某退赔被害人中国银行闽侯分行经济损失1,151,797.8元。

2. 撤销福建省闽侯县人民法院(2018)闽0121刑初190号刑事判决第一项，即被告人严某犯贷款诈骗罪，判处有期徒刑11年，并处罚金20万元。

3. 上诉人严某犯骗取贷款罪，判处有期徒刑2年10个月，并处罚金20万元。

三、律师观点：如何防控骗取贷款罪和贷款诈骗罪

骗取贷款罪与贷款诈骗罪在客观行为表象上相同，均是采用诈骗的方法获取了金融部门的资金，二者侵害的客体均为金融管理秩序和金融机构的资金所有权，区别在于行为人是否具有非法占有的主观目的以及危害结果大小，这是我国《刑法》同时设定该两个罪名的立法本意。同时也说明，以欺骗方法签订的贷款合同在司法权未介入的情况下并不必然被终止，即合同有可履行性。合同履行的条件尚未成就，不足以证实行为人具有不履行合同义务的行为，也就不能证明其具有非法占有的目的。首先，由于金融犯罪行为与金融合同行为无法剥离，在合同没有受到相对方质疑及不安抗辩的情况下，合同义务方的履约行为是靠合同约定规范的。行为人履行合同的结果是区分贷款诈骗罪与骗取贷款罪的客观事实依据。行为人能否履行还款义务要以合同约定的还贷期限为时间节点确定，在约定还贷期限不到的情况下不能推定行为人非法占有该贷款，除非有足够的证据。

贷款诈骗罪与骗取贷款罪的手段相似,行为人均采取隐瞒真相或者虚构事实的方法骗取贷款且未按期归还贷款,但主观目的不同。骗取贷款不是以非法占有为目的,只因在不符合贷款条件的情况下为取得贷款而采用非法手段,签订贷款时有还款的能力且有归还的意愿,而贷款诈骗罪的主观意图是通过非法手段骗取贷款并非法占有。区分行为人是构成贷款诈骗罪还是骗取贷款罪的关键是判断行为人是否具有非法占有的主观目的,不能简单地认为只要以非法手段取得贷款并在贷款到期后不能偿还,就一律以贷款诈骗罪论处,而应通过多方位客观行为全面考察行为人主观心态,从而得出行为人是否具有非法占有贷款的主观目的。

案例 47 中,二审法院认为严某申请 150 万元汽车贷款具备还款能力并开办贸易有限公司,且向银行提供了担保人,银行审核程序后认为,严某还款能力较强,只是因公司经营不善不再还款。案发时不能归还贷款是因为经营不善等意志以外的原因,一审法院以贷款诈骗罪定罪是错误的,应予以纠正,故二审法院以骗取贷款罪定罪量刑是适当的。

第七节　损害商业信誉、商品声誉罪

一、公司视角:什么是损害商业信誉、商品声誉罪

损害商业信誉、商品声誉罪,是指以捏造并散布的虚假事实,损害他人的商业信誉、商品声誉,对他人造成重大损失或者有其他严重情节的行为。商业信誉,是指社会公众对某一经营者的经济能力、信用状况等所给予的社会评价,即该经营者在经济生活中信用、名誉的地位。商品声誉,是指社会公众对某一经营者的商品性能、品质所给予的社会评价,即该商品在经济生活中的地位。

(一)损害商业信誉、商品声誉罪构成要件

1. 本罪在客观方面表现为捏造并散布虚伪事实,损害他人的商业信誉、商品声誉,给他人造成重大损失或者有其他严重情节的行为,包括三个要素:(1)捏造并散布虚伪事实;(2)损害他人的商业信誉、商品声誉;(3)造成重大损失或者具备其他严重情节。

2. 本罪的犯罪客体是社会主义市场经济秩序，以及市场当中的经营者所享有的商业信誉与商品声誉。

3. 本罪的犯罪主体是一般主体，既可以是自然人也可以是单位。主要表现为两类主体：(1)商誉主体的竞争对手，处于不利地位的同行，其他生产者和经营者；(2)新闻、报刊、电视台等媒介。

4. 本罪的犯罪主观方面是故意，即明知自己的行为会发生破坏社会主义市场经济秩序，或者损害他人商业信誉、商品声誉的结果，并且希望或者放任这种结果发生的心理态度。

(二) 立案追诉标准

《刑事案件立案追诉标准二》第 74 条规定：捏造并散布虚伪事实，损害他人的商业信誉、商品声誉，涉嫌下列情形之一的，应予立案追诉：

1. 给他人造成直接经济损失数额在 50 万元以上的。

2. 虽未达到上述数额标准，但具有下列情形之一的：(1)利用互联网或者其他媒体公开损害他人商业信誉、商品声誉的；(2)造成公司、企业等单位停业、停产 6 个月以上，或者破产的。

3. 其他给他人造成重大损失或者有其他严重情节的情形。

二、参考案例：如何认定损害商业信誉、商品声誉

案例 48 | 施某损害商业信誉、商品声誉案[1]

2014 年 10 月 15 日，被告人施某为增加其微信公众号“创业传奇”的关注度和点击率，并从中牟利，在无任何事实依据的情况下，将从互联网上搜集的涉及农夫山泉质量问题的图片进行拼凑，凭空编造了“农夫山泉停产，市面上所售 90% 都是造假水”的文章，并将该虚假文章发布在其微信公众号“创业传奇”上。后该虚假文章被大量点击阅读，并在微信等互联网媒体上迅速传播，严重损害了农夫山泉股份有限公司商业信誉，造成该公司产品滞销、大量经销商退货等结果。经查，截至 2014 年 12 月，该公司因浙江、贵州、四川、重庆等地经销商取消已签订的产品订单而造成的销售价款损失为 936,949 元。

---

[1] 浙江省杭州市中级人民法院(2016)浙 01 刑终 12 号。

一审法院以损害商业信誉罪,判处被告人施某有期徒刑6个月,并处罚金5000元。

上诉人施某及其辩护人分别提出,施某主观上并没有恶意诋毁农夫山泉股份有限公司,也未凭空捏造;施某在其微信公众号上发布的文章点击量很小,而其他人转载文章后被大量点击,被转载造成的损失不应由施某承担,故施某并没有造成该公司损失93万余元;施某认罪态度较好,有悔罪表现等。综上所述,请求对上诉人施某从轻改判缓刑。

二审法院经审理查明,原判认定原审被告人施某损害商业信誉的事实有证人周某、张某甲、宋某、洪某、杨某、孙某、赵某、邢某、杜某、樊某、陈某、王某、刘某、温某、李某、张某乙等人的证言,报案书,接受证据材料清单,杭州市东方公证处公证书,微信公众账号内容截图,微信转发统计汇报、清单,调取证据通知书及清单,农夫山泉公司销售订单,情况说明,手机视频、手机截图,抓获及发立破案经过,户籍证明,被告人施某的供述等证据证实,足以认定。

二审法院认为,上诉人施某利用互联网捏造并散布虚伪事实,损害他人商业信誉,情节严重,其行为构成损害商业信誉罪。原判定罪正确。原判根据农夫山泉股份有限公司的经销商取消已签订的产品订单销售价款达93万余元,认定造成重大损失依据不足;本案中上诉人施某利用互联网等媒体公开损害农夫山泉股份有限公司商业信誉,属于情节严重。上诉人施某有坦白情节,可从轻处罚。原判根据本案的犯罪事实、情节和社会危害性,以及上诉人施某归案后的认罪态度和悔罪表现等,在法定刑幅度内对其所处刑罚并无不当,上诉人施某及其辩护人请求对施某从轻改判缓刑的理由不足,均不予采纳。原审审判程序合法。据此,依照《刑事诉讼法》(2012年版)第225条第1款第1项之规定,裁定驳回上诉,维持原判。

三、律师观点:如何防控损害商业信誉、商品声誉罪的风险

损害商业信誉、商品声誉的行为,必须是给他人造成重大损失或者有其他严重情节的,才构成犯罪。这里所说的其他严重情节,是指行为人在捏造并散布虚假事实、损害他人的商业信誉和商品声誉的过程中的除重大损失以外的严重情节,例如,多次损害他人商业信誉和商品声誉;因损害他人商业信誉和商品声誉被有关主管部门处罚后又实施损害他人商业信誉、商品

声誉的行为;虚构并散布的虚伪事实传播面较广、在消费者中产生严重的不良影响;使用恶劣的手段、捏造恶毒事实,等等。

给他人造成重大损失,是指由于商业信誉、商品声誉受损,给他人生产和经营方面造成严重影响,包括商品严重滞销、产品大量退回、合同被停止履行、商业信誉显著降低、驰名产品的声誉受到严重损害等,以及由此带来的严重的直接经济损失,如销售额急剧下降,利润严重减少,应得收入大量减少,商业信誉、商品声誉及其他无形资产的价值显著降低,等等。这些损失形式多样,有的可以直接计算,有的则只能通过评估的方法加以估算。

认定本罪时,应结合案件的整个事实来具体认定损害商业信誉和商品声誉行为是否已造成重大损失。总体来说,本罪中的重大损失,是指行为人通过捏造并散布虚伪事实、损害他人商业信誉和商品声誉的行为给他人造成的直接经济损失,包括有形的、可直接计算的损失,如因产品被退回所造成的收入减少等,也包括无形的、可加以评估的损失,如企业商业信誉、商品声誉及其他无形资产价值的降低。在此还需指出,在具体认定损害行为所造成的经济损失时,应特别注意损害行为与经济损失之间的因果关系,既不能将与捏造并散布虚伪事实的行为无因果关系的损失计算在内,也不能将与商业信誉和商品声誉无关的损失计算在内。

损害商业信誉罪、商品声誉罪是《刑法》第 221 条规定的罪名,目的在于保护商业信誉、商品声誉,打击捏造事实,恶意诋毁商业信誉的行为。损害商业信誉、商品声誉罪中的"捏造虚伪事实"。既可包括无中生有,凭空编造全部虚假事实的情形,也包括添油加醋,恶意歪曲、夸大事实或编造部分虚假事实的情形;"重大损失"一般是直接经济损失,但间接经济损失也是应当考虑的量刑情节;应根据案件具体事实认定被告人的行为侵犯的是商业信誉,还是商品声誉,抑或是商业信誉和商品声誉,确定相应的罪名。

第八章 与公司相关的商事与刑事制度

第一节 协议控制制度

一、公司视角:什么是协议控制模式

(一)什么是协议控制模式

协议控制模式(Variable Interests Entity,VIE),意为“利益可变实体”,来源于美国通用会计准则(US GAAP)。

红筹上市过程中,如果在美国的交易所上市的母公司直接持有海外运营公司的股权,财务报表合并的会计基础就是US GAAP中关于企业合并的FASB 141(FASB系美国Financial Accounting Standards Board,即美国财务会计准则委员会的简称)。

在没有直接股权控制的情况下,财务报表合并的会计基础就是关于可变利益实体的FIN 46(FASB Interpretation 46),其基本含义是:如果一个实体,尽管与另一个实体不存在股权上的控制关系,但是其收益和风险均完全取决于该另一实体,则该实体构成另一实体的协议控制模式,双方报表应当合并。

(二)什么行业适合用协议控制模式

在中国,协议控制模式适用的行业一般为国家限制境外投资者投资进入或者外资准入政策比较模糊的行业。在这些行业中,以服务型行业为主,如电信业、传媒业、教育类业务等。

最早使用这种方式重组并在海外上市的是新浪,所以也叫“新浪模式”。当时信息产业部的政策性指导意见是外商不能提供网络信息服务(ICP),但可以提供技术服务。而正是这种政策让新浪找到了一条变通路径。国际投资者通过投资离岸控股公司来控制设在中国境内的技术服务公司,并由该技术公司通过独家服务合作协议的方式把境内增值电信公司和境外离岸控股公司连接起来,达到离岸公司合并报表的目的,进而获得上市。

(三)协议控制模式的优点

采用协议控制模式重组及上市的优点主要在于:

1. 可以使国家限制外资进入或者外资准入政策比较模糊的行业的企业亦可实现境外上市;

2. 可以在一定程度上规避《关于外国投资者并购境内企业的规定》的限制,可以在无须中国证券监督管理委员会批准的情况下实现境外上市;

3. 可以无须改变境内运营公司的股权结构,便于灵活调整上市方案,随时改为境内 A 股上市或以股权控制模式在境外上市。

二、参考案例:VIE 架构公司侵权纠纷中的责任认定

案例 49　秦某勇与北京智德创新投资管理有限公司等侵权责任纠纷案〔1〕

2015 年,湖南广电传媒股份有限公司(以下简称湖南电广公司)与北京掌阅移动传媒科技有限公司(以下简称掌阅传媒公司)达成收购意向,湖南电广公司拟通过发行股份及支付现金购买资产的方式,以 10.4 亿元的总价款收购掌阅传媒公司 80% 的股权。由于掌阅传媒公司存在 VIE 架构,为确保掌阅传媒公司的股权清晰,在收购之前掌阅传媒公司需要完成 VIE 架构的拆除。

掌阅传媒公司系于 2010 年 11 月 12 日依法登记成立的有限责任公司,成立时的注册资本为 50 万元。2011 年 10 月 31 日,经过增资及股权转让的方式,掌阅传媒公司的注册资本增加至 85 万元,股东及持股比例为蒲某 40%、郭某 22%、王某东 32%、潘某 6%。

〔1〕 北京市第三中级人民法院(2018)京 03 民终 15496 号。

2011年6月9日，安沃开曼公司在英属开曼群岛设立，设立时的股权结构为：智荣投资40%、郭某22%、王某东32%、潘某6%。经过数次股权变更及融资后股权结构为：智荣持股16.53%、郭某持股12.10%、王某东持股14.22%、潘某持股3.99%，另有 Vangoo China Grouth Found1L. P、ESOP 等共计13名股东。

2011年6月27日，安沃开曼公司在我国香港地区设立全资子公司安沃香港。

2012年4月20日，安沃香港在北京设立全资子公司掌阔技术公司。

2012年6月4日，掌阔技术公司与掌阔传媒公司签订了《独家业务合作协议》《独家购买权协议》《股权质押合同》等一系列控制协议。

至此，掌阔传媒公司的 VIE 架构搭建完毕。

另查明，蒲某持有智荣投资100%的股权。

另查明，蒲某系北京智德创新投资管理有限公司(以下简称智德创新公司)的法定代表人，持有智德创新公司99%的股权。

2015年10月8日，安沃香港的股份持有人已经变更为掌阔传媒公司。2015年10月22日，湖南电广公司向掌阔传媒公司增资20,800万元取得增资完成后掌阔传媒公司21.0526%的股权。2016年5月，湖南广电公司以发行股份的方式购买掌阔传媒公司52.6315%的股权，同时对其增资31,200万元，另取得增资后24%的股权。

2017年6月26日，掌阔传媒公司的全体股东作为乙方单方签署了《股权转让及增资认购协议》，甲方湖南电广公司并未实际签署，该协议主要内容为湖南电广公司以支付现金3.12亿元的方式认缴掌阔传媒公司增加的注册资本。

一审法院认为，本案中，根据秦某勇、蒲某、智德创新公司的诉辩主张，以及认定侵权行为的构成要件，对于蒲某、智德创新公司是否应当承担共同侵权责任，主要存在三个争议焦点：

1. 秦某勇是否存在损失以及损失的金额。湖南电广公司以向转让方发行股份的方式购买股权，收购交易没有完成，造成了秦某勇没有获得245,6764.80元溢价的损失。

2. 蒲某、智德创新公司是否存在共同的侵权行为。虽然二人以上共同实施侵权行为，造成他人损害的，应当承担连带责任。根据查明的事实，安沃开曼公司的股权存在转让、代持及回购，对蒲某、智德创新公司对该事实明知。故法院认为，蒲某及智德创新公司确实未披露关于安沃开曼公司股权的转让、代持及回购事宜，但未披露并不代表构成侵权，认定蒲某、智德创新公司存在共同侵权的前提在于，蒲某、智德创新公司负有披露义务并共同作出虚假陈述。

3. 蒲某并非案涉并购交易的主体，蒲某没有披露义务。

综上所述，秦某勇认为蒲某与智德创新公司存在共同侵权的行为，共同故意隐瞒安沃开曼公司股权转让、代持的事实并作出虚假陈述，缺乏事实和法律依据，法院不予认可。

二审的争议焦点为：蒲某、智德创新公司在湖南电广公司收购掌阔传媒公司过程中未披露关于安沃开曼公司股权的转让、代持及回购事宜是否构成对掌阔传媒公司股东秦某勇的侵权。而认定蒲某、智德创新公司存在共同侵权的前提在于蒲某、智德创新公司负有披露义务并共同作出虚假陈述。

二审法院认为秦某勇的上诉请求不能成立，应予驳回；一审判决认定事实清楚，适用法律正确，应予维持。

三、律师观点：如何分析协议控制模式的各方的权利义务

协议控制模式，其实质是为了达到符合境外上市的目的，灵活采用一些变通的方式来实现财务报表合并的目的。即一个实体，尽管与另一个实体不存在股权上的控制关系，但是其收益和风险均完全取决于该另一实体，则该实体构成另一实体的协议控制模式，双方报表应当合并。

案例 50 中，掌阔传媒公司为了实现被湖南电广公司收购的目的，通过各种方法退出和清理之前的 VIE 结构。从了解它如何实现 VIE 结构开始分析，更有助于理解和掌握。通过下面的典型结构可以很清晰地了解这种模式的独特之处。

（一）协议控制模式的典型结构

1. 公司的创始人或是与之相关的管理团队设置的一个离岸公司，比如在维尔京群岛（BVI）或是开曼群岛；

2. 该公司与风险投资（Ventuer Capital，VC）、私募基金（Private Equity，PE）及其他的股东，再共同成立一公司（通常是开曼），作为上市的主体；

3. 上市公司的主体再在我国香港地区设立一个壳公司，并持有该香港

公司100%的股权；

4.香港公司再设立一个或多个境内外商独资公司（Wholly Foreign Owned Enterprise，WFOE）；

5.该WFOE与国内运营业务的实体签订一系列协议，达到享有VIEs权益的目的，同时符合美国证券交易委员会（the U. S. Securities and Exchange Commission，SEC）的法规（见图8－1）。

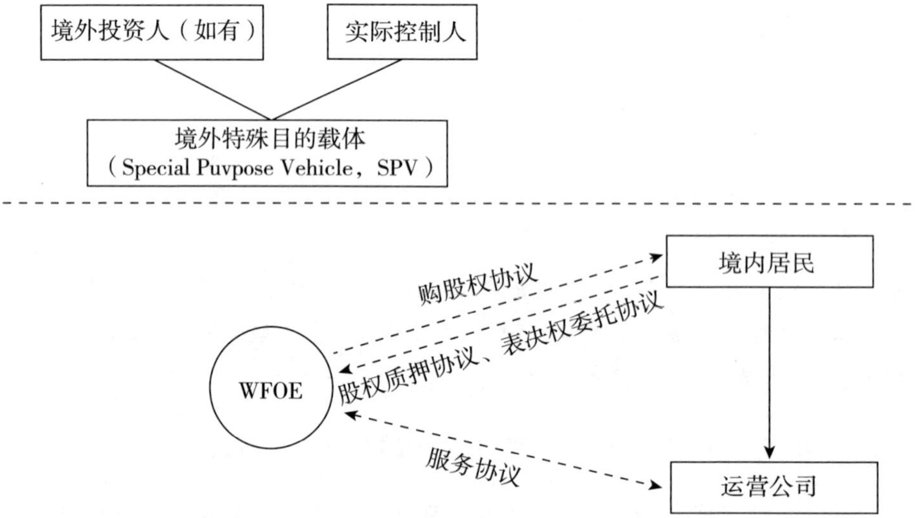

图8－1　协议控制模式典型结构

（二）协议控制结构重要协议

1.独家技术咨询和服务协议（Exclusive Technical Consulting and Service Agreement）

合同目的：把国内运营公司的主要利润通过合同安排转给境内的WFOE。

2.表决权委托协议（Power of Attorney）

合同目的：把国内运营公司的股东表决权指定给WFOE所指定的特定人士，实际上运营公司的决策权由WFOE掌握。

3.股权质押协议（Pledge Agreement）

合同目的：运营公司的名义股东（指定的境内人士）将其在运营公司的股权质押给WFOE，用来担保运营公司和WFOE之间签订的利润转移协议

（第1项协议）。

4. 购股权协议（Share Option Agreement）

合同目的：在法律法规或政策许可的条件下，或运营公司、国内的名义股东违反前述合同的情况下，WFOE可行使购股权，将运营公司的股权由自己持有或由自己指定人士持有。

第二节　对赌协议

一、公司视角：如何认识对赌协议

估值调整机制（Valuation Adjustment Mechanism，VAM）最初被翻译为"对赌协议"，或因此翻译十分形象，一直沿用至今。估值调整机制，是指投资方与融资方在达成股权性融资协议时，为解决交易双方对目标公司未来发展的不确定性、信息不对称以及代理成本而设计的包含股权回购、金钱补偿等对目标公司的估值进行调整的协议——所以我们日常听到的对赌协议，所涉及问题其实和赌博无关。

对赌协议实际上就是期权的一种形式。通过条款的设计，对赌协议可以有效保护投资人利益。从协议主体来看，有投资方与目标公司的股东或实际控制人的"对赌"，投资方与目标公司的"对赌"，投资方与目标公司的股东、目标公司"对赌"等形式。

对赌协议的风险依然存在，有效规避风险显得非常重要。主要如下：

第一重风险：不切实际的业绩目标。公司经营者和投资者切勿混淆了战略层面和执行层面的问题。对赌机制中如果隐含了不切实的业绩目标，这种强势意志的投资者资本注入后，将会放大公司本身"不成熟的商业模式"和"错误的发展战略"，从而把企业推向困境，如太子奶控股权生变事件。

第二重风险：急于获得高估值融资。公司经营者急于获得高估值融资，又对自己的公司发展充满信心，很容易忽略了详细衡量与投资人要求的差距，以及内部或者外部当经济大环境的不可控变数带来的负面影响。

第三重风险：忽略控制权的独立性。公司经营者常会忽略控制权的独立性。商业协议建立在双方的尊重之上,但也不排除有投资方在资金紧张的情况下,向目标公司安排高管,插手公司的管理,甚至调整其业绩。怎样保持公司决策的独立性,还需要公司经营者做好戒备。

第四重风险:业绩未达标而失去控股权。公司经营者业绩未达标失去退路而导致奉送控股权。一般来说,国内公司间的"对赌协议"相对较为温和,但很多国外的投资方对公司业绩要求极为严厉,很可能因为业绩发展过于低于预期,而奉送公司的控制权。

对赌协议是投资协议的核心组成部分,是投资方衡量公司价值的计算方式和确保机制。

对赌协议产生的根源在于公司未来盈利能力的不确定性,目的是尽可能地实现投资交易的合理和公平。它既是投资方利益的"保护伞",又对融资方起着一定的激励作用。所以,对赌协议实际上是一种财务工具,是对公司估值的调整,是带有附加条件的价值评估方式。

首先要注意推敲对方的风险规避条款。"当事人在引入对赌协议时,需要有效估计企业真实的增长潜力,并充分了解博弈对手的经营管理能力。"在签订对赌协议时,要注意设定合理的业绩增长幅度;最好将对赌协议设为重复博弈结构,降低当事人在博弈中的不确定性。一些合同细节也要特别注意,比如设立"保底条款"。通常情况下,对赌协议会有类似"每相差 100 万元利润,PE(这里指市盈率,即股权价格)下降 50%"的条款,如果没有保底条款,即使公司经营不错,PE 值也可能降为 0,所以在很多细节上要考虑对赌双方是否公平。

对于准备签订对赌协议的公司,建议合理设置对赌筹码;确定恰当的期权行权价格。对于融资公司来说,设定对赌筹码时不能只看到赢得筹码获得的丰厚收益,更要考虑输掉筹码是否在自己的风险承受范围之内。

而对于那些已经签订对赌协议的公司,则可以在出现不利局面时,申请调整对赌协议,使之更加公平。公司可以要求在对赌协议中加入更多柔性条款,比如财务绩效、赎回补偿、公司行为、股票发行和管理层等多方面指标,让协议更加均衡可控。

二、参考案例：关于对赌协议典型案件的审判实践

案例 50 | 苏州工业园区海富投资有限公司与甘肃世恒有色资源再利用有限公司等增资纠纷案[1]

2007 年，苏州工业园区海富投资有限公司（以下简称海富投资）作为投资方采取溢价增资的方式与甘肃世恒有色资源再利用有限公司（以下简称甘肃世恒）、香港迪亚有限公司（以下简称香港迪亚）共同签订了《增资协议书》，约定海富投资以现金 2000 万元对甘肃世恒进行增资，其中约 114.7717 万元获得了甘肃世恒 3.85% 的股权，剩余部分作为甘肃世恒的资本公积金。各方在《增资协议书》中就甘肃世恒的业绩目标及股权回购作了对赌约定。《增资协议书》第 7 条第 2 项就业绩目标约定为："甘肃世恒 2008 年净利润不低于 3000 万元。如果甘肃世恒 2008 年实际净利润完不成 3000 万元，海富投资有权要求甘肃世恒予以补偿，如果甘肃世恒未能履行补偿义务，海富投资有权要求香港迪亚履行补偿义务。补偿金额的计算公式为（1－2008 年实际净利润/3000 万元）×本次投资金额。"另外，关于股权回购约定为："如果至 2010 年 10 月 20 日，由于甘肃世恒的原因造成无法上市，则海富投资有权在任一时刻要求香港迪亚回购届时海富投资持有之甘肃世恒的全部股权，香港迪亚应自收到海富投资书面通知之日起 180 日内按以下约定回购金额向海富投资一次性支付全部价款。若自 2008 年 1 月 1 日起，甘肃世恒的净资产年化收益率超过 10%，则香港迪亚回购金额为海富投资所持甘肃世恒股份对应的所有者权益账面价值；若自 2008 年 1 月 1 日起，甘肃世恒的净资产年化收益率低于 10%，则香港迪亚回购金额为（海富投资的原始投资金额－补偿金额）×（1＋10%×投资天数/360）。"

由于受到宏观经济因素的影响，有色金属行业利润全线下滑，2008 年甘肃世恒的实际净利润不到 3000 万元，显然没有达到《增资协议书》约定的标准。在甘肃世恒没有履行增资协议相关条款的情况下，海富投资向法院提起诉讼，请求判令甘肃世恒、香港迪亚等向其支付补偿款 19,982,095 元。由此，被称为"对赌协议第一案"的海富投资诉甘肃世恒案拉开帷幕。

---

[1] 甘肃省高级人民法院（2011）甘民二终字第 96 号。

本案经过兰州市中级人民法院一审、甘肃省高级人民法院二审后，甘肃世恒、香港迪亚不服二审判决向最高人民法院申请再审。2011 年 12 月 9 日，最高人民法院经审理[1]后认为：海富投资根据对赌条款获得的补偿脱离了甘肃世恒的经营业绩，损害了公司利益和公司债权人利益，一审、二审法院根据《公司法》第 20 条和《中外合资经营企业法》（已失效）第 8 条的规定，认定增资协议书中的这部分条款无效是正确的。在《增资协议书》中，香港迪亚对于海富投资的补偿承诺并不损害公司及公司债权人的利益，不违反法律法规的禁止性规定，是当事人的真实意思表示，是有效的。最终，最高人民法院再审判决撤销二审判决，改判香港迪亚向海富投资支付协议补偿款 19,982,095 元。归纳最高人民法院的再审判决要旨，可以将最高人民法院就对赌协议的效力认定归纳为两点：(1)判定了海富投资和甘肃世恒之间的对赌协议无效；(2)判定了海富投资和香港迪亚之间的对赌协议有效。

三、律师观点：对赌协议的类型及处理办法

案例 49 中，法院对对赌协议的效力认定采用两分法，与公司对赌部分无效；而与股东之间的对赌有效。即判定了海富投资和甘肃世恒之间的对赌协议无效；判定了海富投资和香港迪亚之间的对赌协议有效。对赌协议内容是否具有法律效力。一审法院认为该对赌协议违反了合营各方的利润分配要求，损害了公司及其债权人的利益，故而无效；而二审法院认为其名为联营，实为借贷，是无效的；最高人民法院最后作出了相对有效的判决，认为股东与目标公司之间的对赌协议是无效的，股东与股东之间的对赌协议是有效的，因此不难看出，对赌协议的效力问题是本案中的最大的争议焦点。

2019 年年底公布的《九民纪要》提出要求，对法院审理对赌协议纠纷的原则是保护交易安全和投资安全，激发经济活力，增强投资创业信心。要依法协调好公司债权人、股东、公司等各种利益主体之间的关系，处理好公司外部与内部的关系，解决好公司自治与司法介入的关系。

法院在审理对赌协议纠纷案件时，不仅应当适用《合同法》的相关规定，还应当适用《公司法》的相关规定；既要坚持鼓励投资方对实体公司特别是科技创新公司投资原则，从而在一定程度上缓解公司融资难问题，又要贯彻

---

〔1〕 最高人民法院(2012)民提字第 11 号。

资本维持原则和保护债权人合法权益原则，依法平衡投资方、公司债权人、公司之间的利益。对于投资方与目标公司的股东或者实际控制人订立的对赌协议，如无其他无效事由，认定有效并支持实际履行，实践中并无争议。但投资方与目标公司订立的对赌协议是否有效以及能否实际履行，存在争议。对此，应当把握如下处理规则：

1. 与目标公司“对赌”情形的，投资方与目标公司订立的对赌协议在不存在法定无效事由的情况下，目标公司仅以存在股权回购或者金钱补偿约定为由，法院不支持对赌协议无效而认定有效，但投资方主张实际履行的，法院应当审查是否符合公司法关于“股东不得抽逃出资”及股份回购的强制性规定，判决是否支持其诉讼请求。

2. 投资方请求目标公司回购股权的，人民法院应当依据《公司法》第 35 条关于“股东不得抽逃出资”或者第 142 条关于股份回购的强制性规定进行审查。经审查，目标公司未完成减资程序的，法院应当驳回其诉讼请求。

3. 投资方请求目标公司承担金钱补偿义务的，人民法院应当依据《公司法》第 35 条关于“股东不得抽逃出资”和第 166 条关于利润分配的强制性规定进行审查。经审查，目标公司没有利润或者虽有利润但不足以补偿投资方的，人民法院应当驳回或者部分支持其诉讼请求。今后目标公司有利润时，投资方还可以依据该事实另行提起诉讼。

第三节　单 位 犯 罪

一、公司视角：什么是单位犯罪

单位犯罪是指公司、企业、事业单位、机关、团体实施的危害社会的行为，法律规定为单位犯罪的，应当负刑事责任。

单位犯罪是区别于自然人犯罪的一种特殊犯罪形态，是指以单位为主体的犯罪。单位犯罪主体的内容包含以下几个方面：

1. 公司是指依照法定程序设立，以营利为目的的法人组织，包括股份有限公司和有限责任公司。

2. 企业是指依法成立并具备一定的组织形式，以营利为目的的独立从事商品生产经营活动和企业服务的经济组织。

根据有关司法解释，私营公司、企业只有在具有法人资格时，才能成为单位犯罪的主体此外，个人为进行违法犯罪活动而设立的公司、企业实施犯罪的，或者公司、企业依法设立后，以实施犯罪为主要活动的，不以单位犯罪论处。

3. 事业单位是指依照法律或者行政命令成立，从事各种社会公益活动的组织。事业单位可以分为国有事业单位和集体事业单位两种。

4. 机关包括国家行政机关、立法机关、司法机关、军队、政党等有关机关。需要指出，前述国家机关，实际上是国家机器的一部分。虽然从理论上看，将机关作为犯罪主体不存在法律障碍，但是，在实务中，一旦对机关追究刑事责任，将带来罚金如何执行、相关机关的威信如何维持以及今后如何进一步开展工作等难题。因此，在具体个案中，是否将机关作为单位犯罪主体，需要仔细斟酌。

5. 团体，又称为社会团体，是指各种群众团体组织，例如人民团体（工会、共青团、妇女联合会等）、社会公益团体、学术研究团体、文化艺术团体、宗教团体等。此外，根据最高人民法院《关于印发〈全国法院审理金融犯罪案件工作座谈会纪要〉的通知》的规定，以单位的分支机构或者内设机构、部门的名义实施犯罪，违法所得主要归分支机构或者内设机构、部门所有的，应认定为位犯罪。由此推论，以单位的分支机构、内设机构、部门的名义实施犯罪，但违法所得归个人所有的，应以个人犯罪论处。

二、罪名列举：单位犯罪的主要罪名

公司和企业必须是依照程序，以营利为目的创设的。如果是一开始建立公司的目的就是犯罪，那就不能认定为单位犯罪。对于单位犯罪如何处理，可以对单位处以罚金，还可以对相关责任人进行处罚。根据《刑法》相关规定，单位犯罪主要会涉嫌以下罪名。

（一）设立过程中的公司、企业犯罪

1. 虚报注册资本罪。在实务中，如果公司在申请公司登记时使用虚假证明文件或者采取其他欺诈手段虚报注册资本，欺骗公司登记主管部门，取得公司登记，虚报注册资本达到数额巨大、后果严重或者有其他严重情节的，可能会涉嫌虚报注册资本罪。

2. 虚假出资、抽逃出资罪。是指公司发起人、股东违反公司法的规定未交付货币、实物或者未转移财产权,虚假出资,或者在公司成立后又抽逃其出资,达到数额巨大、后果严重或者有其他严重情节。

3. 欺诈发行股票、债券罪。是指行为人或单位在招股说明书、认股书、公司、企业债券募集办法中隐瞒重要事实或者编造重大虚假内容,发行股票或者公司、企业债券,数额巨大、后果严重或者有其他严重情节。

单位构成前述犯罪的,对单位判处罚金,并对其直接负责的主管人员和其他直接责任人员,处以相应刑罚。可见,在公司设立过程中公司、企业涉嫌犯罪,《刑法》采取的是双罚制,既对单位判处罚金,也会对相关直接负责的主管人员和其他直接责任人员处以相应刑罚。

(二)在经营过程中的公司、企业犯罪

1. 违规披露、不披露重要信息罪。在实践中,有些依法负有信息披露义务的公司、企业对应当披露的重要信息不按照规定披露,向股东和社会公众提供虚假的或者隐瞒重要事实的财务会计报告,严重损害股东或者其他人利益,或者有其他严重情节的,就有可能构成违规披露、不披露重要信息罪,对其直接负责的主管人员和其他直接责任人员追究相应的刑事责任。

2. 非国家工作人员受贿罪。除了国家机关工作人员索要或者非法收取财物的行为属于受贿行为,一些公司、企业等单位的工作人员利用职务上的便利,索取他人财物或者非法收受他人财物,为他人谋取利益;或者在经济往来中,利用职务便利,违反国家规定,收受各种名义的回扣、手续费归个人所有的行为,也属于受贿行为;达到数额较大的,甚至可能构成非国家人员受贿罪。

3. 对非国家工作人员行贿罪;对外国公职人员、国际公共组织官员行贿罪。相对于非国家工作人员受贿行为,《刑法》同样打击对相关人员进行行贿的行为。根据我国《刑法》第 164 条的规定,为谋取不正当利益,给予公司、企业或者其他单位的工作人员以财物,数额较大的,定对非国家工作人员行贿罪。

为谋取不正当商业利益,给予外国公职人员或者国际公共组织官员以财物的,构成对外国公职人员、国际公共组织官员行贿罪,依照本罪规定处罚。

4. 非法经营同类营业罪。国有公司、企业的董事、经理利用职务便利,自己经营或者为他人经营与其所任职公司、企业同类的营业，获取非法利益，数额巨大的，构成非法经营同类营业罪。

5. 为亲友非法牟利罪。根据《刑法》第 166 条规定，国有公司、企业、事业单位的工作人员，利用职务便利，有下列情形之一，使国家利益遭受重大损失的，构成为亲友非法牟利罪，处 3 年以下有期徒刑或者拘役，并处或者单处罚金；致使国家利益遭受特别重大损失的，处 3 年以上 7 年以下有期徒刑，并处罚金：

（1）将本单位的盈利业务交由自己的亲友进行经营的；

（2）以明显高于市场的价格向自己的亲友经营管理的单位采购商品或者以明显低于市场的价格向自己的亲友经营管理的单位销售商品的；

（3）向自己的亲友经营管理的单位采购不合格商品的。

6. 签订、履行合同失职被骗罪。国有公司、企业、事业单位直接负责的主管人员，在签订、履行合同过程中，因严重不负责任被诈骗，致使国家利益遭受重大损失的，构成签订、履行合同失职被骗罪，处 3 年以下有期徒刑或者拘役；致使国家利益遭受特别重大损失的，处 3 年以上 7 年以下有期徒刑。

7. 国有公司、企业、事业单位人员失职罪、国有公司、企业、事业单位人员滥用职权罪。国有公司、企业的工作人员，由于严重不负责任或者滥用职权，造成国有公司、企业破产或者严重损失，致使国家利益遭受重大损失的，处 3 年以下有期徒刑或者拘役；致使国家利益遭受特别重大损失的，处 3 年以上 7 年以下有期徒刑。

国有事业单位工作人员有上述行为，致使国家利益遭受重大损失的，依照前款的规定处罚。

国有公司、企业、事业单位的工作人员，徇私舞弊，犯本罪的，从重处罚。

8. 徇私舞弊低价折股、出售国有资产罪；背信损害上市公司利益罪。国有公司、企业或者其上级主管部门直接负责的主管人员，徇私舞弊，将国有资产低价折股或者低价出售，致使国家利益遭受重大损失的，处 3 年以下有期徒刑或者拘役；致使国家利益遭受特别重大损失的，处 3 年以上 7 年以下有期徒刑。

三、律师观点：加强公司经营者对常见多发犯罪的认识

单位犯罪，往往最终会追究到个人即相关责任人，尤其是公司法人和实

际经营者。市场经济实质就是法治经济，而公司作为其中最主要最活跃的市场参与主体之一，公司经营者一定要特别注意防范各类法律风险，尤其是刑事法律风险。作为公司经营者，主战场在市场而不是法庭，但如何通过加强公司管理、健全内部管理制度、加强财务制度管理尤其是涉税制度的规范管理等，都应该是公司必须要重视的要务。上节列举的罪名在公司经营实践中属于常见多发罪名，公司经营者群体务必要重视。

涉税犯罪，在我国呈逐年上升趋势。据国家税务总局的有关资料统计显示，每年因涉税犯罪就给国家造成国税流失近1000亿元。随着国民经济高速发展，经济体制改革的深化，尤其随着国家税收制度的改革，针对新税制的犯罪活动随之滋生。除了传统的偷税、抗税以外，又出现了不少新的犯罪形式。如国家实行出口退税制度后，骗取出口退税犯罪不断出现；国家建立以增值税为主体的新税制后，围绕增值税发票的系列犯罪蜂拥而至。

商业贿赂犯罪、合同诈骗犯罪、职务侵占罪、非法经营罪、侵犯商业秘密罪、生产销售伪劣商品罪等，都具有其自身的构成要件及定罪标准，公司经营者群体很难全面掌握相关法律知识，也不具现实可能性。

公司经营者除加强内部管理，谨慎对待外部商业交易外，必要聘请专门法律专业人才定期对公司进行法律风险排查，经常性开展法律知识培训，尤其是通过具体案例来进行深刻的警示教育。有条件的还应该聘请律师担任公司法律顾问，全力防范经营过程中的各类法律风险。

第四节　公司面临经济犯罪指控时的注意事项

一、公司可能面临哪些法律风险

开公司办企业，规避风险尤其是避免发生刑事风险是非常重要的。严格遵循公司成立程序，依照法律法规来经营公司，对于每个公司经营者来说都是必需的。尤其在面临经济犯罪指控时，善于用刑事和解的方法和掌握口供的技巧，来避免一些没必要的风险发生。

（一）当前我国存在的企业形式

在目前的经济环境中，企业形式有：非公司企业法人、有限责任公司、股份有限公司、个体工商户、独资企业、合伙企业等。

1. 有限责任公司:取消最低注册资本的限制,理论上1元也能注册公司了。

(1)股东符合法定人数即由50个以下股东共同出资设立;

(2)股东共同制定公司章程、决议;

(3)有公司名称,建立符合有限责任公司要求的组织机构;

(4)有固定的生产经营场所和必要的生产经营条件;

(5)有健全的财会制度,能够实行独立核算,自负盈亏。

2. 公司以其注册资本金为限对外承担有限责任,股东以其出资额为限对公司承担有限责任。

3. 一人有限责任公司一人独资。

(1)一位自然人出资设立;

(2)制定公司章程;

(3)有公司名称,建立符合有限责任公司要求的组织机构(需有公司监事);

(4)有固定的生产经营场所和必要的生产经营条件;

(5)有健全的财会制度,能够实行独立核算,自负盈亏。

4. 股东不能证明公司的财产独立于股东自己的财产的,对公司债务承担无限清偿责任。

5. 股份有限公司:最低注册资本500万元。

(1)设立股份有限公司,应当有5人以上200人以下为发起人,其中须有过半数的发起人在中国境内有住所。国有企业改建为股份有限公司的,发起人可以少于5人,但应当采取募集设立方式;

(2)股份有限公司发起人,必须按照法律规定认购其应认购的股份,并承担公司筹办事务;

(3)股份有限公司的设立,必须经过国务院授权的部门或者省级人民政府批准;

(4)股份有限公司的注册资本为在公司登记机关登记的实收股本总额;

(5)股份有限公司注册资本的最低限额为500万元。股份有限公司注册资本最低限额需高于上述所定限额的,由法律、行政法规另行规定。

6. 公司以其全部资产为限对外承担有限责任,股东以其出资额为限对公司承担有限责任。

（二）出资瑕疵可能存在的法律风险

1. 虚假出资引发的法律风险

虚假出资，是指公司发起人、股东违反《公司法》的规定未交付货币、实物或未转移财产权，通过虚假手段取得验资机构验资证明，从而造成表面上已按章程约定的出资数额出资，但实际上并未出资到位的情形。新《公司法》对此做了修改，出资人虚假出资，很可能会阻碍公司资本制度设计的实现；出资人也要为自己的虚假行为，承担一系列的法律责任，即向其他出资人承担违约赔偿责任；向公司承担补缴出资责任及赔偿责任；向公司债权人承担无限清偿责任或有限补充清偿责任；情节严重的，还可能受到刑事责任追究。

2. 抽逃出资引发的法律风险

抽逃出资，是指出资人在公司成立后，将其所交纳的出资额暗中抽逃撤回，但其仍保留股东身份和原有的出资份额。情节严重的，最高可被判处5年有期徒刑，同时可以并处虚假出资额或者抽逃出资额10%的罚金。

3. 不适当履行出资的法律风险

不适当履行，是指出资人在履行出资的过程中，出资的时间、形式或手续不符合设立协议的约定或者法律的规定。

（1）不按规定的期限交付出资或办理实物等财产权的转移手续引发的法律风险。

出资人履行出资，应当依据设立协议的约定或者我国法律的规定，及时交付货币或者办理非货币财产权利的转移手续。

（2）非货币出资财产存在权利瑕疵引发的法律风险。

非货币财产权利瑕疵，主要是指出资人以实物、知识产权、土地使用权等非货币财产权利出资，但是对这些非货币财产权利并不具有合法的处分权利。出资人交付的非货币财产权利存在权利瑕疵，很可能会阻碍财产权利转移手续、延误出资履行、影响公司成立。同时，不合法使用他人的财产权利，还可能因为侵权在先，将公司卷入一系列的赔偿纠纷旋涡。出资人如果向其他出资人恶意隐瞒资产权利归属，构成犯罪的，也将承担起刑事法律责任。这些问题要早处理，最好在公司设立时就聘请专门的律师把控风险，规避违法行为。

（三）公司运营中的法律风险

1. 签订履行经济合同中的法律风险

首先，主要是经济合同违约纠纷，大多数经营者只注意到了合同中约定的权利义务及索赔问题，而忽视了前合同义务及后合同义务，因此导致纠纷的不在少数。

其次，公司经营者从传统观念上习惯于熟人圈子的交易行为，有的口头上达成所谓的“君子协定”，时间一久，由于个人信用发生变化，或个人对当时的约定细节理解认知不同，从而引发风险。

最后，特别要注意一个市场准入制度的存在，很多交易行为必须首先审查交易对象的主体合格性，和一个没有交易资格的人去做生意，其结果和风险可想而知。

2. 公司在签署合同时不可以实施如下行为

首先是以虚构的单位或者冒用他人名义签订合同，骗取对方的财物。以虚构的单位签订合同，是指行为人杜撰客观上根本不存在的单位，然后以该杜撰的单位的名义与他人签订合同。冒用他人名义签订合同，是指打着客观存在的其他单位或者个人的旗号，与对方签订合同。

其次是以伪造、变造、作废的票据或者其他虚假的产权证明作担保，与对方签订合同，骗取对方财物。担保，是指用以督促债务人履行债务，保障债权实现的各种方法的总称。票据，是指《票据法》所规定的汇票、本票和支票。所谓其他虚假的产权证明，是指《票据法》所规定的汇票、本票和支票之外的不真实地证明行为人对某项动产或不动产具有所有权的证明文件。

再次是没有实际履行能力，以先履行小额合同或者部分合同的方法，诱骗对方当事人继续签订合同和履行合同，骗取对方财物。所谓没有实际履行能力，是指没有履行大额合同或者全部合同的能力。在没有履行大额合同或者全部合同能力的情况下，先跟对方签订一个小额合同，并且予以履行，或者先履行某一合同的部分义务，以此骗取对方的信任，使得对方与其签订大额合同，或者继续履行全部合同，当对方与行为人签订、履行了大额合同，或者履行了全部合同后，行为人将对方财物非法占有。

最后是收受对方当事人给付的货物、货款、预付款或者担保财产后逃匿的。

3. 公司融资中的法律风险

公司经营中出现资金不足，常见的融资方式有：银行贷款，民间借贷，股东追加投资，吸收新股东增资扩股，引进战略投资者，上市融资发行公司债券和股票等。比如，对于银行贷款，一不小心可能陷入"高利转贷""违规发放贷款""贷款诈骗"等金融诈骗黑洞。

对于民间借贷，可能陷入"非法吸收公众存款""集资诈骗"等法律风险；如果股东追加投资或吸收新股东增资扩股，会遇到股权结构及治理结构调整，利益分配的约定等问题。

如果引入战略投资者，对法律风险的评估与防范要求更高，否则鸡飞蛋打，人财两空，教训是惨重的。如果发行公司债券和股票，国家有严格的规章和制度，对法律风险的控制更为严格，一定需要专业的财务人员、法律人员的专门的规划和辅导。否则会陷入"擅自发行公司股票和债券罪"的泥坑。

二、公司如何应对刑事犯罪

公司要建立一套完善的应急机制，一旦公司或者公司经营者被指控刑事犯罪，一定不能慌乱，通过启动公司应急机制，及时、有效地规避法律风险。

第一，平时和专业刑事辩护律师建立良好互动，关键时刻要有专门的联系方式和预警方式，做到律师第一时间介入。

《刑事诉讼法》规定：犯罪嫌疑人自被侦查机关第一次讯问或者采取强制措施之日起，有权委托辩护人；在侦查期间，只能委托律师作为辩护人。被告人有权随时委托辩护人。

侦查机关在第一次讯问犯罪嫌疑人或者对犯罪嫌疑人采取强制措施的时候，应当告知犯罪嫌疑人有权委托辩护人。

第二，要胆大心细，对于拘传和传唤等制度认真学习。

《刑事诉讼法》第 119 条第 1 款规定："对不需要逮捕、拘留的犯罪嫌疑人，可以传唤到犯罪嫌疑人所在市、县内的指定地点或者到他的住处进行讯问，但是应当出示人民检察院或者公安机关的证明文件。对在现场发现的犯罪嫌疑人，经出示工作证件，可以口头传唤，但应当在讯问笔录中注明。"传唤的目的是保证刑事诉讼活动有计划进行，及时处理案件，传唤必须使用法定的诉讼文书——《传唤证》。

需要传唤违法嫌疑人接受调查的,经公安派出所或者县级以上公安机关办案部门负责人批准,使用传唤证(传票)传唤。

《刑事诉讼法》第119条第2款规定:"传唤、拘传持续的时间不得超过十二小时;案情特别重大、复杂,需要采取拘留、逮捕措施的,传唤、拘传持续的时间不得超过24小时。"

拘传,是指侦查机关对未被羁押的犯罪嫌疑人强制其到案接受讯问的一种刑事强制措施。它通常是对经合法传唤拒不到案的犯罪嫌疑人采用,在特殊情况下,不经传唤也可以直接进行拘传。如果犯罪嫌疑人抗拒拘传,侦查官员可以使用戒具。

拘传是我国刑事诉讼强制措施体系中强制力最轻的一种,公安机关、人民检察院和人民法院在刑事诉讼过程中,均有权决定适用。

三、如何善用刑事和解和口供来减轻或避免罪责

在刑事诉讼中,双方当事人可以通过和解的方式解决纠纷。被告人与被害人达成民事赔偿协议,往往伴随着被侵害方不追究的内容,主要有自诉案件中的撤诉协议和刑事谅解书两种形式。此外,对于办案机关在询问或讯问的情况下,对自己不清楚的事实要谨慎回答,对办案机关涉嫌非法取证现象,想办法及时获取律师的法律帮助。

附录1:

中华人民共和国公司法

(1993年12月29日第八届全国人民代表大会常务委员会第五次会议通过　根据1999年12月25日第九届全国人民代表大会常务委员会第十三次会议《关于修改〈中华人民共和国公司法〉的决定》第一次修正　根据2004年8月28日第十届全国人民代表大会常务委员会第十一次会议《关于修改〈中华人民共和国公司法〉的决定》第二次修正　根据2005年10月27日第十届全国人民代表大会常务委员会第十八次会议修订　根据2013年12月28日第十二届全国人民代表大会常务委员会第六次会议《关于修改〈中华人民共和国海洋环境保护法〉等七部法律的决定》第三次修正　根据2018年10月26日第十三届全国人民代表大会常务委员会第六次会议《关于修改〈中华人民共和国公司法〉的决定》第四次修正)

目　录

第一章 总 则

第一条 为了规范公司的组织和行为,保护公司、股东和债权人的合法权益,维护社会经济秩序,促进社会主义市场经济的发展,制定本法。

第二条 本法所称公司是指依照本法在中国境内设立的有限责任公司和股份有限公司。

第三条 公司是企业法人,有独立的法人财产,享有法人财产权。公司以其全部财产对公司的债务承担责任。

有限责任公司的股东以其认缴的出资额为限对公司承担责任;股份有限公司的股东以其认购的股份为限对公司承担责任。

第四条 公司股东依法享有资产收益、参与重大决策和选择管理者等权利。

第五条 公司从事经营活动,必须遵守法律、行政法规,遵守社会公德、商业道德,诚实守信,接受政府和社会公众的监督,承担社会责任。

公司的合法权益受法律保护,不受侵犯。

第六条 设立公司,应当依法向公司登记机关申请设立登记。符合本法规定的设立条件的,由公司登记机关分别登记为有限责任公司或者股份有限公司;不符合本法规定的设立条件的,不得登记为有限责任公司或者股份有限公司。

法律、行政法规规定设立公司必须报经批准的,应当在公司登记前依法办理批准手续。

公众可以向公司登记机关申请查询公司登记事项,公司登记机关应当提供查询服务。

第七条 依法设立的公司,由公司登记机关发给公司营业执照。公司营业执照签发日期为公司成立日期。

公司营业执照应当载明公司的名称、住所、注册资本、经营范围、法定代表人姓名等事项。

公司营业执照记载的事项发生变更的,公司应当依法办理变更登记,由公司登记机关换发营业执照。

第八条 依照本法设立的有限责任公司,必须在公司名称中标明有限责任公司或者有限公司字样。

依照本法设立的股份有限公司,必须在公司名称中标明股份有限公司或者股份公司字样。

第九条 有限责任公司变更为股份有限公司,应当符合本法规定的股份有限公司的条件。股份有限公司变更为有限责任公司,应当符合本法规定的有限责任公司的条件。

有限责任公司变更为股份有限公司的,或者股份有限公司变更为有限责任公司的,公司变更前的债权、债务由变更后的公司承继。

第十条 公司以其主要办事机构所在地为住所。

第十一条 设立公司必须依法制定公司章程。公司章程对公司、股东、董事、监事、高级管理人员具有约束力。

第十二条 公司的经营范围由公司章程规定,并依法登记。公司可以修改公司章程,改变经营范围,但是应当办理变更登记。

公司的经营范围中属于法律、行政法规规定须经批准的项目,应当依法经过批准。

第十三条 公司法定代表人依照公司章程的规定,由董事长、执行董事或者经理担任,并依法登记。公司法定代表人变更,应当办理变更登记。

第十四条 公司可以设立分公司。设立分公司,应当向公司登记机关申请登记,领取营业执照。分公司不具有法人资格,其民事责任由公司承担。

公司可以设立子公司,子公司具有法人资格,依法独立承担民事责任。

第十五条 公司可以向其他企业投资;但是,除法律另有规定外,不得成为对所投资企业的债务承担连带责任的出资人。

第十六条 公司向其他企业投资或者为他人提供担保,依照公司章程的规定,由董事会或者股东会、股东大会决议;公司章程对投资或者担保的总额及单项投资或者担保的数额有限额规定的,不得超过规定的限额。

公司为公司股东或者实际控制人提供担保的,必须经股东会或者股东大会决议。

前款规定的股东或者受前款规定的实际控制人支配的股东,不得参加前款规定事项的表决。该项表决由出席会议的其他股东所持表决权的过半数通过。

第十七条 公司必须保护职工的合法权益,依法与职工签订劳动合同,参加社会保险,加强劳动保护,实现安全生产。

公司应当采用多种形式,加强公司职工的职业教育和岗位培训,提高职工素质。

第十八条 公司职工依照《中华人民共和国工会法》组织工会,开展工会活动,维护职工合法权益。公司应当为本公司工会提供必要的活动条件。公司工会代表职工就职工的劳动报酬、工作时间、福利、保险和劳动安全卫生等事项依法与公司签订集体合同。

公司依照宪法和有关法律的规定,通过职工代表大会或者其他形式,实行民主管理。

公司研究决定改制以及经营方面的重大问题、制定重要的规章制度时,应当听取公司工会的意见,并通过职工代表大会或者其他形式听取职工的意见和建议。

第十九条 在公司中,根据中国共产党章程的规定,设立中国共产党的组织,开展党的活动。公司应当为党组织的活动提供必要条件。

第二十条 公司股东应当遵守法律、行政法规和公司章程,依法行使股东权利,不得滥用股东权利损害公司或者其他股东的利益;不得滥用公司法人独立地位和股东有限责任损害公司债权人的利益。

公司股东滥用股东权利给公司或者其他股东造成损失的,应当依法承担赔偿责任。

公司股东滥用公司法人独立地位和股东有限责任,逃避债务,严重损害公司债权人利益的,应当对公司债务承担连带责任。

第二十一条 公司的控股股东、实际控制人、董事、监事、高级管理人员不得利用其关联关系损害公司利益。

违反前款规定,给公司造成损失的,应当承担赔偿责任。

第二十二条 公司股东会或者股东大会、董事会的决议内容违反法律、行政法规的无效。

股东会或者股东大会、董事会的会议召集程序、表决方式违反法律、行政法规或者公司章程,或者决议内容违反公司章程的,股东可以自决议作出之日起六十日内,请求人民法院撤销。

股东依照前款规定提起诉讼的,人民法院可以应公司的请求,要求股东提供相应担保。

公司根据股东会或者股东大会、董事会决议已办理变更登记的,人民法院宣告该决议无效或者撤销该决议后,公司应当向公司登记机关申请撤销变更登记。

第二章 有限责任公司的设立和组织机构

第一节 设 立

第二十三条 设立有限责任公司,应当具备下列条件:

(一)股东符合法定人数;

(二)有符合公司章程规定的全体股东认缴的出资额;

(三)股东共同制定公司章程;

(四)有公司名称,建立符合有限责任公司要求的组织机构;

(五)有公司住所。

第二十四条 有限责任公司由五十个以下股东出资设立。

第二十五条 有限责任公司章程应当载明下列事项:

(一)公司名称和住所;

(二)公司经营范围;

(三)公司注册资本;

(四)股东的姓名或者名称;

（五）股东的出资方式、出资额和出资时间；

（六）公司的机构及其产生办法、职权、议事规则；

（七）公司法定代表人；

（八）股东会会议认为需要规定的其他事项。

股东应当在公司章程上签名、盖章。

第二十六条 有限责任公司的注册资本为在公司登记机关登记的全体股东认缴的出资额。

法律、行政法规以及国务院决定对有限责任公司注册资本实缴、注册资本最低限额另有规定的，从其规定。

第二十七条 股东可以用货币出资，也可以用实物、知识产权、土地使用权等可以用货币估价并可以依法转让的非货币财产作价出资；但是，法律、行政法规规定不得作为出资的财产除外。

对作为出资的非货币财产应当评估作价，核实财产，不得高估或者低估作价。法律、行政法规对评估作价有规定的，从其规定。

第二十八条 股东应当按期足额缴纳公司章程中规定的各自所认缴的出资额。股东以货币出资的，应当将货币出资足额存入有限责任公司在银行开设的账户；以非货币财产出资的，应当依法办理其财产权的转移手续。

股东不按照前款规定缴纳出资的，除应当向公司足额缴纳外，还应当向已按期足额缴纳出资的股东承担违约责任。

第二十九条 股东认足公司章程规定的出资后，由全体股东指定的代表或者共同委托的代理人向公司登记机关报送公司登记申请书、公司章程等文件，申请设立登记。

第三十条 有限责任公司成立后，发现作为设立公司出资的非货币财产的实际价额显著低于公司章程所定价额的，应当由交付该出资的股东补足其差额；公司设立时的其他股东承担连带责任。

第三十一条 有限责任公司成立后，应当向股东签发出资证明书。

出资证明书应当载明下列事项：

（一）公司名称；

（二）公司成立日期；

（三）公司注册资本；

（四）股东的姓名或者名称、缴纳的出资额和出资日期；

(五)出资证明书的编号和核发日期。

出资证明书由公司盖章。

第三十二条 有限责任公司应当置备股东名册,记载下列事项:

(一)股东的姓名或者名称及住所;

(二)股东的出资额;

(三)出资证明书编号。

记载于股东名册的股东,可以依股东名册主张行使股东权利。

公司应当将股东的姓名或者名称向公司登记机关登记;登记事项发生变更的,应当办理变更登记。未经登记或者变更登记的,不得对抗第三人。

第三十三条 股东有权查阅、复制公司章程、股东会会议记录、董事会会议决议、监事会会议决议和财务会计报告。

股东可以要求查阅公司会计账簿。股东要求查阅公司会计账簿的,应当向公司提出书面请求,说明目的。公司有合理根据认为股东查阅会计账簿有不正当目的,可能损害公司合法利益的,可以拒绝提供查阅,并应当自股东提出书面请求之日起十五日内书面答复股东并说明理由。公司拒绝提供查阅的,股东可以请求人民法院要求公司提供查阅。

第三十四条 股东按照实缴的出资比例分取红利;公司新增资本时,股东有权优先按照实缴的出资比例认缴出资。但是,全体股东约定不按照出资比例分取红利或者不按照出资比例优先认缴出资的除外。

第三十五条 公司成立后,股东不得抽逃出资。

第二节 组织机构

第三十六条 有限责任公司股东会由全体股东组成。股东会是公司的权力机构,依照本法行使职权。

第三十七条 股东会行使下列职权:

(一)决定公司的经营方针和投资计划;

(二)选举和更换非由职工代表担任的董事、监事,决定有关董事、监事的报酬事项;

(三)审议批准董事会的报告;

(四)审议批准监事会或者监事的报告;

(五)审议批准公司的年度财务预算方案、决算方案;

（六）审议批准公司的利润分配方案和弥补亏损方案；

（七）对公司增加或者减少注册资本作出决议；

（八）对发行公司债券作出决议；

（九）对公司合并、分立、解散、清算或者变更公司形式作出决议；

（十）修改公司章程；

（十一）公司章程规定的其他职权。

对前款所列事项股东以书面形式一致表示同意的，可以不召开股东会会议，直接作出决定，并由全体股东在决定文件上签名、盖章。

第三十八条 首次股东会会议由出资最多的股东召集和主持，依照本法规定行使职权。

第三十九条 股东会会议分为定期会议和临时会议。

定期会议应当依照公司章程的规定按时召开。代表十分之一以上表决权的股东，三分之一以上的董事，监事会或者不设监事会的公司的监事提议召开临时会议的，应当召开临时会议。

第四十条 有限责任公司设立董事会的，股东会会议由董事会召集，董事长主持；董事长不能履行职务或者不履行职务的，由副董事长主持；副董事长不能履行职务或者不履行职务的，由半数以上董事共同推举一名董事主持。

有限责任公司不设董事会的，股东会会议由执行董事召集和主持。

董事会或者执行董事不能履行或者不履行召集股东会会议职责的，由监事会或者不设监事会的公司的监事召集和主持；监事会或者监事不召集和主持的，代表十分之一以上表决权的股东可以自行召集和主持。

第四十一条 召开股东会会议，应当于会议召开十五日前通知全体股东；但是，公司章程另有规定或者全体股东另有约定的除外。

股东会应当对所议事项的决定作成会议记录，出席会议的股东应当在会议记录上签名。

第四十二条 股东会会议由股东按照出资比例行使表决权；但是，公司章程另有规定的除外。

第四十三条 股东会的议事方式和表决程序，除本法有规定的外，由公司章程规定。

股东会会议作出修改公司章程、增加或者减少注册资本的决议，以及公司合并、分立、解散或者变更公司形式的决议,必须经代表三分之二以上表决权的股东通过。

第四十四条 有限责任公司设董事会,其成员为三人至十三人;但是,本法第五十条另有规定的除外。

两个以上的国有企业或者两个以上的其他国有投资主体投资设立的有限责任公司,其董事会成员中应当有公司职工代表;其他有限责任公司董事会成员中可以有公司职工代表。董事会中的职工代表由公司职工通过职工代表大会、职工大会或者其他形式民主选举产生。

董事会设董事长一人,可以设副董事长。董事长、副董事长的产生办法由公司章程规定。

第四十五条 董事任期由公司章程规定,但每届任期不得超过三年。董事任期届满,连选可以连任。

董事任期届满未及时改选,或者董事在任期内辞职导致董事会成员低于法定人数的,在改选出的董事就任前,原董事仍应当依照法律、行政法规和公司章程的规定,履行董事职务。

第四十六条 董事会对股东会负责,行使下列职权:

(一)召集股东会会议,并向股东会报告工作;

(二)执行股东会的决议;

(三)决定公司的经营计划和投资方案;

(四)制订公司的年度财务预算方案、决算方案;

(五)制订公司的利润分配方案和弥补亏损方案;

(六)制订公司增加或者减少注册资本以及发行公司债券的方案;

(七)制订公司合并、分立、解散或者变更公司形式的方案;

(八)决定公司内部管理机构的设置;

(九)决定聘任或者解聘公司经理及其报酬事项,并根据经理的提名决定聘任或者解聘公司副经理、财务负责人及其报酬事项;

(十)制定公司的基本管理制度;

(十一)公司章程规定的其他职权。

第四十七条 董事会会议由董事长召集和主持;董事长不能履行职务或者不履行职务的,由副董事长召集和主持;副董事长不能履行职务或者不履行职务的,由半数以上董事共同推举一名董事召集和主持。

第四十八条 董事会的议事方式和表决程序，除本法有规定的外，由公司章程规定。

董事会应当对所议事项的决定作成会议记录，出席会议的董事应当在会议记录上签名。

董事会决议的表决，实行一人一票。

第四十九条 有限责任公司可以设经理，由董事会决定聘任或者解聘。经理对董事会负责，行使下列职权：

（一）主持公司的生产经营管理工作，组织实施董事会决议；

（二）组织实施公司年度经营计划和投资方案；

（三）拟订公司内部管理机构设置方案；

（四）拟订公司的基本管理制度；

（五）制定公司的具体规章；

（六）提请聘任或者解聘公司副经理、财务负责人；

（七）决定聘任或者解聘除应由董事会决定聘任或者解聘以外的负责管理人员；

（八）董事会授予的其他职权。

公司章程对经理职权另有规定的，从其规定。

经理列席董事会会议。

第五十条 股东人数较少或者规模较小的有限责任公司，可以设一名执行董事，不设董事会。执行董事可以兼任公司经理。

执行董事的职权由公司章程规定。

第五十一条 有限责任公司设监事会，其成员不得少于三人。股东人数较少或者规模较小的有限责任公司，可以设一至二名监事，不设监事会。

监事会应当包括股东代表和适当比例的公司职工代表，其中职工代表的比例不得低于三分之一，具体比例由公司章程规定。监事会中的职工代表由公司职工通过职工代表大会、职工大会或者其他形式民主选举产生。

监事会设主席一人，由全体监事过半数选举产生。监事会主席召集和主持监事会会议；监事会主席不能履行职务或者不履行职务的，由半数以上监事共同推举一名监事召集和主持监事会会议。

董事、高级管理人员不得兼任监事。

第五十二条 监事的任期每届为三年。监事任期届满，连选可以连任。

监事任期届满未及时改选,或者监事在任期内辞职导致监事会成员低于法定人数的,在改选出的监事就任前,原监事仍应当依照法律、行政法规和公司章程的规定,履行监事职务。

第五十三条 监事会、不设监事会的公司的监事行使下列职权:

(一)检查公司财务;

(二)对董事、高级管理人员执行公司职务的行为进行监督,对违反法律、行政法规、公司章程或者股东会决议的董事、高级管理人员提出罢免的建议;

(三)当董事、高级管理人员的行为损害公司的利益时,要求董事、高级管理人员予以纠正;

(四)提议召开临时股东会会议,在董事会不履行本法规定的召集和主持股东会会议职责时召集和主持股东会会议;

(五)向股东会会议提出提案;

(六)依照本法第一百五十一条的规定,对董事、高级管理人员提起诉讼;

(七)公司章程规定的其他职权。

第五十四条 监事可以列席董事会会议,并对董事会决议事项提出质询或者建议。

监事会、不设监事会的公司的监事发现公司经营情况异常,可以进行调查;必要时,可以聘请会计师事务所等协助其工作,费用由公司承担。

第五十五条 监事会每年度至少召开一次会议,监事可以提议召开临时监事会会议。

监事会的议事方式和表决程序,除本法有规定的外,由公司章程规定。

监事会决议应当经半数以上监事通过。

监事会应当对所议事项的决定作成会议记录,出席会议的监事应当在会议记录上签名。

第五十六条 监事会、不设监事会的公司的监事行使职权所必需的费用,由公司承担。

第三节 一人有限责任公司的特别规定

第五十七条 一人有限责任公司的设立和组织机构,适用本节规定;本节没有规定的,适用本章第一节、第二节的规定。

本法所称一人有限责任公司,是指只有一个自然人股东或者一个法人股东的有限责任公司。

第五十八条 一个自然人只能投资设立一个一人有限责任公司。该一人有限责任公司不能投资设立新的一人有限责任公司。

第五十九条 一人有限责任公司应当在公司登记中注明自然人独资或者法人独资,并在公司营业执照中载明。

第六十条 一人有限责任公司章程由股东制定。

第六十一条 一人有限责任公司不设股东会。股东作出本法第三十七条第一款所列决定时,应当采用书面形式,并由股东签名后置备于公司。

第六十二条 一人有限责任公司应当在每一会计年度终了时编制财务会计报告,并经会计师事务所审计。

第六十三条 一人有限责任公司的股东不能证明公司财产独立于股东自己的财产的,应当对公司债务承担连带责任。

第四节 国有独资公司的特别规定

第六十四条 国有独资公司的设立和组织机构,适用本节规定;本节没有规定的,适用本章第一节、第二节的规定。

本法所称国有独资公司,是指国家单独出资、由国务院或者地方人民政府授权本级人民政府国有资产监督管理机构履行出资人职责的有限责任公司。

第六十五条 国有独资公司章程由国有资产监督管理机构制定,或者由董事会制订报国有资产监督管理机构批准。

第六十六条 国有独资公司不设股东会,由国有资产监督管理机构行使股东会职权。国有资产监督管理机构可以授权公司董事会行使股东会的部分职权,决定公司的重大事项,但公司的合并、分立、解散、增加或者减少注册资本和发行公司债券,必须由国有资产监督管理机构决定;其中,重要的国有独资公司合并、分立、解散、申请破产的,应当由国有资产监督管理机构审核后,报本级人民政府批准。

前款所称重要的国有独资公司,按照国务院的规定确定。

第六十七条 国有独资公司设董事会,依照本法第四十六条、第六十六条的规定行使职权。董事每届任期不得超过三年。董事会成员中应当有公司职工代表。

董事会成员由国有资产监督管理机构委派;但是,董事会成员中的职工代表由公司职工代表大会选举产生。

董事会设董事长一人,可以设副董事长。董事长、副董事长由国有资产监督管理机构从董事会成员中指定。

第六十八条 国有独资公司设经理,由董事会聘任或者解聘。经理依照本法第四十九条规定行使职权。

经国有资产监督管理机构同意,董事会成员可以兼任经理。

第六十九条 国有独资公司的董事长、副董事长、董事、高级管理人员,未经国有资产监督管理机构同意,不得在其他有限责任公司、股份有限公司或者其他经济组织兼职。

第七十条 国有独资公司监事会成员不得少于五人,其中职工代表的比例不得低于三分之一,具体比例由公司章程规定。

监事会成员由国有资产监督管理机构委派;但是,监事会成员中的职工代表由公司职工代表大会选举产生。监事会主席由国有资产监督管理机构从监事会成员中指定。

监事会行使本法第五十三条第(一)项至第(三)项规定的职权和国务院规定的其他职权。

第三章 有限责任公司的股权转让

第七十一条 有限责任公司的股东之间可以相互转让其全部或者部分股权。

股东向股东以外的人转让股权,应当经其他股东过半数同意。股东应就其股权转让事项书面通知其他股东征求同意,其他股东自接到书面通知之日起满三十日未答复的,视为同意转让。其他股东半数以上不同意转让的,不同意的股东应当购买该转让的股权;不购买的,视为同意转让。

经股东同意转让的股权,在同等条件下,其他股东有优先购买权。两个以上股东主张行使优先购买权的,协商确定各自的购买比例;协商不成的,按照转让时各自的出资比例行使优先购买权。

公司章程对股权转让另有规定的,从其规定。

第七十二条 人民法院依照法律规定的强制执行程序转让股东的股权时,应当通知公司及全体股东,其他股东在同等条件下有优先购买权。其他股东自人民法院通知之日起满二十日不行使优先购买权的,视为放弃优先购买权。

第七十三条 依照本法第七十一条、第七十二条转让股权后,公司应当注销原股东的出资证明书,向新股东签发出资证明书,并相应修改公司章程和股东名册中有关股东及其出资额的记载。对公司章程的该项修改不需再由股东会表决。

第七十四条 有下列情形之一的,对股东会该项决议投反对票的股东可以请求公司按照合理的价格收购其股权:

(一)公司连续五年不向股东分配利润,而公司该五年连续盈利,并且符合本法规定的分配利润条件的;

(二)公司合并、分立、转让主要财产的;

(三)公司章程规定的营业期限届满或者章程规定的其他解散事由出现,股东会会议通过决议修改章程使公司存续的。

自股东会会议决议通过之日起六十日内,股东与公司不能达成股权收购协议的,股东可以自股东会会议决议通过之日起九十日内向人民法院提起诉讼。

第七十五条 自然人股东死亡后,其合法继承人可以继承股东资格;但是,公司章程另有规定的除外。

第四章 股份有限公司的设立和组织机构

第一节 设 立

第七十六条 设立股份有限公司,应当具备下列条件:

(一)发起人符合法定人数;

(二)有符合公司章程规定的全体发起人认购的股本总额或者募集的实收股本总额;

(三)股份发行、筹办事项符合法律规定;

(四)发起人制订公司章程,采用募集方式设立的经创立大会通过;

(五)有公司名称,建立符合股份有限公司要求的组织机构;

(六)有公司住所。

第七十七条 股份有限公司的设立,可以采取发起设立或者募集设立的方式。

发起设立,是指由发起人认购公司应发行的全部股份而设立公司。

募集设立,是指由发起人认购公司应发行股份的一部分,其余股份向社会公开募集或者向特定对象募集而设立公司。

第七十八条 设立股份有限公司,应当有二人以上二百人以下为发起人,其中须有半数以上的发起人在中国境内有住所。

第七十九条 股份有限公司发起人承担公司筹办事务。

发起人应当签订发起人协议,明确各自在公司设立过程中的权利和义务。

第八十条 股份有限公司采取发起设立方式设立的,注册资本为在公司登记机关登记的全体发起人认购的股本总额。在发起人认购的股份缴足前,不得向他人募集股份。

股份有限公司采取募集方式设立的,注册资本为在公司登记机关登记的实收股本总额。

法律、行政法规以及国务院决定对股份有限公司注册资本实缴、注册资本最低限额另有规定的,从其规定。

第八十一条 股份有限公司章程应当载明下列事项:

(一)公司名称和住所;

(二)公司经营范围;

(三)公司设立方式;

(四)公司股份总数、每股金额和注册资本;

(五)发起人的姓名或者名称、认购的股份数、出资方式和出资时间;

(六)董事会的组成、职权和议事规则;

(七)公司法定代表人;

(八)监事会的组成、职权和议事规则;

(九)公司利润分配办法;

(十)公司的解散事由与清算办法;

(十一)公司的通知和公告办法;

(十二)股东大会会议认为需要规定的其他事项。

第八十二条 发起人的出资方式,适用本法第二十七条的规定。

第八十三条 以发起设立方式设立股份有限公司的,发起人应当书面认足公司章程规定其认购的股份,并按照公司章程规定缴纳出资。以非货币财产出资的,应当依法办理其财产权的转移手续。

发起人不依照前款规定缴纳出资的,应当按照发起人协议承担违约责任。

发起人认足公司章程规定的出资后,应当选举董事会和监事会,由董事会向公司登记机关报送公司章程以及法律、行政法规规定的其他文件,申请设立登记。

第八十四条 以募集设立方式设立股份有限公司的,发起人认购的股份不得少于公司股份总数的百分之三十五;但是,法律、行政法规另有规定的,从其规定。

第八十五条 发起人向社会公开募集股份,必须公告招股说明书,并制作认股书。认股书应当载明本法第八十六条所列事项,由认股人填写认购股数、金额、住所,并签名、盖章。认股人按照所认购股数缴纳股款。

第八十六条 招股说明书应当附有发起人制订的公司章程,并载明下列事项:

(一)发起人认购的股份数;

(二)每股的票面金额和发行价格;

(三)无记名股票的发行总数;

(四)募集资金的用途;

(五)认股人的权利、义务;

(六)本次募股的起止期限及逾期未募足时认股人可以撤回所认股份的说明。

第八十七条 发起人向社会公开募集股份,应当由依法设立的证券公司承销,签订承销协议。

第八十八条 发起人向社会公开募集股份,应当同银行签订代收股款协议。

代收股款的银行应当按照协议代收和保存股款,向缴纳股款的认股人出具收款单据,并负有向有关部门出具收款证明的义务。

第八十九条 发行股份的股款缴足后,必须经依法设立的验资机构验资并出具证明。发起人应当自股款缴足之日起三十日内主持召开公司创立大会。创立大会由发起人、认股人组成。

发行的股份超过招股说明书规定的截止期限尚未募足的，或者发行股份的股款缴足后，发起人在三十日内未召开创立大会的，认股人可以按照所缴股款并加算银行同期存款利息，要求发起人返还。

第九十条 发起人应当在创立大会召开十五日前将会议日期通知各认股人或者予以公告。创立大会应有代表股份总数过半数的发起人、认股人出席，方可举行。

创立大会行使下列职权：

（一）审议发起人关于公司筹办情况的报告；

（二）通过公司章程；

（三）选举董事会成员；

（四）选举监事会成员；

（五）对公司的设立费用进行审核；

（六）对发起人用于抵作股款的财产的作价进行审核；

（七）发生不可抗力或者经营条件发生重大变化直接影响公司设立的，可以作出不设立公司的决议。

创立大会对前款所列事项作出决议，必须经出席会议的认股人所持表决权过半数通过。

第九十一条 发起人、认股人缴纳股款或者交付抵作股款的出资后，除未按期募足股份、发起人未按期召开创立大会或者创立大会决议不设立公司的情形外，不得抽回其股本。

第九十二条 董事会应于创立大会结束后三十日内，向公司登记机关报送下列文件，申请设立登记：

（一）公司登记申请书；

（二）创立大会的会议记录；

（三）公司章程；

（四）验资证明；

（五）法定代表人、董事、监事的任职文件及其身份证明；

（六）发起人的法人资格证明或者自然人身份证明；

（七）公司住所证明。

以募集方式设立股份有限公司公开发行股票的，还应当向公司登记机关报送国务院证券监督管理机构的核准文件。

第九十三条 股份有限公司成立后，发起人未按照公司章程的规定缴足出资的，应当补缴；其他发起人承担连带责任。

股份有限公司成立后，发现作为设立公司出资的非货币财产的实际价额显著低于公司章程所定价额的，应当由交付该出资的发起人补足其差额；其他发起人承担连带责任。

第九十四条 股份有限公司的发起人应当承担下列责任：

（一）公司不能成立时，对设立行为所产生的债务和费用负连带责任；

（二）公司不能成立时，对认股人已缴纳的股款，负返还股款并加算银行同期存款利息的连带责任；

（三）在公司设立过程中，由于发起人的过失致使公司利益受到损害的，应当对公司承担赔偿责任。

第九十五条 有限责任公司变更为股份有限公司时，折合的实收股本总额不得高于公司净资产额。有限责任公司变更为股份有限公司，为增加资本公开发行股份时，应当依法办理。

第九十六条 股份有限公司应当将公司章程、股东名册、公司债券存根、股东大会会议记录、董事会会议记录、监事会会议记录、财务会计报告置备于本公司。

第九十七条 股东有权查阅公司章程、股东名册、公司债券存根、股东大会会议记录、董事会会议决议、监事会会议决议、财务会计报告，对公司的经营提出建议或者质询。

第二节 股 东 大 会

第九十八条 股份有限公司股东大会由全体股东组成。股东大会是公司的权力机构，依照本法行使职权。

第九十九条 本法第三十七条第一款关于有限责任公司股东会职权的规定，适用于股份有限公司股东大会。

第一百条 股东大会应当每年召开一次年会。有下列情形之一的，应当在两个月内召开临时股东大会：

（一）董事人数不足本法规定人数或者公司章程所定人数的三分之

二时;

(二)公司未弥补的亏损达实收股本总额三分之一时;

(三)单独或者合计持有公司百分之十以上股份的股东请求时;

(四)董事会认为必要时;

(五)监事会提议召开时;

(六)公司章程规定的其他情形。

第一百零一条 股东大会会议由董事会召集,董事长主持;董事长不能履行职务或者不履行职务的,由副董事长主持;副董事长不能履行职务或者不履行职务的,由半数以上董事共同推举一名董事主持。

董事会不能履行或者不履行召集股东大会会议职责的,监事会应当及时召集和主持;监事会不召集和主持的,连续九十日以上单独或者合计持有公司百分之十以上股份的股东可以自行召集和主持。

第一百零二条 召开股东大会会议,应当将会议召开的时间、地点和审议的事项于会议召开二十日前通知各股东;临时股东大会应当于会议召开十五日前通知各股东;发行无记名股票的,应当于会议召开三十日前公告会议召开的时间、地点和审议事项。

单独或者合计持有公司百分之三以上股份的股东,可以在股东大会召开十日前提出临时提案并书面提交董事会;董事会应当在收到提案后二日内通知其他股东,并将该临时提案提交股东大会审议。临时提案的内容应当属于股东大会职权范围,并有明确议题和具体决议事项。

股东大会不得对前两款通知中未列明的事项作出决议。

无记名股票持有人出席股东大会会议的,应当于会议召开五日前至股东大会闭会时将股票交存于公司。

第一百零三条 股东出席股东大会会议,所持每一股份有一表决权。但是,公司持有的本公司股份没有表决权。

股东大会作出决议,必须经出席会议的股东所持表决权过半数通过。但是,股东大会作出修改公司章程、增加或者减少注册资本的决议,以及公司合并、分立、解散或者变更公司形式的决议,必须经出席会议的股东所持表决权的三分之二以上通过。

第一百零四条 本法和公司章程规定公司转让、受让重大资产或者对外提供担保等事项必须经股东大会作出决议的,董事会应当及时召集股东大会会议,由股东大会就上述事项进行表决。

第一百零五条 股东大会选举董事、监事,可以依照公司章程的规定或者股东大会的决议,实行累积投票制。

本法所称累积投票制,是指股东大会选举董事或者监事时,每一股份拥有与应选董事或者监事人数相同的表决权,股东拥有的表决权可以集中使用。

第一百零六条 股东可以委托代理人出席股东大会会议,代理人应当向公司提交股东授权委托书,并在授权范围内行使表决权。

第一百零七条 股东大会应当对所议事项的决定作成会议记录,主持人、出席会议的董事应当在会议记录上签名。会议记录应当与出席股东的签名册及代理出席的委托书一并保存。

第三节 董事会、经理

第一百零八条 股份有限公司设董事会,其成员为五人至十九人。

董事会成员中可以有公司职工代表。董事会中的职工代表由公司职工通过职工代表大会、职工大会或者其他形式民主选举产生。

本法第四十五条关于有限责任公司董事任期的规定,适用于股份有限公司董事。

本法第四十六条关于有限责任公司董事会职权的规定,适用于股份有限公司董事会。

第一百零九条 董事会设董事长一人,可以设副董事长。董事长和副董事长由董事会以全体董事的过半数选举产生。

董事长召集和主持董事会会议,检查董事会决议的实施情况。副董事长协助董事长工作,董事长不能履行职务或者不履行职务的,由副董事长履行职务;副董事长不能履行职务或者不履行职务的,由半数以上董事共同推举一名董事履行职务。

第一百一十条 董事会每年度至少召开两次会议,每次会议应当于会议召开十日前通知全体董事和监事。

代表十分之一以上表决权的股东、三分之一以上董事或者监事会,可以提议召开董事会临时会议。董事长应当自接到提议后十日内,召集和主持董事会会议。

董事会召开临时会议,可以另定召集董事会的通知方式和通知时限。

第一百一十一条 董事会会议应有过半数的董事出席方可举行。董事会作出决议，必须经全体董事的过半数通过。

董事会决议的表决，实行一人一票。

第一百一十二条 董事会会议，应由董事本人出席；董事因故不能出席，可以书面委托其他董事代为出席，委托书中应载明授权范围。

董事会应当对会议所议事项的决定作成会议记录，出席会议的董事应当在会议记录上签名。

董事应当对董事会的决议承担责任。董事会的决议违反法律、行政法规或者公司章程、股东大会决议，致使公司遭受严重损失的，参与决议的董事对公司负赔偿责任。但经证明在表决时曾表明异议并记载于会议记录的，该董事可以免除责任。

第一百一十三条 股份有限公司设经理，由董事会决定聘任或者解聘。

本法第四十九条关于有限责任公司经理职权的规定，适用于股份有限公司经理。

第一百一十四条 公司董事会可以决定由董事会成员兼任经理。

第一百一十五条 公司不得直接或者通过子公司向董事、监事、高级管理人员提供借款。

第一百一十六条 公司应当定期向股东披露董事、监事、高级管理人员从公司获得报酬的情况。

第四节 监 事 会

第一百一十七条 股份有限公司设监事会，其成员不得少于三人。

监事会应当包括股东代表和适当比例的公司职工代表，其中职工代表的比例不得低于三分之一，具体比例由公司章程规定。监事会中的职工代表由公司职工通过职工代表大会、职工大会或者其他形式民主选举产生。

监事会设主席一人，可以设副主席。监事会主席和副主席由全体监事过半数选举产生。监事会主席召集和主持监事会会议；监事会主席不能履行职务或者不履行职务的，由监事会副主席召集和主持监事会会议；监事会副主席不能履行职务或者不履行职务的，由半数以上监事共同推举一名监事召集和主持监事会会议。

董事、高级管理人员不得兼任监事。

本法第五十二条关于有限责任公司监事任期的规定，适用于股份有限公司监事。

第一百一十八条 本法第五十三条、第五十四条关于有限责任公司监事会职权的规定，适用于股份有限公司监事会。

监事会行使职权所必需的费用，由公司承担。

第一百一十九条 监事会每六个月至少召开一次会议。监事可以提议召开临时监事会会议。

监事会的议事方式和表决程序，除本法有规定的外，由公司章程规定。

监事会决议应当经半数以上监事通过。

监事会应当对所议事项的决定作成会议记录，出席会议的监事应当在会议记录上签名。

第五节 上市公司组织机构的特别规定

第一百二十条 本法所称上市公司，是指其股票在证券交易所上市交易的股份有限公司。

第一百二十一条 上市公司在一年内购买、出售重大资产或者担保金额超过公司资产总额百分之三十的，应当由股东大会作出决议，并经出席会议的股东所持表决权的三分之二以上通过。

第一百二十二条 上市公司设独立董事，具体办法由国务院规定。

第一百二十三条 上市公司设董事会秘书，负责公司股东大会和董事会会议的筹备、文件保管以及公司股东资料的管理，办理信息披露事务等事宜。

第一百二十四条 上市公司董事与董事会会议决议事项所涉及的企业有关联关系的，不得对该项决议行使表决权，也不得代理其他董事行使表决权。该董事会会议由过半数的无关联关系董事出席即可举行，董事会会议所作决议须经无关联关系董事过半数通过。出席董事会的无关联关系董事人数不足三人的，应将该事项提交上市公司股东大会审议。

第五章 股份有限公司的股份发行和转让

第一节 股份发行

第一百二十五条 股份有限公司的资本划分为股份，每一股的金额相等。

公司的股份采取股票的形式。股票是公司签发的证明股东所持股份的凭证。

第一百二十六条 股份的发行,实行公平、公正的原则,同种类的每一股份应当具有同等权利。

同次发行的同种类股票,每股的发行条件和价格应当相同;任何单位或者个人所认购的股份,每股应当支付相同价额。

第一百二十七条 股票发行价格可以按票面金额,也可以超过票面金额,但不得低于票面金额。

第一百二十八条 股票采用纸面形式或者国务院证券监督管理机构规定的其他形式。

股票应当载明下列主要事项:

(一)公司名称;

(二)公司成立日期;

(三)股票种类、票面金额及代表的股份数;

(四)股票的编号。

股票由法定代表人签名,公司盖章。

发起人的股票,应当标明发起人股票字样。

第一百二十九条 公司发行的股票,可以为记名股票,也可以为无记名股票。

公司向发起人、法人发行的股票,应当为记名股票,并应当记载该发起人、法人的名称或者姓名,不得另立户名或者以代表人姓名记名。

第一百三十条 公司发行记名股票的,应当置备股东名册,记载下列事项:

(一)股东的姓名或者名称及住所;

(二)各股东所持股份数;

(三)各股东所持股票的编号;

(四)各股东取得股份的日期。

发行无记名股票的,公司应当记载其股票数量、编号及发行日期。

第一百三十一条 国务院可以对公司发行本法规定以外的其他种类的股份,另行作出规定。

第一百三十二条 股份有限公司成立后,即向股东正式交付股票。公司成立前不得向股东交付股票。

第一百三十三条 公司发行新股，股东大会应当对下列事项作出决议：

（一）新股种类及数额；

（二）新股发行价格；

（三）新股发行的起止日期；

（四）向原有股东发行新股的种类及数额。

第一百三十四条 公司经国务院证券监督管理机构核准公开发行新股时，必须公告新股招股说明书和财务会计报告，并制作认股书。

本法第八十七条、第八十八条的规定适用于公司公开发行新股。

第一百三十五条 公司发行新股，可以根据公司经营情况和财务状况，确定其作价方案。

第一百三十六条 公司发行新股募足股款后，必须向公司登记机关办理变更登记，并公告。

第二节 股份转让

第一百三十七条 股东持有的股份可以依法转让。

第一百三十八条 股东转让其股份，应当在依法设立的证券交易场所进行或者按照国务院规定的其他方式进行。

第一百三十九条 记名股票，由股东以背书方式或者法律、行政法规规定的其他方式转让；转让后由公司将受让人的姓名或者名称及住所记载于股东名册。

股东大会召开前二十日内或者公司决定分配股利的基准日前五日内，不得进行前款规定的股东名册的变更登记。但是，法律对上市公司股东名册变更登记另有规定的，从其规定。

第一百四十条 无记名股票的转让，由股东将该股票交付给受让人后即发生转让的效力。

第一百四十一条 发起人持有的本公司股份，自公司成立之日起一年内不得转让。公司公开发行股份前已发行的股份，自公司股票在证券交易所上市交易之日起一年内不得转让。

公司董事、监事、高级管理人员应当向公司申报所持有的本公司的股份及其变动情况，在任职期间每年转让的股份不得超过其所持有本公司股份总数的百分之二十五;所持本公司股份自公司股票上市交易之日起一年内不得转让。上述人员离职后半年内,不得转让其所持有的本公司股份。公司章程可以对公司董事、监事、高级管理人员转让其所持有的本公司股份作出其他限制性规定。

第一百四十二条 公司不得收购本公司股份。但是,有下列情形之一的除外:

(一)减少公司注册资本;

(二)与持有本公司股份的其他公司合并;

(三)将股份用于员工持股计划或者股权激励;

(四)股东因对股东大会作出的公司合并、分立决议持异议,要求公司收购其股份;

(五)将股份用于转换上市公司发行的可转换为股票的公司债券;

(六)上市公司为维护公司价值及股东权益所必需。

公司因前款第(一)项、第(二)项规定的情形收购本公司股份的,应当经股东大会决议;公司因前款第(三)项、第(五)项、第(六)项规定的情形收购本公司股份的,可以依照公司章程的规定或者股东大会的授权,经三分之二以上董事出席的董事会会议决议。

公司依照本条第一款规定收购本公司股份后,属于第(一)项情形的,应当自收购之日起十日内注销;属于第(二)项、第(四)项情形的,应当在六个月内转让或者注销;属于第(三)项、第(五)项、第(六)项情形的,公司合计持有的本公司股份数不得超过本公司已发行股份总额的百分之十,并应当在三年内转让或者注销。

上市公司收购本公司股份的,应当依照《中华人民共和国证券法》的规定履行信息披露义务。上市公司因本条第一款第(三)项、第(五)项、第(六)项规定的情形收购本公司股份的,应当通过公开的集中交易方式进行。

公司不得接受本公司的股票作为质押权的标的。

第一百四十三条 记名股票被盗、遗失或者灭失,股东可以依照《中华人民共和国民事诉讼法》规定的公示催告程序,请求人民法院宣告该股票失效。人民法院宣告该股票失效后,股东可以向公司申请补发股票。

第一百四十四条 上市公司的股票,依照有关法律、行政法规及证券交易所交易规则上市交易。

第一百四十五条 上市公司必须依照法律、行政法规的规定，公开其财务状况、经营情况及重大诉讼，在每会计年度内半年公布一次财务会计报告。

第六章 公司董事、监事、高级管理人员的资格和义务

第一百四十六条 有下列情形之一的，不得担任公司的董事、监事、高级管理人员：

（一）无民事行为能力或者限制民事行为能力；

（二）因贪污、贿赂、侵占财产、挪用财产或者破坏社会主义市场经济秩序，被判处刑罚，执行期满未逾五年，或者因犯罪被剥夺政治权利，执行期满未逾五年；

（三）担任破产清算的公司、企业的董事或者厂长、经理，对该公司、企业的破产负有个人责任的，自该公司、企业破产清算完结之日起未逾三年；

（四）担任因违法被吊销营业执照、责令关闭的公司、企业的法定代表人，并负有个人责任的，自该公司、企业被吊销营业执照之日起未逾三年；

（五）个人所负数额较大的债务到期未清偿。

公司违反前款规定选举、委派董事、监事或者聘任高级管理人员的，该选举、委派或者聘任无效。

董事、监事、高级管理人员在任职期间出现本条第一款所列情形的，公司应当解除其职务。

第一百四十七条 董事、监事、高级管理人员应当遵守法律、行政法规和公司章程，对公司负有忠实义务和勤勉义务。

董事、监事、高级管理人员不得利用职权收受贿赂或者其他非法收入，不得侵占公司的财产。

第一百四十八条 董事、高级管理人员不得有下列行为：

（一）挪用公司资金；

（二）将公司资金以其个人名义或者以其他个人名义开立账户存储；

（三）违反公司章程的规定，未经股东会、股东大会或者董事会同意，将公司资金借贷给他人或者以公司财产为他人提供担保；

（四）违反公司章程的规定或者未经股东会、股东大会同意，与本公司订立合同或者进行交易；

(五)未经股东会或者股东大会同意,利用职务便利为自己或者他人谋取属于公司的商业机会,自营或者为他人经营与所任职公司同类的业务;

(六)接受他人与公司交易的佣金归为己有;

(七)擅自披露公司秘密;

(八)违反对公司忠实义务的其他行为。

董事、高级管理人员违反前款规定所得的收入应当归公司所有。

第一百四十九条 董事、监事、高级管理人员执行公司职务时违反法律、行政法规或者公司章程的规定,给公司造成损失的,应当承担赔偿责任。

第一百五十条 股东会或者股东大会要求董事、监事、高级管理人员列席会议的,董事、监事、高级管理人员应当列席并接受股东的质询。

董事、高级管理人员应当如实向监事会或者不设监事会的有限责任公司的监事提供有关情况和资料,不得妨碍监事会或者监事行使职权。

第一百五十一条 董事、高级管理人员有本法第一百四十九条规定的情形的,有限责任公司的股东、股份有限公司连续一百八十日以上单独或者合计持有公司百分之一以上股份的股东,可以书面请求监事会或者不设监事会的有限责任公司的监事向人民法院提起诉讼;监事有本法第一百四十九条规定的情形的,前述股东可以书面请求董事会或者不设董事会的有限责任公司的执行董事向人民法院提起诉讼。

监事会、不设监事会的有限责任公司的监事,或者董事会、执行董事收到前款规定的股东书面请求后拒绝提起诉讼,或者自收到请求之日起三十日内未提起诉讼,或者情况紧急、不立即提起诉讼将会使公司利益受到难以弥补的损害的,前款规定的股东有权为了公司的利益以自己的名义直接向人民法院提起诉讼。

他人侵犯公司合法权益,给公司造成损失的,本条第一款规定的股东可以依照前两款的规定向人民法院提起诉讼。

第一百五十二条 董事、高级管理人员违反法律、行政法规或者公司章程的规定,损害股东利益的,股东可以向人民法院提起诉讼。

第七章 公司债券

第一百五十三条 本法所称公司债券,是指公司依照法定程序发行、约定在一定期限还本付息的有价证券。

公司发行公司债券应当符合《中华人民共和国证券法》规定的发行条件。

第一百五十四条 发行公司债券的申请经国务院授权的部门核准后，应当公告公司债券募集办法。

公司债券募集办法中应当载明下列主要事项：

（一）公司名称；

（二）债券募集资金的用途；

（三）债券总额和债券的票面金额；

（四）债券利率的确定方式；

（五）还本付息的期限和方式；

（六）债券担保情况；

（七）债券的发行价格、发行的起止日期；

（八）公司净资产额；

（九）已发行的尚未到期的公司债券总额；

（十）公司债券的承销机构。

第一百五十五条 公司以实物券方式发行公司债券的，必须在债券上载明公司名称、债券票面金额、利率、偿还期限等事项，并由法定代表人签名，公司盖章。

第一百五十六条 公司债券，可以为记名债券，也可以为无记名债券。

第一百五十七条 公司发行公司债券应当置备公司债券存根簿。

发行记名公司债券的，应当在公司债券存根簿上载明下列事项：

（一）债券持有人的姓名或者名称及住所；

（二）债券持有人取得债券的日期及债券的编号；

（三）债券总额，债券的票面金额、利率、还本付息的期限和方式；

（四）债券的发行日期。

发行无记名公司债券的，应当在公司债券存根簿上载明债券总额、利率、偿还期限和方式、发行日期及债券的编号。

第一百五十八条 记名公司债券的登记结算机构应当建立债券登记、存管、付息、兑付等相关制度。

第一百五十九条 公司债券可以转让，转让价格由转让人与受让人约定。

公司债券在证券交易所上市交易的,按照证券交易所的交易规则转让。

第一百六十条 记名公司债券,由债券持有人以背书方式或者法律、行政法规规定的其他方式转让;转让后由公司将受让人的姓名或者名称及住所记载于公司债券存根簿。

无记名公司债券的转让,由债券持有人将该债券交付给受让人后即发生转让的效力。

第一百六十一条 上市公司经股东大会决议可以发行可转换为股票的公司债券,并在公司债券募集办法中规定具体的转换办法。上市公司发行可转换为股票的公司债券,应当报国务院证券监督管理机构核准。

发行可转换为股票的公司债券,应当在债券上标明可转换公司债券字样,并在公司债券存根簿上载明可转换公司债券的数额。

第一百六十二条 发行可转换为股票的公司债券的,公司应当按照其转换办法向债券持有人换发股票,但债券持有人对转换股票或者不转换股票有选择权。

第八章 公司财务、会计

第一百六十三条 公司应当依照法律、行政法规和国务院财政部门的规定建立本公司的财务、会计制度。

第一百六十四条 公司应当在每一会计年度终了时编制财务会计报告,并依法经会计师事务所审计。

财务会计报告应当依照法律、行政法规和国务院财政部门的规定制作。

第一百六十五条 有限责任公司应当依照公司章程规定的期限将财务会计报告送交各股东。

股份有限公司的财务会计报告应当在召开股东大会年会的二十日前置备于本公司,供股东查阅;公开发行股票的股份有限公司必须公告其财务会计报告。

第一百六十六条 公司分配当年税后利润时,应当提取利润的百分之十列入公司法定公积金。公司法定公积金累计额为公司注册资本的百分之五十以上的,可以不再提取。

公司的法定公积金不足以弥补以前年度亏损的,在依照前款规定提取法定公积金之前,应当先用当年利润弥补亏损。

公司从税后利润中提取法定公积金后，经股东会或者股东大会决议，还可以从税后利润中提取任意公积金。

公司弥补亏损和提取公积金后所余税后利润，有限责任公司依照本法第三十四条的规定分配；股份有限公司按照股东持有的股份比例分配，但股份有限公司章程规定不按持股比例分配的除外。

股东会、股东大会或者董事会违反前款规定，在公司弥补亏损和提取法定公积金之前向股东分配利润的，股东必须将违反规定分配的利润退还公司。

公司持有的本公司股份不得分配利润。

第一百六十七条 股份有限公司以超过股票票面金额的发行价格发行股份所得的溢价款以及国务院财政部门规定列入资本公积金的其他收入，应当列为公司资本公积金。

第一百六十八条 公司的公积金用于弥补公司的亏损、扩大公司生产经营或者转为增加公司资本。但是，资本公积金不得用于弥补公司的亏损。

法定公积金转为资本时，所留存的该项公积金不得少于转增前公司注册资本的百分之二十五。

第一百六十九条 公司聘用、解聘承办公司审计业务的会计师事务所，依照公司章程的规定，由股东会、股东大会或者董事会决定。

公司股东会、股东大会或者董事会就解聘会计师事务所进行表决时，应当允许会计师事务所陈述意见。

第一百七十条 公司应当向聘用的会计师事务所提供真实、完整的会计凭证、会计账簿、财务会计报告及其他会计资料，不得拒绝、隐匿、谎报。

第一百七十一条 公司除法定的会计账簿外，不得另立会计账簿。

对公司资产，不得以任何个人名义开立账户存储。

第九章 公司合并、分立、增资、减资

第一百七十二条 公司合并可以采取吸收合并或者新设合并。

一个公司吸收其他公司为吸收合并，被吸收的公司解散。两个以上公司合并设立一个新的公司为新设合并，合并各方解散。

第一百七十三条 公司合并，应当由合并各方签订合并协议，并编制资产负债表及财产清单。公司应当自作出合并决议之日起十日内通知债权

人,并于三十日内在报纸上公告。债权人自接到通知书之日起三十日内,未接到通知书的自公告之日起四十五日内,可以要求公司清偿债务或者提供相应的担保。

第一百七十四条 公司合并时,合并各方的债权、债务,应当由合并后存续的公司或者新设的公司承继。

第一百七十五条 公司分立,其财产作相应的分割。

公司分立,应当编制资产负债表及财产清单。公司应当自作出分立决议之日起十日内通知债权人,并于三十日内在报纸上公告。

第一百七十六条 公司分立前的债务由分立后的公司承担连带责任。但是,公司在分立前与债权人就债务清偿达成的书面协议另有约定的除外。

第一百七十七条 公司需要减少注册资本时,必须编制资产负债表及财产清单。

公司应当自作出减少注册资本决议之日起十日内通知债权人,并于三十日内在报纸上公告。债权人自接到通知书之日起三十日内,未接到通知书的自公告之日起四十五日内,有权要求公司清偿债务或者提供相应的担保。

第一百七十八条 有限责任公司增加注册资本时,股东认缴新增资本的出资,依照本法设立有限责任公司缴纳出资的有关规定执行。

股份有限公司为增加注册资本发行新股时,股东认购新股,依照本法设立股份有限公司缴纳股款的有关规定执行。

第一百七十九条 公司合并或者分立,登记事项发生变更的,应当依法向公司登记机关办理变更登记;公司解散的,应当依法办理公司注销登记;设立新公司的,应当依法办理公司设立登记。

公司增加或者减少注册资本,应当依法向公司登记机关办理变更登记。

第十章 公司解散和清算

第一百八十条 公司因下列原因解散:

(一)公司章程规定的营业期限届满或者公司章程规定的其他解散事由出现;

(二)股东会或者股东大会决议解散;

(三)因公司合并或者分立需要解散;

（四）依法被吊销营业执照、责令关闭或者被撤销；

（五）人民法院依照本法第一百八十二条的规定予以解散。

第一百八十一条 公司有本法第一百八十条第（一）项情形的，可以通过修改公司章程而存续。

依照前款规定修改公司章程，有限责任公司须经持有三分之二以上表决权的股东通过，股份有限公司须经出席股东大会会议的股东所持表决权的三分之二以上通过。

第一百八十二条 公司经营管理发生严重困难，继续存续会使股东利益受到重大损失，通过其他途径不能解决的，持有公司全部股东表决权百分之十以上的股东，可以请求人民法院解散公司。

第一百八十三条 公司因本法第一百八十条第（一）项、第（二）项、第（四）项、第（五）项规定而解散的，应当在解散事由出现之日起十五日内成立清算组，开始清算。有限责任公司的清算组由股东组成，股份有限公司的清算组由董事或者股东大会确定的人员组成。逾期不成立清算组进行清算的，债权人可以申请人民法院指定有关人员组成清算组进行清算。人民法院应当受理该申请，并及时组织清算组进行清算。

第一百八十四条 清算组在清算期间行使下列职权：

（一）清理公司财产，分别编制资产负债表和财产清单；

（二）通知、公告债权人；

（三）处理与清算有关的公司未了结的业务；

（四）清缴所欠税款以及清算过程中产生的税款；

（五）清理债权、债务；

（六）处理公司清偿债务后的剩余财产；

（七）代表公司参与民事诉讼活动。

第一百八十五条 清算组应当自成立之日起十日内通知债权人，并于六十日内在报纸上公告。债权人应当自接到通知书之日起三十日内，未接到通知书的自公告之日起四十五日内，向清算组申报其债权。

债权人申报债权，应当说明债权的有关事项，并提供证明材料。清算组应当对债权进行登记。

在申报债权期间，清算组不得对债权人进行清偿。

第一百八十六条 清算组在清理公司财产、编制资产负债表和财产清单后,应当制定清算方案,并报股东会、股东大会或者人民法院确认。

公司财产在分别支付清算费用、职工的工资、社会保险费用和法定补偿金,缴纳所欠税款,清偿公司债务后的剩余财产,有限责任公司按照股东的出资比例分配,股份有限公司按照股东持有的股份比例分配。

清算期间,公司存续,但不得开展与清算无关的经营活动。公司财产在未依照前款规定清偿前,不得分配给股东。

第一百八十七条 清算组在清理公司财产、编制资产负债表和财产清单后,发现公司财产不足清偿债务的,应当依法向人民法院申请宣告破产。

公司经人民法院裁定宣告破产后,清算组应当将清算事务移交给人民法院。

第一百八十八条 公司清算结束后,清算组应当制作清算报告,报股东会、股东大会或者人民法院确认,并报送公司登记机关,申请注销公司登记,公告公司终止。

第一百八十九条 清算组成员应当忠于职守,依法履行清算义务。

清算组成员不得利用职权收受贿赂或者其他非法收入,不得侵占公司财产。

清算组成员因故意或者重大过失给公司或者债权人造成损失的,应当承担赔偿责任。

第一百九十条 公司被依法宣告破产的,依照有关企业破产的法律实施破产清算。

第十一章　外国公司的分支机构

第一百九十一条 本法所称外国公司是指依照外国法律在中国境外设立的公司。

第一百九十二条 外国公司在中国境内设立分支机构,必须向中国主管机关提出申请,并提交其公司章程、所属国的公司登记证书等有关文件,经批准后,向公司登记机关依法办理登记,领取营业执照。

外国公司分支机构的审批办法由国务院另行规定。

第一百九十三条 外国公司在中国境内设立分支机构,必须在中国境内指定负责该分支机构的代表人或者代理人,并向该分支机构拨付与其所从事的经营活动相适应的资金。

对外国公司分支机构的经营资金需要规定最低限额的，由国务院另行规定。

第一百九十四条 外国公司的分支机构应当在其名称中标明该外国公司的国籍及责任形式。

外国公司的分支机构应当在本机构中置备该外国公司章程。

第一百九十五条 外国公司在中国境内设立的分支机构不具有中国法人资格。

外国公司对其分支机构在中国境内进行经营活动承担民事责任。

第一百九十六条 经批准设立的外国公司分支机构，在中国境内从事业务活动，必须遵守中国的法律，不得损害中国的社会公共利益，其合法权益受中国法律保护。

第一百九十七条 外国公司撤销其在中国境内的分支机构时，必须依法清偿债务，依照本法有关公司清算程序的规定进行清算。未清偿债务之前，不得将其分支机构的财产移至中国境外。

第十二章 法律责任

第一百九十八条 违反本法规定，虚报注册资本、提交虚假材料或者采取其他欺诈手段隐瞒重要事实取得公司登记的，由公司登记机关责令改正，对虚报注册资本的公司，处以虚报注册资本金额百分之五以上百分之十五以下的罚款；对提交虚假材料或者采取其他欺诈手段隐瞒重要事实的公司，处以五万元以上五十万元以下的罚款；情节严重的，撤销公司登记或者吊销营业执照。

第一百九十九条 公司的发起人、股东虚假出资，未交付或者未按期交付作为出资的货币或者非货币财产的，由公司登记机关责令改正，处以虚假出资金额百分之五以上百分之十五以下的罚款。

第二百条 公司的发起人、股东在公司成立后，抽逃其出资的，由公司登记机关责令改正，处以所抽逃出资金额百分之五以上百分之十五以下的罚款。

第二百零一条 公司违反本法规定，在法定的会计账簿以外另立会计账簿的，由县级以上人民政府财政部门责令改正，处以五万元以上五十万元以下的罚款。

第二百零二条 公司在依法向有关主管部门提供的财务会计报告等材料上作虚假记载或者隐瞒重要事实的，由有关主管部门对直接负责的主管人员和其他直接责任人员处以三万元以上三十万元以下的罚款。

第二百零三条 公司不依照本法规定提取法定公积金的，由县级以上人民政府财政部门责令如数补足应当提取的金额，可以对公司处以二十万元以下的罚款。

第二百零四条 公司在合并、分立、减少注册资本或者进行清算时，不依照本法规定通知或者公告债权人的，由公司登记机关责令改正，对公司处以一万元以上十万元以下的罚款。

公司在进行清算时，隐匿财产，对资产负债表或者财产清单作虚假记载或者在未清偿债务前分配公司财产的，由公司登记机关责令改正，对公司处以隐匿财产或者未清偿债务前分配公司财产金额百分之五以上百分之十以下的罚款；对直接负责的主管人员和其他直接责任人员处以一万元以上十万元以下的罚款。

第二百零五条 公司在清算期间开展与清算无关的经营活动的，由公司登记机关予以警告，没收违法所得。

第二百零六条 清算组不依照本法规定向公司登记机关报送清算报告，或者报送清算报告隐瞒重要事实或者有重大遗漏的，由公司登记机关责令改正。

清算组成员利用职权徇私舞弊、谋取非法收入或者侵占公司财产的，由公司登记机关责令退还公司财产，没收违法所得，并可以处以违法所得一倍以上五倍以下的罚款。

第二百零七条 承担资产评估、验资或者验证的机构提供虚假材料的，由公司登记机关没收违法所得，处以违法所得一倍以上五倍以下的罚款，并可以由有关主管部门依法责令该机构停业、吊销直接责任人员的资格证书，吊销营业执照。

承担资产评估、验资或者验证的机构因过失提供有重大遗漏的报告的，由公司登记机关责令改正，情节较重的，处以所得收入一倍以上五倍以下的罚款，并可以由有关主管部门依法责令该机构停业、吊销直接责任人员的资格证书，吊销营业执照。

承担资产评估、验资或者验证的机构因其出具的评估结果、验资或者验证证明不实，给公司债权人造成损失的，除能够证明自己没有过错的外，在其评估或者证明不实的金额范围内承担赔偿责任。

第二百零八条 公司登记机关对不符合本法规定条件的登记申请予以登记，或者对符合本法规定条件的登记申请不予登记的，对直接负责的主管人员和其他直接责任人员，依法给予行政处分。

第二百零九条 公司登记机关的上级部门强令公司登记机关对不符合本法规定条件的登记申请予以登记，或者对符合本法规定条件的登记申请不予登记的，或者对违法登记进行包庇的，对直接负责的主管人员和其他直接责任人员依法给予行政处分。

第二百一十条 未依法登记为有限责任公司或者股份有限公司，而冒用有限责任公司或者股份有限公司名义的，或者未依法登记为有限责任公司或者股份有限公司的分公司，而冒用有限责任公司或者股份有限公司的分公司名义的，由公司登记机关责令改正或者予以取缔，可以并处十万元以下的罚款。

第二百一十一条 公司成立后无正当理由超过六个月未开业的，或者开业后自行停业连续六个月以上的，可以由公司登记机关吊销营业执照。

公司登记事项发生变更时，未依照本法规定办理有关变更登记的，由公司登记机关责令限期登记；逾期不登记的，处以一万元以上十万元以下的罚款。

第二百一十二条 外国公司违反本法规定，擅自在中国境内设立分支机构的，由公司登记机关责令改正或者关闭，可以并处五万元以上二十万元以下的罚款。

第二百一十三条 利用公司名义从事危害国家安全、社会公共利益的严重违法行为的，吊销营业执照。

第二百一十四条 公司违反本法规定，应当承担民事赔偿责任和缴纳罚款、罚金的，其财产不足以支付时，先承担民事赔偿责任。

第二百一十五条 违反本法规定，构成犯罪的，依法追究刑事责任。

第十三章 附 则

第二百一十六条 本法下列用语的含义：

（一）高级管理人员，是指公司的经理、副经理、财务负责人，上市公司董事会秘书和公司章程规定的其他人员。

(二)控股股东,是指其出资额占有限责任公司资本总额百分之五十以上或者其持有的股份占股份有限公司股本总额百分之五十以上的股东;出资额或者持有股份的比例虽然不足百分之五十,但依其出资额或者持有的股份所享有的表决权已足以对股东会、股东大会的决议产生重大影响的股东。

(三)实际控制人,是指虽不是公司的股东,但通过投资关系、协议或者其他安排,能够实际支配公司行为的人。

(四)关联关系,是指公司控股股东、实际控制人、董事、监事、高级管理人员与其直接或者间接控制的企业之间的关系,以及可能导致公司利益转移的其他关系。但是,国家控股的企业之间不仅因为同受国家控股而具有关联关系。

第二百一十七条 外商投资的有限责任公司和股份有限公司适用本法;有关外商投资的法律另有规定的,适用其规定。

第二百一十八条 本法自 2006 年 1 月 1 日起施行。

附录 2：

最高人民法院
关于适用《中华人民共和国公司法》
若干问题的规定(一)

［2006 年 3 月 27 日最高人民法院审判委员会第 1382 次会议通过　2006 年 4 月 28 日公布　法释〔2006〕3 号　根据 2014 年 2 月 20 日最高人民法院《关于修改关于适用〈中华人民共和国公司法〉若干问题的规定的决定》(法释〔2014〕2 号)修正］

为正确适用 2005 年 10 月 27 日十届全国人大常委会第十八次会议修订的《中华人民共和国公司法》，对人民法院在审理相关的民事纠纷案件中，具体适用公司法的有关问题规定如下：

第一条　公司法实施后，人民法院尚未审结的和新受理的民事案件，其民事行为或事件发生在公司法实施以前的，适用当时的法律法规和司法解释。

第二条　因公司法实施前有关民事行为或者事件发生纠纷起诉到人民法院的，如当时的法律法规和司法解释没有明确规定时，可参照适用公司法的有关规定。

第三条　原告以公司法第二十二条第二款、第七十四条第二款规定事由，向人民法院提起诉讼时，超过公司法规定期限的，人民法院不予受理。

第四条　公司法第一百五十一条规定的 180 日以上连续持股期间，应为股东向人民法院提起诉讼时，已期满的持股时间；规定的合计持有公司百分之一以上股份，是指两个以上股东持股份额的合计。

第五条　人民法院对公司法实施前已经终审的案件依法进行再审时，不适用公司法的规定。

第六条　本规定自公布之日起实施。

附录3：

最高人民法院
关于适用《中华人民共和国公司法》
若干问题的规定（二）

［2008年5月5日最高人民法院审判委员会第1447次会议通过　2008年5月12日公布　法释〔2008〕6号　根据2014年2月20日最高人民法院《关于修改关于适用〈中华人民共和国公司法〉若干问题的规定的决定》（法释〔2014〕2号）修正）］

为正确适用《中华人民共和国公司法》，结合审判实践，就人民法院审理公司解散和清算案件适用法律问题作出如下规定。

第一条　单独或者合计持有公司全部股东表决权百分之十以上的股东，以下列事由之一提起解散公司诉讼，并符合公司法第一百八十二条规定的，人民法院应予受理：

（一）公司持续两年以上无法召开股东会或者股东大会，公司经营管理发生严重困难的；

（二）股东表决时无法达到法定或者公司章程规定的比例，持续两年以上不能做出有效的股东会或者股东大会决议，公司经营管理发生严重困难的；

（三）公司董事长期冲突，且无法通过股东会或者股东大会解决，公司经营管理发生严重困难的；

（四）经营管理发生其他严重困难，公司继续存续会使股东利益受到重大损失的情形。

股东以知情权、利润分配请求权等权益受到损害，或者公司亏损、财产不足以偿还全部债务，以及公司被吊销企业法人营业执照未进行清算等为由，提起解散公司诉讼的，人民法院不予受理。

第二条 股东提起解散公司诉讼，同时又申请人民法院对公司进行清算的，人民法院对其提出的清算申请不予受理。人民法院可以告知原告，在人民法院判决解散公司后，依据公司法第一百八十三条和本规定第七条的规定，自行组织清算或者另行申请人民法院对公司进行清算。

第三条 股东提起解散公司诉讼时，向人民法院申请财产保全或者证据保全的，在股东提供担保且不影响公司正常经营的情形下，人民法院可予以保全。

第四条 股东提起解散公司诉讼应当以公司为被告。

原告以其他股东为被告一并提起诉讼的，人民法院应当告知原告将其他股东变更为第三人；原告坚持不予变更的，人民法院应当驳回原告对其他股东的起诉。

原告提起解散公司诉讼应当告知其他股东，或者由人民法院通知其参加诉讼。其他股东或者有关利害关系人申请以共同原告或者第三人身份参加诉讼的，人民法院应予准许。

第五条 人民法院审理解散公司诉讼案件，应当注重调解。当事人协商同意由公司或者股东收购股份，或者以减资等方式使公司存续，且不违反法律、行政法规强制性规定的，人民法院应予支持。当事人不能协商一致使公司存续的，人民法院应当及时判决。

经人民法院调解公司收购原告股份的，公司应当自调解书生效之日起六个月内将股份转让或者注销。股份转让或者注销之前，原告不得以公司收购其股份为由对抗公司债权人。

第六条 人民法院关于解散公司诉讼作出的判决，对公司全体股东具有法律约束力。

人民法院判决驳回解散公司诉讼请求后，提起该诉讼的股东或者其他股东又以同一事实和理由提起解散公司诉讼的，人民法院不予受理。

第七条 公司应当依照公司法第一百八十三条的规定，在解散事由出现之日起十五日内成立清算组，开始自行清算。

有下列情形之一，债权人申请人民法院指定清算组进行清算的，人民法院应予受理：

（一）公司解散逾期不成立清算组进行清算的；

（二）虽然成立清算组但故意拖延清算的；

(三)违法清算可能严重损害债权人或者股东利益的。

具有本条第二款所列情形,而债权人未提起清算申请,公司股东申请人民法院指定清算组对公司进行清算的,人民法院应予受理。

第八条 人民法院受理公司清算案件,应当及时指定有关人员组成清算组。

清算组成员可以从下列人员或者机构中产生:

(一)公司股东、董事、监事、高级管理人员;

(二)依法设立的律师事务所、会计师事务所、破产清算事务所等社会中介机构;

(三)依法设立的律师事务所、会计师事务所、破产清算事务所等社会中介机构中具备相关专业知识并取得执业资格的人员。

第九条 人民法院指定的清算组成员有下列情形之一的,人民法院可以根据债权人、股东的申请,或者依职权更换清算组成员:

(一)有违反法律或者行政法规的行为;

(二)丧失执业能力或者民事行为能力;

(三)有严重损害公司或者债权人利益的行为。

第十条 公司依法清算结束并办理注销登记前,有关公司的民事诉讼,应当以公司的名义进行。

公司成立清算组的,由清算组负责人代表公司参加诉讼;尚未成立清算组的,由原法定代表人代表公司参加诉讼。

第十一条 公司清算时,清算组应当按照公司法第一百八十五条的规定,将公司解散清算事宜书面通知全体已知债权人,并根据公司规模和营业地域范围在全国或者公司注册登记地省级有影响的报纸上进行公告。

清算组未按照前款规定履行通知和公告义务,导致债权人未及时申报债权而未获清偿,债权人主张清算组成员对因此造成的损失承担赔偿责任的,人民法院应依法予以支持。

第十二条 公司清算时,债权人对清算组核定的债权有异议的,可以要求清算组重新核定。清算组不予重新核定,或者债权人对重新核定的债权仍有异议,债权人以公司为被告向人民法院提起诉讼请求确认的,人民法院应予受理。

第十三条 债权人在规定的期限内未申报债权,在公司清算程序终结前补充申报的,清算组应予登记。

公司清算程序终结,是指清算报告经股东会、股东大会或者人民法院确认完毕。

第十四条 债权人补充申报的债权,可以在公司尚未分配财产中依法清偿。公司尚未分配财产不能全额清偿,债权人主张股东以其在剩余财产分配中已经取得的财产予以清偿的,人民法院应予支持;但债权人因重大过错未在规定期限内申报债权的除外。

债权人或者清算组,以公司尚未分配财产和股东在剩余财产分配中已经取得的财产,不能全额清偿补充申报的债权为由,向人民法院提出破产清算申请的,人民法院不予受理。

第十五条 公司自行清算的,清算方案应当报股东会或者股东大会决议确认;人民法院组织清算的,清算方案应当报人民法院确认。未经确认的清算方案,清算组不得执行。

执行未经确认的清算方案给公司或者债权人造成损失,公司、股东或者债权人主张清算组成员承担赔偿责任的,人民法院应依法予以支持。

第十六条 人民法院组织清算的,清算组应当自成立之日起六个月内清算完毕。

因特殊情况无法在六个月内完成清算的,清算组应当向人民法院申请延长。

第十七条 人民法院指定的清算组在清理公司财产、编制资产负债表和财产清单时,发现公司财产不足清偿债务的,可以与债权人协商制作有关债务清偿方案。

债务清偿方案经全体债权人确认且不损害其他利害关系人利益的,人民法院可依清算组的申请裁定予以认可。清算组依据该清偿方案清偿债务后,应当向人民法院申请裁定终结清算程序。

债权人对债务清偿方案不予确认或者人民法院不予认可的,清算组应当依法向人民法院申请宣告破产。

第十八条 有限责任公司的股东、股份有限公司的董事和控股股东未在法定期限内成立清算组开始清算,导致公司财产贬值、流失、毁损或者灭失,债权人主张其在造成损失范围内对公司债务承担赔偿责任的,人民法院应依法予以支持。

有限责任公司的股东、股份有限公司的董事和控股股东因怠于履行义务，导致公司主要财产、账册、重要文件等灭失，无法进行清算，债权人主张其对公司债务承担连带清偿责任的，人民法院应依法予以支持。

上述情形系实际控制人原因造成，债权人主张实际控制人对公司债务承担相应民事责任的，人民法院应依法予以支持。

第十九条 有限责任公司的股东、股份有限公司的董事和控股股东，以及公司的实际控制人在公司解散后，恶意处置公司财产给债权人造成损失，或者未经依法清算，以虚假的清算报告骗取公司登记机关办理法人注销登记，债权人主张其对公司债务承担相应赔偿责任的，人民法院应依法予以支持。

第二十条 公司解散应当在依法清算完毕后，申请办理注销登记。公司未经清算即办理注销登记，导致公司无法进行清算，债权人主张有限责任公司的股东、股份有限公司的董事和控股股东，以及公司的实际控制人对公司债务承担清偿责任的，人民法院应依法予以支持。

公司未经依法清算即办理注销登记，股东或者第三人在公司登记机关办理注销登记时承诺对公司债务承担责任，债权人主张其对公司债务承担相应民事责任的，人民法院应依法予以支持。

第二十一条 有限责任公司的股东、股份有限公司的董事和控股股东，以及公司的实际控制人为二人以上的，其中一人或者数人按照本规定第十八条和第二十条第一款的规定承担民事责任后，主张其他人员按照过错大小分担责任的，人民法院应依法予以支持。

第二十二条 公司解散时，股东尚未缴纳的出资均应作为清算财产。股东尚未缴纳的出资，包括到期应缴未缴的出资，以及依照公司法第二十六条和第八十条的规定分期缴纳尚未届满缴纳期限的出资。

公司财产不足以清偿债务时，债权人主张未缴出资股东，以及公司设立时的其他股东或者发起人在未缴出资范围内对公司债务承担连带清偿责任的，人民法院应依法予以支持。

第二十三条 清算组成员从事清算事务时，违反法律、行政法规或者公司章程给公司或者债权人造成损失，公司或者债权人主张其承担赔偿责任的，人民法院应依法予以支持。

有限责任公司的股东、股份有限公司连续一百八十日以上单独或者合计持有公司百分之一以上股份的股东，依据公司法第一百五十一条第三款的规定，以清算组成员有前款所述行为为由向人民法院提起诉讼的，人民法院应予受理。

公司已经清算完毕注销，上述股东参照公司法第一百五十一条第三款的规定，直接以清算组成员为被告、其他股东为第三人向人民法院提起诉讼的，人民法院应予受理。

第二十四条 解散公司诉讼案件和公司清算案件由公司住所地人民法院管辖。公司住所地是指公司主要办事机构所在地。公司办事机构所在地不明确的，由其注册地人民法院管辖。

基层人民法院管辖县、县级市或者区的公司登记机关核准登记公司的解散诉讼案件和公司清算案件；中级人民法院管辖地区、地级市以上的公司登记机关核准登记公司的解散诉讼案件和公司清算案件。

附录4：

最高人民法院
关于适用《中华人民共和国公司法》
若干问题的规定（三）

［2010年12月6日最高人民法院审判委员会第1504次会议通过　2011年1月27日公布　法释〔2011〕3号　根据2014年2月20日最高人民法院《关于修改关于适用〈中华人民共和国公司法〉若干问题的规定的决定》（法释〔2014〕2号）修正］

为正确适用《中华人民共和国公司法》，结合审判实践，就人民法院审理公司设立、出资、股权确认等纠纷案件适用法律问题作出如下规定。

第一条　为设立公司而签署公司章程、向公司认购出资或者股份并履行公司设立职责的人，应当认定为公司的发起人，包括有限责任公司设立时的股东。

第二条　发起人为设立公司以自己名义对外签订合同，合同相对人请求该发起人承担合同责任的，人民法院应予支持。

公司成立后对前款规定的合同予以确认，或者已经实际享有合同权利或者履行合同义务，合同相对人请求公司承担合同责任的，人民法院应予支持。

第三条　发起人以设立中公司名义对外签订合同，公司成立后合同相对人请求公司承担合同责任的，人民法院应予支持。

公司成立后有证据证明发起人利用设立中公司的名义为自己的利益与相对人签订合同，公司以此为由主张不承担合同责任的，人民法院应予支持，但相对人为善意的除外。

第四条　公司因故未成立，债权人请求全体或者部分发起人对设立公司行为所产生的费用和债务承担连带清偿责任的，人民法院应予支持。

部分发起人依照前款规定承担责任后，请求其他发起人分担的，人民法院应当判令其他发起人按照约定的责任承担比例分担责任；没有约定责任承担比例的，按照约定的出资比例分担责任；没有约定出资比例的，按照均等份额分担责任。

因部分发起人的过错导致公司未成立，其他发起人主张其承担设立行为所产生的费用和债务的，人民法院应当根据过错情况，确定过错一方的责任范围。

第五条 发起人因履行公司设立职责造成他人损害，公司成立后受害人请求公司承担侵权赔偿责任的，人民法院应予支持；公司未成立，受害人请求全体发起人承担连带赔偿责任的，人民法院应予支持。

公司或者无过错的发起人承担赔偿责任后，可以向有过错的发起人追偿。

第六条 股份有限公司的认股人未按期缴纳所认股份的股款，经公司发起人催缴后在合理期间内仍未缴纳，公司发起人对该股份另行募集的，人民法院应当认定该募集行为有效。认股人延期缴纳股款给公司造成损失，公司请求该认股人承担赔偿责任的，人民法院应予支持。

第七条 出资人以不享有处分权的财产出资，当事人之间对于出资行为效力产生争议的，人民法院可以参照物权法第一百零六条的规定予以认定。

以贪污、受贿、侵占、挪用等违法犯罪所得的货币出资后取得股权的，对违法犯罪行为予以追究、处罚时，应当采取拍卖或者变卖的方式处置其股权。

第八条 出资人以划拨土地使用权出资，或者以设定权利负担的土地使用权出资，公司、其他股东或者公司债权人主张认定出资人未履行出资义务的，人民法院应当责令当事人在指定的合理期间内办理土地变更手续或者解除权利负担；逾期未办理或者未解除的，人民法院应当认定出资人未依法全面履行出资义务。

第九条 出资人以非货币财产出资，未依法评估作价，公司、其他股东或者公司债权人请求认定出资人未履行出资义务的，人民法院应当委托具有合法资格的评估机构对该财产评估作价。评估确定的价额显著低于公司章程所定价额的，人民法院应当认定出资人未依法全面履行出资义务。

第十条 出资人以房屋、土地使用权或者需要办理权属登记的知识产权等财产出资，已经交付公司使用但未办理权属变更手续，公司、其他股东或者公司债权人主张认定出资人未履行出资义务的，人民法院应当责令当事人在指定的合理期间内办理权属变更手续；在前述期间内办理了权属变更手续的，人民法院应当认定其已经履行了出资义务；出资人主张自其实际交付财产给公司使用时享有相应股东权利的，人民法院应予支持。

出资人以前款规定的财产出资，已经办理权属变更手续但未交付给公司使用，公司或者其他股东主张其向公司交付、并在实际交付之前不享有相应股东权利的，人民法院应予支持。

第十一条 出资人以其他公司股权出资，符合下列条件的，人民法院应当认定出资人已履行出资义务：

(一)出资的股权由出资人合法持有并依法可以转让；

(二)出资的股权无权利瑕疵或者权利负担；

(三)出资人已履行关于股权转让的法定手续；

(四)出资的股权已依法进行了价值评估。

股权出资不符合前款第(一)、(二)、(三)项的规定，公司、其他股东或者公司债权人请求认定出资人未履行出资义务的，人民法院应当责令该出资人在指定的合理期间内采取补正措施，以符合上述条件；逾期未补正的，人民法院应当认定其未依法全面履行出资义务。

股权出资不符合本条第一款第(四)项的规定，公司、其他股东或者公司债权人请求认定出资人未履行出资义务的，人民法院应当按照本规定第九条的规定处理。

第十二条 公司成立后，公司、股东或者公司债权人以相关股东的行为符合下列情形之一且损害公司权益为由，请求认定该股东抽逃出资的，人民法院应予支持：

(一)制作虚假财务会计报表虚增利润进行分配；

(二)通过虚构债权债务关系将其出资转出；

(三)利用关联交易将出资转出；

(四)其他未经法定程序将出资抽回的行为。

第十三条 股东未履行或者未全面履行出资义务，公司或者其他股东请求其向公司依法全面履行出资义务的，人民法院应予支持。

公司债权人请求未履行或者未全面履行出资义务的股东在未出资本息范围内对公司债务不能清偿的部分承担补充赔偿责任的,人民法院应予支持;未履行或者未全面履行出资义务的股东已经承担上述责任,其他债权人提出相同请求的,人民法院不予支持。

股东在公司设立时未履行或者未全面履行出资义务,依照本条第一款或者第二款提起诉讼的原告,请求公司的发起人与被告股东承担连带责任的,人民法院应予支持;公司的发起人承担责任后,可以向被告股东追偿。

股东在公司增资时未履行或者未全面履行出资义务,依照本条第一款或者第二款提起诉讼的原告,请求未尽公司法第一百四十七条第一款规定的义务而使出资未缴足的董事、高级管理人员承担相应责任的,人民法院应予支持;董事、高级管理人员承担责任后,可以向被告股东追偿。

第十四条 股东抽逃出资,公司或者其他股东请求其向公司返还出资本息、协助抽逃出资的其他股东、董事、高级管理人员或者实际控制人对此承担连带责任的,人民法院应予支持。

公司债权人请求抽逃出资的股东在抽逃出资本息范围内对公司债务不能清偿的部分承担补充赔偿责任、协助抽逃出资的其他股东、董事、高级管理人员或者实际控制人对此承担连带责任的,人民法院应予支持;抽逃出资的股东已经承担上述责任,其他债权人提出相同请求的,人民法院不予支持。

第十五条 出资人以符合法定条件的非货币财产出资后,因市场变化或者其他客观因素导致出资财产贬值,公司、其他股东或者公司债权人请求该出资人承担补足出资责任的,人民法院不予支持。但是,当事人另有约定的除外。

第十六条 股东未履行或者未全面履行出资义务或者抽逃出资,公司根据公司章程或者股东会决议对其利润分配请求权、新股优先认购权、剩余财产分配请求权等股东权利作出相应的合理限制,该股东请求认定该限制无效的,人民法院不予支持。

第十七条 有限责任公司的股东未履行出资义务或者抽逃全部出资,经公司催告缴纳或者返还,其在合理期间内仍未缴纳或者返还出资,公司以股东会决议解除该股东的股东资格,该股东请求确认该解除行为无效的,人民法院不予支持。

在前款规定的情形下,人民法院在判决时应当释明,公司应当及时办理法定减资程序或者由其他股东或者第三人缴纳相应的出资。在办理法定减资程序或者其他股东或者第三人缴纳相应的出资之前,公司债权人依照本规定第十三条或者第十四条请求相关当事人承担相应责任的,人民法院应予支持。

第十八条 有限责任公司的股东未履行或者未全面履行出资义务即转让股权,受让人对此知道或者应当知道,公司请求该股东履行出资义务、受让人对此承担连带责任的,人民法院应予支持;公司债权人依照本规定第十三条第二款向该股东提起诉讼,同时请求前述受让人对此承担连带责任的,人民法院应予支持。

受让人根据前款规定承担责任后,向该未履行或者未全面履行出资义务的股东追偿的,人民法院应予支持。但是,当事人另有约定的除外。

第十九条 公司股东未履行或者未全面履行出资义务或者抽逃出资,公司或者其他股东请求其向公司全面履行出资义务或者返还出资,被告股东以诉讼时效为由进行抗辩的,人民法院不予支持。

公司债权人的债权未过诉讼时效期间,其依照本规定第十三条第二款、第十四条第二款的规定请求未履行或者未全面履行出资义务或者抽逃出资的股东承担赔偿责任,被告股东以出资义务或者返还出资义务超过诉讼时效期间为由进行抗辩的,人民法院不予支持。

第二十条 当事人之间对是否已履行出资义务发生争议,原告提供对股东履行出资义务产生合理怀疑证据的,被告股东应当就其已履行出资义务承担举证责任。

第二十一条 当事人向人民法院起诉请求确认其股东资格的,应当以公司为被告,与案件争议股权有利害关系的人作为第三人参加诉讼。

第二十二条 当事人之间对股权归属发生争议,一方请求人民法院确认其享有股权的,应当证明以下事实之一:

(一)已经依法向公司出资或者认缴出资,且不违反法律法规强制性规定;

(二)已经受让或者以其他形式继受公司股权,且不违反法律法规强制性规定。

第二十三条 当事人依法履行出资义务或者依法继受取得股权后,公司未根据公司法第三十一条、第三十二条的规定签发出资证明书、记载于股东名册并办理公司登记机关登记，当事人请求公司履行上述义务的，人民法院应予支持。

第二十四条 有限责任公司的实际出资人与名义出资人订立合同，约定由实际出资人出资并享有投资权益，以名义出资人为名义股东，实际出资人与名义股东对该合同效力发生争议的，如无合同法第五十二条规定的情形，人民法院应当认定该合同有效。

前款规定的实际出资人与名义股东因投资权益的归属发生争议，实际出资人以其实际履行了出资义务为由向名义股东主张权利的，人民法院应予支持。名义股东以公司股东名册记载、公司登记机关登记为由否认实际出资人权利的，人民法院不予支持。

实际出资人未经公司其他股东半数以上同意，请求公司变更股东、签发出资证明书、记载于股东名册、记载于公司章程并办理公司登记机关登记的，人民法院不予支持。

第二十五条 名义股东将登记于其名下的股权转让、质押或者以其他方式处分，实际出资人以其对于股权享有实际权利为由，请求认定处分股权行为无效的，人民法院可以参照物权法第一百零六条的规定处理。

名义股东处分股权造成实际出资人损失，实际出资人请求名义股东承担赔偿责任的，人民法院应予支持。

第二十六条 公司债权人以登记于公司登记机关的股东未履行出资义务为由，请求其对公司债务不能清偿的部分在未出资本息范围内承担补充赔偿责任，股东以其仅为名义股东而非实际出资人为由进行抗辩的，人民法院不予支持。

名义股东根据前款规定承担赔偿责任后，向实际出资人追偿的，人民法院应予支持。

第二十七条 股权转让后尚未向公司登记机关办理变更登记，原股东将仍登记于其名下的股权转让、质押或者以其他方式处分，受让股东以其对于股权享有实际权利为由，请求认定处分股权行为无效的，人民法院可以参照物权法第一百零六条的规定处理。

原股东处分股权造成受让股东损失，受让股东请求原股东承担赔偿责任、对于未及时办理变更登记有过错的董事、高级管理人员或者实际控制人承担相应责任的，人民法院应予支持；受让股东对于未及时办理变更登记也有过错的，可以适当减轻上述董事、高级管理人员或者实际控制人的责任。

第二十八条 冒用他人名义出资并将该他人作为股东在公司登记机关登记的，冒名登记行为人应当承担相应责任；公司、其他股东或者公司债权人以未履行出资义务为由，请求被冒名登记为股东的承担补足出资责任或者对公司债务不能清偿部分的赔偿责任的，人民法院不予支持。

附录5：

最高人民法院
关于适用《中华人民共和国公司法》
若干问题的规定（四）

（2016年12月5日最高人民法院审判委员会第1702次会议通过　2017年8月25日公布　法释〔2017〕16号　自2017年9月1日起施行）

为正确适用《中华人民共和国公司法》，结合人民法院审判实践，现就公司决议效力、股东知情权、利润分配权、优先购买权和股东代表诉讼等案件适用法律问题作出如下规定。

第一条　公司股东、董事、监事等请求确认股东会或者股东大会、董事会决议无效或者不成立的，人民法院应当依法予以受理。

第二条　依据公司法第二十二条第二款请求撤销股东会或者股东大会、董事会决议的原告，应当在起诉时具有公司股东资格。

第三条　原告请求确认股东会或者股东大会、董事会决议不成立、无效或者撤销决议的案件，应当列公司为被告。对决议涉及的其他利害关系人，可以依法列为第三人。

一审法庭辩论终结前，其他有原告资格的人以相同的诉讼请求申请参加前款规定诉讼的，可以列为共同原告。

第四条　股东请求撤销股东会或者股东大会、董事会决议，符合公司法第二十二条第二款规定的，人民法院应当予以支持，但会议召集程序或者表决方式仅有轻微瑕疵，且对决议未产生实质影响的，人民法院不予支持。

第五条　股东会或者股东大会、董事会决议存在下列情形之一，当事人主张决议不成立的，人民法院应当予以支持：

（一）公司未召开会议的，但依据公司法第三十七条第二款或者公司章程规定可以不召开股东会或者股东大会而直接作出决定，并由全体股东在决定文件上签名、盖章的除外；

(二)会议未对决议事项进行表决的；

(三)出席会议的人数或者股东所持表决权不符合公司法或者公司章程规定的；

(四)会议的表决结果未达到公司法或者公司章程规定的通过比例的；

(五)导致决议不成立的其他情形。

第六条 股东会或者股东大会、董事会决议被人民法院判决确认无效或者撤销的，公司依据该决议与善意相对人形成的民事法律关系不受影响。

第七条 股东依据公司法第三十三条、第九十七条或者公司章程的规定，起诉请求查阅或者复制公司特定文件材料的，人民法院应当依法予以受理。

公司有证据证明前款规定的原告在起诉时不具有公司股东资格的，人民法院应当驳回起诉，但原告有初步证据证明在持股期间其合法权益受到损害，请求依法查阅或者复制其持股期间的公司特定文件材料的除外。

第八条 有限责任公司有证据证明股东存在下列情形之一的，人民法院应当认定股东有公司法第三十三条第二款规定的"不正当目的"：

(一)股东自营或者为他人经营与公司主营业务有实质性竞争关系业务的，但公司章程另有规定或者全体股东另有约定的除外；

(二)股东为了向他人通报有关信息查阅公司会计账簿，可能损害公司合法利益的；

(三)股东在向公司提出查阅请求之日前的三年内，曾通过查阅公司会计账簿，向他人通报有关信息损害公司合法利益的；

(四)股东有不正当目的的其他情形。

第九条 公司章程、股东之间的协议等实质性剥夺股东依据公司法第三十三条、第九十七条规定查阅或者复制公司文件材料的权利，公司以此为由拒绝股东查阅或者复制的，人民法院不予支持。

第十条 人民法院审理股东请求查阅或者复制公司特定文件材料的案件，对原告诉讼请求予以支持的，应当在判决中明确查阅或者复制公司特定文件材料的时间、地点和特定文件材料的名录。

股东依据人民法院生效判决查阅公司文件材料的，在该股东在场的情况下,可以由会计师、律师等依法或者依据执业行为规范负有保密义务的中介机构执业人员辅助进行。

第十一条 股东行使知情权后泄露公司商业秘密导致公司合法利益受到损害,公司请求该股东赔偿相关损失的,人民法院应当予以支持。

根据本规定第十条辅助股东查阅公司文件材料的会计师、律师等泄露公司商业秘密导致公司合法利益受到损害,公司请求其赔偿相关损失的,人民法院应当予以支持。

第十二条 公司董事、高级管理人员等未依法履行职责,导致公司未依法制作或者保存公司法第三十三条、第九十七条规定的公司文件材料,给股东造成损失,股东依法请求负有相应责任的公司董事、高级管理人员承担民事赔偿责任的,人民法院应当予以支持。

第十三条 股东请求公司分配利润案件,应当列公司为被告。

一审法庭辩论终结前,其他股东基于同一分配方案请求分配利润并申请参加诉讼的,应当列为共同原告。

第十四条 股东提交载明具体分配方案的股东会或者股东大会的有效决议,请求公司分配利润,公司拒绝分配利润且其关于无法执行决议的抗辩理由不成立的,人民法院应当判决公司按照决议载明的具体分配方案向股东分配利润。

第十五条 股东未提交载明具体分配方案的股东会或者股东大会决议,请求公司分配利润的,人民法院应当驳回其诉讼请求,但违反法律规定滥用股东权利导致公司不分配利润,给其他股东造成损失的除外。

第十六条 有限责任公司的自然人股东因继承发生变化时,其他股东主张依据公司法第七十一条第三款规定行使优先购买权的,人民法院不予支持,但公司章程另有规定或者全体股东另有约定的除外。

第十七条 有限责任公司的股东向股东以外的人转让股权,应就其股权转让事项以书面或者其他能够确认收悉的合理方式通知其他股东征求同意。其他股东半数以上不同意转让,不同意的股东不购买的,人民法院应当认定视为同意转让。

经股东同意转让的股权,其他股东主张转让股东应当向其以书面或者其他能够确认收悉的合理方式通知转让股权的同等条件的,人民法院应当予以支持。

经股东同意转让的股权,在同等条件下,转让股东以外的其他股东主张优先购买的,人民法院应当予以支持,但转让股东依据本规定第二十条放弃转让的除外。

第十八条 人民法院在判断是否符合公司法第七十一条第三款及本规定所称的“同等条件”时,应当考虑转让股权的数量、价格、支付方式及期限等因素。

第十九条 有限责任公司的股东主张优先购买转让股权的,应当在收到通知后,在公司章程规定的行使期间内提出购买请求。公司章程没有规定行使期间或者规定不明确的,以通知确定的期间为准,通知确定的期间短于三十日或者未明确行使期间的,行使期间为三十日。

第二十条 有限责任公司的转让股东,在其他股东主张优先购买后又不同意转让股权的,对其他股东优先购买的主张,人民法院不予支持,但公司章程另有规定或者全体股东另有约定的除外。其他股东主张转让股东赔偿其损失合理的,人民法院应当予以支持。

第二十一条 有限责任公司的股东向股东以外的人转让股权,未就其股权转让事项征求其他股东意见,或者以欺诈、恶意串通等手段,损害其他股东优先购买权,其他股东主张按照同等条件购买该转让股权的,人民法院应当予以支持,但其他股东自知道或者应当知道行使优先购买权的同等条件之日起三十日内没有主张,或者自股权变更登记之日起超过一年的除外。

前款规定的其他股东仅提出确认股权转让合同及股权变动效力等请求,未同时主张按照同等条件购买转让股权的,人民法院不予支持,但其他股东非因自身原因导致无法行使优先购买权,请求损害赔偿的除外。

股东以外的股权受让人,因股东行使优先购买权而不能实现合同目的的,可以依法请求转让股东承担相应民事责任。

第二十二条 通过拍卖向股东以外的人转让有限责任公司股权的,适用公司法第七十一条第二款、第三款或者第七十二条规定的“书面通知”“通知”“同等条件”时,根据相关法律、司法解释确定。

在依法设立的产权交易场所转让有限责任公司国有股权的,适用公司法第七十一条第二款、第三款或者第七十二条规定的“书面通知”“通知”“同等条件”时,可以参照产权交易场所的交易规则。

第二十三条 监事会或者不设监事会的有限责任公司的监事依据公司

法第一百五十一条第一款规定对董事、高级管理人员提起诉讼的，应当列公司为原告，依法由监事会主席或者不设监事会的有限责任公司的监事代表公司进行诉讼。

董事会或者不设董事会的有限责任公司的执行董事依据公司法第一百五十一条第一款规定对监事提起诉讼的，或者依据公司法第一百五十一条第三款规定对他人提起诉讼的，应当列公司为原告，依法由董事长或者执行董事代表公司进行诉讼。

第二十四条 符合公司法第一百五十一条第一款规定条件的股东，依据公司法第一百五十一条第二款、第三款规定，直接对董事、监事、高级管理人员或者他人提起诉讼的，应当列公司为第三人参加诉讼。

一审法庭辩论终结前，符合公司法第一百五十一条第一款规定条件的其他股东，以相同的诉讼请求申请参加诉讼的，应当列为共同原告。

第二十五条 股东依据公司法第一百五十一条第二款、第三款规定直接提起诉讼的案件，胜诉利益归属于公司。股东请求被告直接向其承担民事责任的，人民法院不予支持。

第二十六条 股东依据公司法第一百五十一条第二款、第三款规定直接提起诉讼的案件，其诉讼请求部分或者全部得到人民法院支持的，公司应当承担股东因参加诉讼支付的合理费用。

第二十七条 本规定自 2017 年 9 月 1 日起施行。

本规定施行后尚未终审的案件，适用本规定；本规定施行前已经终审的案件，或者适用审判监督程序再审的案件，不适用本规定。

附录6：

最高人民法院关于适用《中华人民共和国公司法》若干问题的规定（五）

（2019年4月22日最高人民法院审判委员会第1766次会议通过　2019年4月28日公布　法释〔2019〕7号　自2019年4月29日起施行）

为正确适用《中华人民共和国公司法》，结合人民法院审判实践，就股东权益保护等纠纷案件适用法律问题作出如下规定。

第一条　关联交易损害公司利益，原告公司依据公司法第二十一条规定请求控股股东、实际控制人、董事、监事、高级管理人员赔偿所造成的损失，被告仅以该交易已经履行了信息披露、经股东会或者股东大会同意等法律、行政法规或者公司章程规定的程序为由抗辩的，人民法院不予支持。

公司没有提起诉讼的，符合公司法第一百五十一条第一款规定条件的股东，可以依据公司法第一百五十一条第二款、第三款规定向人民法院提起诉讼。

第二条　关联交易合同存在无效或者可撤销情形，公司没有起诉合同相对方的，符合公司法第一百五十一条第一款规定条件的股东，可以依据公司法第一百五十一条第二款、第三款规定向人民法院提起诉讼。

第三条　董事任期届满前被股东会或者股东大会有效决议解除职务，其主张解除不发生法律效力的，人民法院不予支持。

董事职务被解除后，因补偿与公司发生纠纷提起诉讼的，人民法院应当依据法律、行政法规、公司章程的规定或者合同的约定，综合考虑解除的原因、剩余任期、董事薪酬等因素，确定是否补偿以及补偿的合理数额。

第四条　分配利润的股东会或者股东大会决议作出后，公司应当在决议载明的时间内完成利润分配。决议没有载明时间的，以公司章程规定的为准。决议、章程中均未规定时间或者时间超过一年的，公司应当自决议作出之日起一年内完成利润分配。

决议中载明的利润分配完成时间超过公司章程规定时间的，股东可以依据公司法第二十二条第二款规定请求人民法院撤销决议中关于该时间的规定。

第五条 人民法院审理涉及有限责任公司股东重大分歧案件时，应当注重调解。当事人协商一致以下列方式解决分歧，且不违反法律、行政法规的强制性规定的，人民法院应予支持：

（一）公司回购部分股东股份；

（二）其他股东受让部分股东股份；

（三）他人受让部分股东股份；

（四）公司减资；

（五）公司分立；

（六）其他能够解决分歧，恢复公司正常经营，避免公司解散的方式。

第六条 本规定自2019年4月29日起施行。

本规定施行后尚未终审的案件，适用本规定；本规定施行前已经终审的案件，或者适用审判监督程序再审的案件，不适用本规定。

本院以前发布的司法解释与本规定不一致的，以本规定为准。

附录 7：

解读最高人民法院《关于适用〈中华人民共和国公司法〉若干问题的规定（五）》

2019 年 4 月 29 日施行的最高人民法院《关于适用〈中华人民共和国公司法〉若干问题的规定（五）》（以下简称《公司法司法解释五》），把重点放在公司治理层面上，突出解决关联交易和股东代表诉讼问题。笔者认为，在即将全面修订《公司法》的大背景下，要准确解读《公司法司法解释五》背后的深刻意义，必须要全面、深入地了解此解释出台的背景和目的。从最高人民法院有关人员对《公司法司法解释五》起草的说明来看，制定《公司法司法解释五》的主要目的就是保护公司股东尤其是中小股东权益，为优化营商环境提供良好的司法保障。就此也可以了解到出台《公司法司法解释五》的必要性。其主要目的是应对目前大量存在的大股东关联交易侵害小股东或债权人合法利益，或小股东权益被侵犯后救济难等现实状况。

《公司法司法解释五》虽只有短短 6 条，但涉及的内容却非常丰富，既有关联交易及其合同的效力问题，也有股东代表诉讼、解除董事的有效决议与无因解除问题，更有股东利润分配请求权、股东分歧解决方案等。特别想提请读者注意的是，《公司法司法解释五》主要以人合性的有限责任公司为主，股份有限公司因为其制度上的特殊性，不宜在本解读专文阐述。笔者在通读《公司法司法解释五》全文后，择其重点予以阐释，期望与业内人士探讨交流，欢迎提出批评与指正。

第一条　关联交易损害公司利益，原告公司依据公司法第二十一条规定请求控股股东、实际控制人、董事、监事、高级管理人员赔偿所造成的损失，被告仅以该交易已经履行了信息披露、经股东会或者股东大会同意等法律、行政法规或者公司章程规定的程序为由抗辩的，人民法院不予支持。

公司没有提起诉讼的，符合公司法第一百五十一条第一款规定条件的股东,可以依据公司法第一百五十一条第二款、第三款规定向人民法院提起诉讼。

【本条解读】

1. 关联交易损害公司利益问题。本条赋予司法权对关联交易进行合法性实质审查的权力,对那些通过形式上合法的决策流程来实现利益输送和转移的优势一方,仍然需要承担赔偿责任。在现实案件中,通过实施关联交易或滥用优势权利侵害公司与其他股东利益的,往往就是掌握优势资源的控股股东、实际控制人、董事、监事及高级管理人员。他们往往利用关联交易以达到挪用公司资金、转移利润的目的,该行为将严重损害公司、少数股东和债权人利益。笔者认为,《公司法司法解释五》仅仅把关联交易放在控股股东、实际控制人、董事、监事及高级管理人员还是不够的,现实中还存在大量与这些关键资源掌握者密切相关的亲属、其他裙带受益人等,他们也可以利用优势资源实施相关关联交易,建议应该与实际控制人一道,一网打尽。但本次《公司法司法解释五》仍然没有将上述相关人员列入,凸显了立法无法穷尽所有责任主体的无奈之处。

2. 股东代表诉讼问题。《公司法司法解释五》把关联交易损害公司利益明确纳入"股东代表诉讼"的事由,这是对最高人民法院《关于适用〈中华人民共和国公司法〉若干问题的规定(四)》(以下简称《公司法司法解释四》)股东代表诉讼权利的完善之举。《公司法司法解释四》第23条设立了股东代表诉讼的前置程序,即在诉讼程序上,股东没有权利避开公司有权诉讼的机关,直接提起诉讼。需要履行所谓的交叉前置程序:即针对董事、高级管理人员的诉讼,股东应当先向公司监事会或不设监事会的监事提起申请;针对监事的诉讼,股东应当先向公司董事会或不设董事会的执行董事提起申请;针对侵害公司权益的股东的诉讼,其他股东应当先向公司董事会或不设董事会的执行董事提起申请。在以上申请均遭到有权诉讼机关的明确拒绝,或者提交申请后30日内未提起诉讼,或者情况紧急、不立即提起诉讼将会使公司利益受到难以弥补的损害的,股东方可提起代表诉讼。

人民法院在立案审查时,应当从前述公司的签字、盖章来判断诉权行使的真意,避免一味地要求公司盖章而使诉讼陷入实际不可能的境地。

在我国更有必要完善股东代表诉讼制度,明确司法介入和公司自治的边界,避免对公司固有决策权的过分或不当"侵夺",防止股东代表诉讼权滥用的负面作用。

笔者认为,设计这种制度的初衷是为了保护公司的正常经营秩序,避免股东的诉权滥用,但实际上它却严格限制了小股东合法诉权的畅通适用。如诉讼基础证据的取证问题,实际上股东代表诉权非常难以把握。“谁主张,谁举证”的责任分配制度,在小股东方来看,举证非常困难,希望未来立法对小股东举证责任分配赋予必要的司法保护权。如法院可以根据公平原则,给予股东或其代理人签发调查令等。也在满足股东知情权的基础上,在一定程度上实施举证责任倒置,以满足股东代表诉讼的程序要件。

当然,关联交易并非公司法禁止从事的活动,只有损害了公司利益或其他债权人合法权益等,才会产生赔偿责任。履行了公开、公平和合理对价的关联交易是允许的。因此,提起股东代表诉讼前,诉讼股东需要提交初步的证据,证明关联交易行为和损害后果的存在。可以考虑从股东知情权入手,在掌握了基础证据以后,再代表公司提起诉讼。

第二条 关联交易合同存在无效或者可撤销情形,公司没有起诉合同相对方的,符合公司法第一百五十一条第一款规定条件的股东,可以依据公司法第一百五十一条第二款、第三款规定向人民法院提起诉讼。

【本条解读】

1. 针对关联交易合同的无效和可撤销问题。从本条的规定可以看出,合同处于未实施或未实施完毕的状态中。法人和小股东都可以作为起诉主体提出合同无效或合同可撤销诉讼。以法人提出为常态,小股东为例外。当然在诉讼过程中,为更有效保护诉讼利益,可以采用诉前、诉中保全等措施。《公司法司法解释五》第 2 条则强调了股东代表公司、针对不当关联交易活动本身提起诉讼的“对外效力”,通过向“合同相对方”提起合同无效或撤销之诉,阻止不当关联交易活动的发生,或回转至不当关联交易活动发生以前,从根本上消除上述活动的影响,这一诉讼活动的法理依据是合同订立的公平、平等、诚实信用和遵纪守法原则,即“契约精神”。

2. 合同无效与撤销的法律效果。根据《合同法》第 56 条,无效合同分为整体无效和部分无效。合同部分无效,不影响其他部分效力的,其他部分仍然有效。而整体无效的合同与被撤销的合同,自始没有法律约束力。

根据《合同法》第 58 条,合同无效或被撤销后,合同应回转至签订以前的状态,合同交易相对方需要返还因合同而取得的财产,对于不能返还或没有必要返还的应当折价补偿;有过错的合同缔约方需要承担损失赔偿等相应的责任。

3. 善意第三方问题。如被确认无效或被撤销的合同本身存在善意第三方,在这种情况下,善意第三方是有权针对公司和其他有过错的合同相对方提起赔偿之诉的,公司不应当以内部治理问题对抗外部的善意第三人。当然,公司在承担相应赔偿责任以后,仍然可以按照《公司法》和司法解释的相关规定,向有过错的公司决策层提起赔偿之诉。

第三条 董事任期届满前被股东会或者股东大会有效决议解除职务,其主张解除不发生法律效力的,人民法院不予支持。

董事职务被解除后,因补偿问题与公司发生纠纷提起诉讼的,人民法院应当依据法律、行政法规、公司章程的规定或者合同的约定,综合考虑解除的原因、剩余任期、董事薪酬等因素,确定是否补偿以及补偿的合理数额。

【本条解读】

1. 有效决议与无因解除问题。董事是公司股东选举产生,为股东管理公司事务。如果占优势地位的股东对于受托管理公司的董事不满意,自然有权进行更换。“无因解除”源于股东对于管理公司人选的自由选择权。董事“无因解除”的前提,是通过股东会或股东大会的“有效决议”。如果未经合法决策程序,擅自罢免董事,仍然无法达到“无因解除”的效果。

2. 对于职工董事的选举和罢免,仍然通过职工代表大会等程序依法进行。

3. 被罢免的董事往往在信息和财力上与公司相比具有不对称性,人民法院在处理补偿或赔偿事务上理应倾斜于弱势的被解除的董事一方。这本应无可非议。

第四条 分配利润的股东会或者股东大会决议作出后,公司应当在决议载明的时间内完成利润分配。决议没有载明时间的,以公司章程规定的为准。决议、章程中均未规定时间或者时间超过 1 年的,公司应当自决议作出之日起 1 年内完成利润分配。

决议中载明的利润分配完成时间超过公司章程规定时间的,股东可以依据《公司法》第 22 条第 2 款规定请求人民法院撤销决议中关于该时间的规定。

【本条解读】

1. 司法权介入公司自治私领域的必要性。

公司自治,是《公司法》的立法宗旨和价值取向。《公司法司法解释五》这一条款,是比较少见的采用公法形式,强制干预公司内部治理行为,是在股东自治与小股东权益保护之间进行的利益博弈。但其前提为要存在有效的决议,这是遵循自由、公平和严守契约精神的体现。保护小股东利益的立法精神在这条规定中得以体现。

2. 一年为限。《公司法司法解释五》的利润分配条款,给予股东会或股东大会自主决定利润分配的空间,但在分配时间上最长不得超过股东会或股东大会决议作出之日起1年。但适用顺序通常为先遵守有效的分配决议、再遵循章程的规定,而最后才有这1年的最长利润分配期限。

3. 利润分配本身并非法律强制。《公司法司法解释五》针对利润分配条款的规定,并不是强制公司进行利润分配,其适用的前提是公司已作出利润分配的股东会或股东大会决议。利润分配本身是公司股东自治的权利之一,除非公司章程或公司发起协议等自治文件中有特殊约定,否则法律不予干预。

第五条 人民法院审理涉及有限责任公司股东重大分歧案件时,应当注重调解。当事人协商一致以下列方式解决分歧,且不违反法律、行政法规的强制性规定的,人民法院应予支持:

(一)公司回购部分股东股份;

(二)其他股东受让部分股东股份;

(三)他人受让部分股东股份;

(四)公司减资;

(五)公司分立;

(六)其他能够解决分歧,恢复公司正常经营,避免公司解散的方式。

【本条解读】

本条司法解释的核心,在于第6项,即"能够解决分歧,恢复公司正常经营,避免公司解散"。即遵循公司维持原则,主要针对有限责任公司股东分歧解决机制的规定。避免出现公司僵局,影响商事主体在市场经济活动中的正常运营。

在司法实践中,法院在作出可能影响公司存续的判决时,是比较慎重的,因为公司本身对内承载了股东和投资人的财产,对外则因为参与商业交易活动而承担了可能影响其他主体的利益或责任。一旦发生内部治理危机,很可能因为随意解散公司而产生放大效应,影响公司以外的供应商、其他人员的利益,甚至社会的稳定。最近10年来,司法权强行介入导致公司解散、被合并、被破产等现象时有发生,这是非常不谨慎的做法。

本条司法解释为解决公司股东分歧提供了可选思路。法院在审理案件过程中,可以通过"调解"来达到定分止争的效果,在这个程序中,各方在法院的主持下,针对争议的问题进行协商谈判,最终达成一致,并由法院出具民事调解书。这个程序中,法院并非主动介入争议,也不会针对案件作出第三方判断。

本条司法解释最大意义在于强调了法院在审理公司股东争议案件中,可以通过调解方式作出民事调解书的内容。《公司法司法解释五》的规定意味着法院今后在审理股东争议案件中可以直接通过民事调解书,在各方协商一致,且不违反法律、法规强制性规定的前提下,一次性终结争议,任何一方未能如期履行民事调解书,直接进入法院强制执行程序。

无论股权在股东之间转让、公司回购股份、股份转让给公司外第三人还是减资、公司分立等,都有各自的条件和程序性要求,应当尽可能采取其他方式解决,从而维持公司运营,避免解散。故本条强调不得违反法律、法规的强制性规定。

(本解读撰稿人:倪孟者)

后　记

本书作者团队在深圳市律师协会商事犯罪预防与辩护专业委员会的统一领导与组织下，分头查询案例、精简案例、提炼观点，并参考行业内其他法律人士的观点，反复酝酿，多次修改，才有了本书的雏形，“律师观点”可谓全书的重头戏，也是作者投入心血最多的部分。

本书自完成初稿到交付出版社止，中间反反复复、增增减减修改了不少于 8 次，从初稿 35 万字缩减到现在的 20 余万字。有因为法律规定的变化需要而做的修改，有因为案例与说理部分不够匹配而进行的删除，也有个别内容因为目前理论界还存在较大的争议而舍去，不一而足，其间的经历可谓一波三折。历经 6 个多月的辛勤劳动，终见今日之版本。

在本书编写过程中，特别感谢广东际唐律师事务所全体同仁、刑辩力机构全体同事的鼎力支持。张贤达博士不辞辛劳多次核稿，周锦娜主任、肖鹏丽女士不吝支持，在此表示诚挚的谢意。

参与本书案例选编、案例评析等撰写的还有浙江京衡律师事务所叶晓英律师、广东晟典律师事务所陈晓珊律师、广东商达律师事务所程舜新律师等，在此感谢同仁们的辛勤付出。

最后，感谢肖鹏丽女士、陈玲玲女士为本书文字部分的整理与校对工作提供了帮助。

编　者

图书在版编目(CIP)数据

公司刑商事法律风险防控实务 / 刘平凡主编. -- 北京 : 法律出版社, 2020
(深圳律师实务丛书)
ISBN 978-7-5197-4362-8

Ⅰ. ①公… Ⅱ. ①刘… Ⅲ. ①公司法-研究-中国
Ⅳ. ①D922.291.914

中国版本图书馆 CIP 数据核字(2020)第 052863 号

公司刑商事法律风险防控实务
GONGSI XINGSHANGSHI FALÜ FENGXIAN FANGKONG SHIWU

刘平凡 主编

策划编辑 程 岳
责任编辑 程 岳 朱铁佳
装帧设计 汪奇峰

出版 法律出版社
总发行 中国法律图书有限公司
经销 新华书店
印刷 中煤(北京)印务有限公司
责任印制 胡晓雅

编辑统筹 司法实务出版分社
开本 710 毫米×1000 毫米 1/16
印张 16.25
字数 252 千
版本 2020 年 5 月第 1 版
印次 2020 年 5 月第 1 次印刷

法律出版社/北京市丰台区莲花池西里 7 号(100073)
网址/www.lawpress.com.cn
投稿邮箱/info@lawpress.com.cn
举报维权邮箱/jbwq@lawpress.com.cn
销售热线/400-660-8393
咨询电话/010-63939796

中国法律图书有限公司/北京市丰台区莲花池西里 7 号(100073)
全国各地中法图分、子公司销售电话:
统一销售客服/400-660-8393/6393
第一法律书店/010-83938432/8433
西安分公司/029-85330678
重庆分公司/023-67453036
上海分公司/021-62071639/1636
深圳分公司/0755-83072995

书号:ISBN 978-7-5197-4362-8
定价:59.00 元